dtv
premium

Ilona Koglin • Marek Rohde

FAIRONOMICS

ÖKOLOGISCH, FAIR UND FREI

Wie du in 8 Schritten dein
Traumprojekt verwirklichst und
damit die Welt veränderst

dtv

Ausführliche Informationen über
unsere Autoren und Bücher
www.dtv.de

MIX
Papier aus verantwortungsvollen Quellen
FSC® C005108

greenprint*
klimapositiv gedruckt

Gedruckt nach der Richtlinie „Druckerzeugnisse" des Österreichischen Umweltzeichens. gugler*print, Melk, UWZ-Nr. 609, www.gugler.at

Originalausgabe 2019

Umschlaggestaltung: Ruth Botzenhardt / buxdesign, München

Layout und Satz: Ilona Koglin

Gesetzt aus der Bebas und Open Sans

Icons: © flaticon, Ilona Koglin

Druck und Bindung: Gugler GmbH

Printed in Austria • ISBN 978-3-423-26221-4

FÜR ALLE, DIE …

- ein öko-soziales Projekt umsetzen
- ein Sozialunternehmen gründen
- eine Projektgemeinschaft ins Leben rufen
- als Freiberufler öko-fair arbeiten wollen
- eine Bewegung für eine bessere Welt planen
- ihre Organisation verändern möchten
- eine Bürgerinitiative organisieren
- den öko-sozialen Wandel aktiv voranbringen

INHALT

PROLOG

SCHRITT 1 TRÄUME

SCHRITT 2 IDEEN

SCHRITT 3 PLANEN

SCHRITT 4 GELD

SCHRITT 5 BÜRO

SCHRITT 6 KOOPERATION

SCHRITT 7 KOMMUNIKATION

SCHRITT 8 WACHSTUM

EPILOG

LOS GEHT'S!

AUF DEM WEG ZUR UTOPIE

Wie sieht eine bessere Welt aus? Auf diese Frage gibt es vermutlich so viele Antworten, wie es Menschen gibt. Und doch würden sich angesichts der derzeitigen Lage unseres Planeten wohl die meisten darauf verständigen können, dass sie fairer und ökologischer sein müsste. Aber was heißt das konkret? Was können wir tun, um die Menschenrechte zu wahren, die Natur zu schützen und allen – auch Tieren und Pflanzen – ein gutes Leben zu ermöglichen? Diese Frage beschäftigt uns beide schon seit Jahren. Alle Gedankengänge führen uns immer wieder zu einem Thema: der Ökonomie. Sie ist der Grund für den Raubbau an der Natur, die Verschmutzung unserer Umwelt, die Ausbeutung und Unterdrückung von Menschen und Tieren. All das ist die Folge davon, wie wir Produkte und Dienstleistungen finanzieren, produzieren und vermarkten. Wie wir uns dafür organisieren, Ziele angehen und Projekte umsetzen.

Würden wir eine wahrhaft faire und ökologische Wirtschaft erschaffen – eine Faironomics, wie wir sie nennen –, würden wir einer besseren Welt ein gewaltiges Stück näher kommen. In unserer Vorstellung würde Arbeit dann vollkommen anders aussehen: Die Menschen würden das beitragen, was sie können und wollen – anstatt dem nachzugehen, was Geld einbringt. Frust und Erniedrigung, die heute an viel zu vielen Arbeitsplätzen herrschen, hätten ein Ende. Zudem würden wir nur noch so viel verbrauchen, wie wir für ein sinnerfülltes und glückliches Leben benötigen. Wir würden der Natur den Raum und die Zeit für Erholung zurückgeben. Schließlich würden wir Gemeinschaft und Kooperation über zerstörerische Konkurrenz und krankmachendes Leistungsdenken stellen. Dadurch könnten wir gemeinsam enorme Kräfte und Energien freisetzen, die wir für den öko-sozialen Wandel ja gerade so dringend brauchen.

Ist das nicht eine fantastische Vorstellung? Eine Vorstellung, für die sich all die Mühe auf alle Fälle lohnt? Oder ist sie zu fantastisch, unrealistisch und weltfremd, um wahr werden zu können? Das haben wir schon einige Male zu hören bekommen. Doch wir glauben das nicht und geben unseren Traum nicht auf. Deshalb haben wir in den letzten Jahren nach Alternativen gesucht, diese begutachtet und – wenn möglich – ausprobiert. Das hat uns zu drei wichtigen Erkenntnissen geführt:

1. Es gibt viele gute Ideen, wie alles ganz anders laufen könnte. Seien es alternative Wirtschaftsformen wie die Postwachstums-, Gemeinwohl- oder Donut-Ökonomie – um nur ein paar zu nennen. Oder seien es Alternativen zum derzeitigen Geldsystem, zu Organisations- und Eigentumsformen oder zu Kommunikation und Werbung.

2. Es gibt viele gute Methoden, die dir dabei helfen, anders zu denken und zu handeln. Ja, es gibt sogar so viele, dass wir für dieses Buch nur einige wenige auswählen konnten, die wir genauer vorstellen. Auf der Website zum Buch findest du weitere Tipps sowie Vorlagen für Planungs- und Umsetzungshilfen zum Ausfüllen. Folge dazu dem Icon oben.

3. Es gibt viele tolle Menschen, die zeigen, dass man in dieser unvollkommenen Welt jetzt sofort alles besser machen kann. Sie entscheiden anders, arbeiten anders und leben anders. Und sie verwirklichen Projekte, die uns inspirieren und wirklich etwas in der Welt bewegen.

Dieses Icon zeigt dir, dass es auf der Website Infos oder Materialien gibt.

Nach diesen drei Erkenntnissen haben wir dieses Buch gestaltet. Es soll dir alles geben, was du unserer Erfahrung nach brauchst, um dich auf den mutigen und erfüllenden Weg zum »Faironomisten« oder zur »Faironomistin« zu machen: Utopien, Erfahrungen und Methoden. Die Utopien bieten dir einen Ausblick auf das, was wir gemeinsam erreichen könnten. Dazu kommen die persönlichen Erfahrungen und Erlebnisse – von uns beiden und von zahlreichen Vordenkern und Vorbildern. Gleichzeitig ist dies aber auch ein praktisches Buch. Denn was nützt die schönste Utopie, wenn der Weg dorthin entmutigend weit und beschwerlich erscheint? Deshalb haben wir die Lernreise in diesem Buch in acht Schritte aufgeteilt mit den Themen »Träumen«, »Ideen«, »Planen«, »Geld«, »Büro«, »Kooperation«, »Kommunikation« und »Wachstum«. Zu jedem findest du Übungen, Anleitungen und unterschiedliche Methoden, die dich auf deinem Weg unterstützen.

Natürlich kann niemand im Voraus genau sagen, ob und wie du deine Utopie und dein Traumprojekt realisieren kannst. Doch mit jedem Schritt dorthin veränderst du die Welt bereits und machst dein Leben schöner. Du bist dann Teil einer weltweiten Gemeinschaft, die schon heute dabei ist, eine Faironomics zu verwirklichen. Wir hoffen, dass wir dich dazu ermutigen und inspirieren können.

Ilona & Marek
Hamburg, Januar 2019

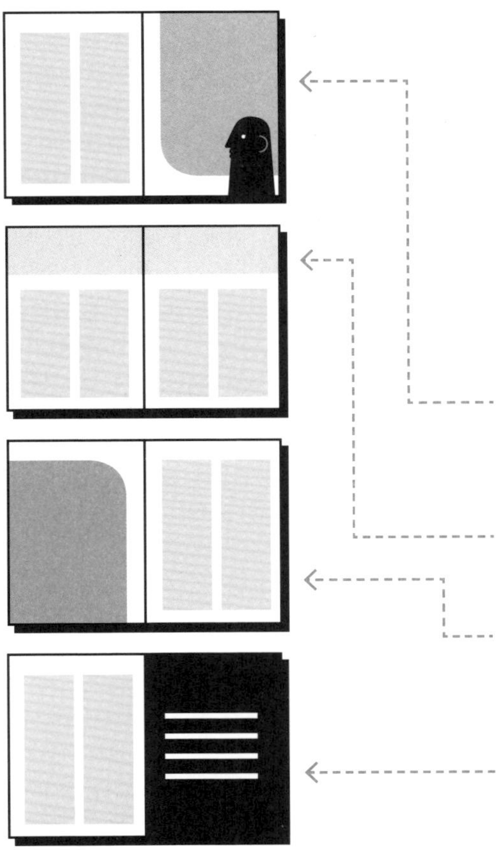

SO NUTZT DU DIESES BUCH

Dieses Buch ist eine Mischung aus Sachbuch, Social Fiction und Ratgeber: Es hinterfragt kritisch derzeitige ökonomische Praktiken. Es zeichnet die Utopie einer fairen und ökologischen Welt. Und es liefert praktische Ideen, wie du den großen Wandel jetzt sofort anstoßen kannst. Neben dem Haupttext mit unseren eigenen Ideen, Gedankengängen und Erfahrungsberichten gibt es:

INTERVIEWS Hier findest du Botschaften, Erfahrungsberichte und Tipps von inspirierenden Vorbildern aus aller Welt.

INFOGRAFIKEN Sie zeigen dir wichtige Fakten und Zusammenhänge auf einen Blick.

ÜBUNGEN Sie bieten dir hilfreiche Methoden und Anleitungen für deine nächsten Schritte hin zum öko-sozialen Wandel.

5 REGELN Am Ende jedes Kapitels bekommst du die wichtigsten Erkenntnisse kompakt zusammengefasst.

SCHRITT 1

TRÄUME

FINDE DEN MUT, DEINEM HERZEN ZU FOLGEN UND DAS ZU TUN, WAS DU WIRKLICH WILLST

Uns ging es gar nicht gut. Nur ein paar Stunden noch und das Jahr 2014 würde beginnen. Draußen lief eine Gruppe Jugendlicher vorbei und ließ mit Gejohle einige Silvesterknaller explodieren. Kurz darauf zog der purpurrote Feuerschweif einer Rakete an unserem Wohnzimmerfenster vorbei, zum bewölkten Abendhimmel hinauf. Doch uns war so gar nicht zum Feiern zumute. Wir saßen am Esstisch und schauten zurück: Nur wenige Jahre zuvor hatten wir unsere gut bezahlten Jobs in einem Hamburger Verlag an den Nagel gehängt – weil wir unserem Leben eine neue Richtung geben wollten. Eine Entscheidung, die manche mit mitleidigen Blicken quittiert hatten. Blicken, die uns zu sagen schienen: »Seltsam waren sie ja schon immer, jetzt sind sie komplett verrückt geworden.« Doch das war uns egal. Für uns waren die relativ hohen Honorare, die scheinbare Sicherheit und das Prestige nicht mehr so wichtig. Wir wollten uns viel lieber für das Gute einsetzen. Für Dinge, die wesentlich waren. Wir wollten etwas bewegen und die Welt verändern. Sie zumindest ein Stückchen friedlicher und freundlicher machen. Um herauszufinden, wie das klappen könnte, hatten wir uns einige Monate Zeit genommen, hatten spannende Projekte angeschaut, neue Menschen kennengelernt und über alles Mögliche diskutiert. Schließlich gründeten wir ein kleines Redaktionsbüro. Und wir nahmen uns vor, von jetzt an nur noch für Weltverbesserungsprojekte zu arbeiten. Für Sozialunternehmen, NGOs, Stiftungen, Vereine, Bildungsträger – kurz alle, die sich für die gute Sache stark machten. Doch das ging gründlich in die Hose.

Alles hatte sich ganz gut angelassen. Nur wenige Monate nach der Gründung waren wir auf ein Start-up gestoßen, mit dem es richtig funkte. Gemeinsam wollten wir ein Stadtportal errichten, das mit positiven Nachrichten Menschen dazu anstiftet, sich zu engagieren. In den folgenden 14 Monaten ackerten wir unermüdlich an dem Projekt. Zwölf bis 18 Stunden täglich, auch an den Wochenenden. Wir taten das gerne und voller Begeisterung, weil wir daran glaubten, dass es sinnvoll war. Zumindest dachten wir das. Doch während die Monate vergingen, wich unsere Euphorie nach und nach der Ernüchterung. Aus Leidenschaft war harte Arbeit geworden und aus gemeinsamen Träumen verbissenes Gerangel. Am Ende des Jahres hatten sich die unterschiedlichen Vorstellungen und Werte im Team in sich widerstrebenden Finanzierungsplänen, Marketingstrategien und Produktideen verkarstet. Und uns wurde klar: Wir müssen aussteigen, wenn wir unseren Idealen treu bleiben wollen. Wir wünschten dem Projekt alles Gute – aber wir beide wollten etwas anderes. Nur was genau, das wussten wir zu diesem Zeitpunkt noch nicht.

IM HAMSTERRAD

Wir waren reichlich verzweifelt. Hatten die Besserwisser recht behalten? War es tatsächlich naiv, seine Überzeugungen auch beruflich leben zu wollen? Ging es am Ende doch immer nur ums Geld? Echt jetzt? Mussten wir wirklich immer wieder Kompromisse eingehen? Wir waren mit so viel Energie und Begeisterung in die neue Selbstständigkeit gestartet. Wir hatten es wirklich besser machen wollen. Und doch rutschten wir irgendwie auf diese alte Schiene zurück, die da heißt: »Trimme deine Ideen, bis sie in ein Geschäftsmodell passen. Setze dich durch. Sei besser und erfolgreicher als andere. Es gibt keine Alternative. Und wer etwas anderes glaubt, ist ein unverbesserlicher Sozialromantiker.« Daher ging es für uns auch nicht nur um die gescheiterte Arbeit an einem Projekt. Es ging um unser Leben und die grundsätzliche Frage: Können wir als Freiberufler und Unternehmer tätig sein und davon gut leben, ohne unsere Überzeugungen zu verraten? Wir wollten keine Arbeit, die sich im besten Fall wie ein notwendiges Übel und im schlimmsten wie ein gruseliges Theaterspiel anfühlte. Wir wollten etwas tun, was uns vollkommen ausfüllt, glücklich macht und stolz. Was unserem Leben Sinn gibt.

Und so saßen wir an diesem Silvesterabend an unserem Küchentisch, zwischen uns ein kaum angerührtes Abendbrot. Wir hatten noch nicht mal eine Flasche Sekt in den Kühlschrank gestellt. Wir fühlten uns ausgelaugt, enttäuscht. Wir waren stinkwütend. Wir sahen uns an und wussten, dass wir beide in diesem Moment das Gleiche dachten: Wir werden nicht aufgeben und niemals so hoffnungslos, verbittert oder gar zynisch werden, dass wir alle Alternativen zu diesem Egoshooter-System als dumm, naiv und unmöglich abtun. Es muss doch möglich sein, dass die Menschheit friedlich zusammenlebt, -arbeitet und ihren Lebensunterhalt bestreitet. Dass wir essen und wohnen und unser Leben genießen, ohne die Natur und uns mit ihr zu zerstören. Oder anders gesagt: Eine faire und nachhaltige Ökonomie muss möglich sein, eine Faironomics. Und wir schworen uns an diesem Abend, dass wir herausfinden wollten, wie wir uns ganz praktisch dieser Utopie nähern könnten.

Probleme kann man niemals mit derselben Denkweise lösen, durch die sie entstanden sind, hat Einstein mal gesagt. Wie sehr das stimmt, wurde uns an diesem Abend klar. Wir wollten keine halben Sachen mehr und waren bereit, dafür auch etwas zu riskieren. So räumten wir die Reste unseres Abendessens beiseite und begannen damit, grundlegende Überlegungen anzustellen: Was steht tatsächlich zwischen uns und dieser idealen Arbeitswelt? Warum sind wir so gefangen in dem, was wir vorfinden, dass wir trotz all der großartigen Ideen und auch all der dringenden Krisen uns nicht bereit fühlen, grundlegend etwas zu verändern? Liegt es an unserem Gehirn, wie der Hirnforscher Gerald Hüther sagt? »Die meisten Menschen, mit denen wir sprechen, finden es gut, dass wir beide uns für eine bessere Welt einsetzen«, überlegen wir. Doch früher oder später folgt unweigerlich das Aber: »Aber dafür habe ich keine Zeit.« Oder: »Aber ich habe die Möglichkeiten einfach nicht.« Der Job, die Familie, die notwendigen Aufgaben des Alltags fressen anscheinend alle Lebensenergie auf. Sich darüber hinaus auch noch Gedanken darüber zu machen, wie es besser gehen könnte, scheint vielen unmöglich oder zumindest so unkomfortabel und anstrengend, dass sie es höchstens eine Zeit lang durchhalten. Dennoch verwenden sie gleichzeitig unglaublich viel Lebenszeit auf einen Job, über den sie laufend klagen. Sie sehnen das nächste Wochenende, den nächsten Urlaub oder gar die Rente herbei.

»Wie würde unsere Welt wohl aussehen, wenn alle Menschen nur noch täten, was sie möchten?«, fragen wir uns. Ein Pilotprojekt, das in dem kleinen Dörfchen Otjivero-Omitara in Namibia stattgefunden hat, fällt uns ein.

HIRNGESPINSTE

WARUM DICH DEIN HIRN DARAN HINDERT, DEIN LEBEN ZU ÄNDERN

Auf dieser Erde gibt es kein Lebewesen, das so veränderbar wäre und individuell so unterschiedlich ausgeprägt wie der Mensch. Da sind zum einen die genetischen Unterschiede, zum anderen machen wir Menschen im Laufe unseres Lebens viele Erfahrungen, die sich alle im Hirn verankern. So entsteht eine enorme Vielfalt neurobiologischer Vernetzungen im Hirn und damit auch menschlicher Daseinsweisen. Das reicht vom Amazonas-Indianer bis zum New-York-City-Bürger und von den Menschen von vor 100 000 Jahren bis zu uns heute. Biologisch gesehen ist das alles ein und dasselbe. Deshalb sage ich: Wir können alles werden.

Warum aber halten wir dann so fest an dem, was wir gerade mal so vorfinden? Der Grund ist, dass unser Hirn dem zweiten thermodynamischen Hauptsatz folgt: Es versucht den Energieaufwand so gering wie möglich zu halten. Und die wenigste Energie verbraucht es, wenn es sich im Zustand der Kohärenz befindet, wenn also alles passt. Jede Veränderung – etwa der Versuch, sein Leben oder die Welt zu verändern – nimmt das Hirn als Störung wahr, weil man nicht weiß, ob es gelingt und ob hinterher alles besser ist als vorher. Das führt zu einer Inkohärenz und die verbraucht mehr Energie. Daher versucht man schnell, es wieder passend zu machen – meist mit dem Griff auf das Alte. Und so verharren wir Menschen lieber in unglücklichen Zuständen, als uns hinaus ins Neue zu wagen. Ein in die Zukunft weisendes, Kohärenz stiftendes Anliegen kann uns dazu bringen, uns zu verändern. Wenn uns das, was in der Zukunft liegt, wichtiger ist als das, was uns der Augenblick an Beruhigungspillen liefert. Ein solches Anliegen könnte unsere Würde sein. Im Grundgesetz steht ja »Die Würde des Menschen ist unantastbar«. Aber was bedeutet das? Wäre die Würde häufiger das Thema unserer Diskussionen, müssten sich immer mehr Leute fragen, wie sie das eigentlich mit ihrer Würde halten. Dann müsste sich ein Bauer, der Glyphosat auf seinen Feldern versprüht, fragen lassen, wie er das mit seiner Würde vereinbaren kann. Als Bauer, als Mensch, als Vater, als Bewohner dieses Ortes. Er müsste darauf eine Antwort finden und könnte nicht mehr nur ökonomisch argumentieren. Das zeigt auch, dass jeder einzelne Mensch sein Potenzial nur in der Gemeinschaft mit anderen entfalten kann. Deshalb arbeiten wir in der Akademie für Potentialentfaltung an der Frage: Wie können Menschen so zusammenwirken, dass es tatsächlich zur Entfaltung der im Einzelnen angelegten Möglichkeiten kommt? Was wir bisher herausgefunden haben, ist: Das geht nur, wenn Menschen sich als Subjekte begegnen. Wenn sie die anderen nicht zum Objekt ihrer Begierden, Absichten, Ziele, Bewertungen und Erwartungen machen.

PROF. DR. GERALD HÜTHER
ist Neurobiologie, Buchautor und Mitgründer der Akademie für Potentialentfaltung sowie des Würdekompasses.
www.akademiefuerpotentialentfaltung.org
www.gerald-huether.de

100 Nam-Dollar erhielt dort jede Bewohnerin und jeder Bewohner unter 60 Jahren. Einfach so. Tun mussten sie dafür: nichts! Zunächst geschah genau das, was Kritiker wohl vermuten, wenn man irgendjemandem einfach Geld ohne irgendwelche Bedingungen gibt: Die Leute gingen in die nächste Kaschemme und versoffen ihr Geld in einer Nacht. Doch das war nur die erste Reaktion. Schon bei der zweiten Auszahlung organisierten sich die Menschen. Sie beschlossen, dass die Kneipen am Tag der Auszahlung geschlossen bleiben sollten, und gingen weitsichtiger vor. Aus einem Ort voll Hunger, Armut und Hoffnungslosigkeit wurde eine Art selbst organisiertes Gründerzentrum. Überall entstanden kleine Läden und Geschäfte. Die Menschen investierten ihr Geld auf einmal nicht nur in Lebensmittel, sondern auch in dichte Dächer, selbst gebaute Backöfen oder Backsteinmanufakturen. Von den Kindern war am Ende des Projektes kein einziges mehr unterernährt. Zu Beginn, zwei Jahre zuvor, waren es noch 50 Prozent. Rund 90 Prozent von ihnen schlossen die Grundschule ab. Davor waren es etwa 40 Prozent. Die Stellung der Frauen im Ort hatte sich verbessert und Diebstähle sowie Wilderei gingen um 60 Prozent zurück. So genial, wie es sich in dieser verkürzten Fassung anhört, war es sicherlich nicht. Und natürlich ist das Projekt umstritten. Nach den zwei Jahren mit bedingungslosem Grundeinkommen (BGE) gab es zwar noch einige Jahre ein Überbrückungsgeld. Doch der kurze Zeitraum hatte nicht gereicht, um eine sich selbst tragende Wirtschaft entstehen zu lassen. Dementsprechend brach das Ganze wieder in sich zusammen, nachdem es kein Geld mehr gab. Unter anderem auch deshalb, weil das Dorf quasi eine Wirtschaftsinsel war. In dem Dorf gab es zwar Geld, das den Konsum ankurbelte und damit auch neue Wirtschaftskreisläufe. Doch drum herum waren die Leute genauso arm wie zuvor. Dennoch zeigt das Beispiel, dass Menschen nicht zu passiven Faulenzern mutieren, wenn sie nicht mehr um ihr Überleben kämpfen müssen. Im Gegenteil. Die Menschen bekamen Würde, Respekt und Sicherheit. Das ermutigte sie dazu, aktiv zu werden und lang gehegte Träume zu verwirklichen. Sie erkannten, dass sie etwas erreichen konnten. Dass es nicht an ihnen lag, sondern an ihrer knappen Kasse. Sie wurden großzügig und teilten gerne, da sie wussten, dass sie auch im nächsten Monat abgesichert sein würden.

FETISCH ERWERBSARBEIT

Es fiel uns schwer, uns ein Leben so ganz ohne Existenzsorgen vorzustellen. »Da muss eine riesige Last von einem abfallen«, überlegten wir. Was für eine Freiheit wäre das für uns? Und vor allem: Wie kommen wir von ei-

172 MIO.

Menschen leben trotz Arbeit in extremer Armut. Positiv ist, dass die Zahl weltweit sinkt. Allerdings tut sie das nur langsam.

152 MIO.

Kinder arbeiten weltweit. 19 Millionen davon sind jünger als elf Jahre.

ner Welt, in der die meisten Menschen notgedrungen Arbeiten nachgehen, die sie eigentlich gar nicht tun möchten, zu einer Welt, in der wir alle das tun können, was wir für wichtig und sinnvoll halten? Auf der Suche nach einer Antwort verhakten wir uns an diesem Abend immer wieder in dem Konzept der Erwerbsarbeit. Und an einem offensichtlichen Widerspruch. Überall jammern die Journalisten und Politiker, dass uns die Digitalisierung und Roboter die Arbeit wegnehmen. Dabei müssten wir doch eigentlich glücklich sein, dass wir nun all die Jobs, die wir zumeist gar nicht wirklich tun wollen, getrost der Künstlichen Intelligenz überlassen können. Sollten wir uns nicht locker machen, die Maschinen die Arbeit tun lassen – und uns erst mal in Ruhe fragen, was wir mit dem tollsten Geschenk, das wir haben, anfangen wollen: unserem Leben?

Ja, das könnten wir, wäre da nicht diese Idee der Erwerbsarbeit. Und die besagt, dass jeder, der Geld verdient, ein wertvoller Leistungsträger ist – ganz gleich, ob jemand dafür schuften musste oder nicht. Ob seine Arbeit sinnvoll ist oder nicht. Arm und arbeitslos zu sein bedeutet hingegen Versagen, Erniedrigung und gesellschaftliche Ausgrenzung. Egal, ob jemand was für die Gesellschaft tut oder nicht. Denn Dinge, die unbedingt getan werden sollten, gibt es in Hülle und Fülle: Kinder beim Aufwachsen begleiten, alte und kranke Menschen liebevoll versorgen, das Meer vom Plastikmüll befreien, das Geheimnis der Schwerkraft lüften, Straßenhunde und -katzen aufpäppeln oder unsere Demokratie weiterentwickeln. Na, und einiges mehr. Das Problem ist nur, dass vieles davon kaum oder kein Geld einbringt. Wenn wir also über Arbeit reden, geht es selten um die Arbeit im Allgemeinen. Es geht um Erwerbsarbeit – um die Art von Arbeit, für die jemand bezahlt, weil er damit noch mehr Geld machen kann. Das führt unter anderem dazu, dass ziemlich unsinnige, ja teilweise sogar zerstörerische Dinge getan werden, nur weil sie Rendite einbringen. Zum Beispiel ein Stück Regenwald abzuholzen, um darauf Palmölplantagen zu errichten. Dabei ist das nicht nur schlecht für all die Pflanzen und Tiere, die zuvor in dem Stück Urwald lebten. Es schadet auch den Arbeiterinnen und Arbeitern, die auf den Plantagen unter menschenunwürdigen Bedingungen giftige Pestizide versprühen müssen und dadurch krank, arm und deprimiert werden. Es schadet der Weltgemeinschaft, weil dadurch zum Beispiel Tierarten aussterben und das Klima überhitzt. Und es schadet uns, wenn wir Sachen mit Palmöl kaufen, weil es sich dabei nicht selten um viel zu süße und fettige Lebensmittel handelt, die uns krank und dick machen. Aber es gibt nun mal ein paar Menschen, die damit ihre Gewinne steigern. Und außerdem gibt es noch viel mehr Men-

DER WARUM-BOHRER

Immer wenn du wissen willst, was hinter einer Idee, einem Gedanken oder einer Tat stecken könnte, dann kannst du den Warum-Bohrer ansetzen: Frage dich einfach mindestens fünfmal hintereinander: Warum? Wenn du zum Beispiel denkst »Das geht nicht« oder »Das will ich unbedingt haben« oder »Das ist eine gute Idee«, dann frage dich »Warum?«. Und wenn du die Antwort notiert hast, etwa »weil ich keine Zeit habe« oder »weil ich das will« oder »weil das die Lösung ist«, dann frage dich wieder »Warum?«, bis du zur tiefsten Ursache kommst.

VERÄNDERE DICH!

DAUER: 1 STUNDE | **GRAD:** MITTEL

Komm endlich raus aus deinem Hamsterrad und mach dir klar, was dir in deinem Leben wirklich wichtig ist. Wie das geht? Da gibt es viele Möglichkeiten. Eine davon zeigt dir diese Übung:

1. TUN ODER LASSEN?

Nimm dir ein bisschen Zeit, ein Blatt Papier, einen Stift und unterteile dein Blatt in drei Spalten. Über die erste Spalte schreibst du »Aufhören!«. Hier trägst du alles ein, was du künftig nicht mehr machen möchtest. Die zweite Spalte bekommt die Überschrift »Weitermachen!« und enthält all das, was du fortführen oder weiterverfolgen möchtest. Und über die dritte Spalte setzt du ein »Loslegen!« und notierst darunter alles, was du neu oder anders machen willst.

2. WAS SIND DEINE WERTE?

Nimm dir nun noch ein Papier und notiere möglichst spontan und aus dem Bauch heraus alle Werte in einer Liste untereinander, die dir in deinem Leben wichtig sind. Das können Begriffe sein wie Ehrlichkeit, Liebe, Gerechtigkeit, Sicherheit, Freiheit oder Abenteuer. Wenn dir das schwerfällt, dann frage dich, welche Eigenschaften du an anderen schätzt, und leite daraus Werte ab wie beispielsweise Zuverlässigkeit oder Lebensfreude.

3. ZIELABGLEICH

Je stärker deine Träume und Ziele mit deinen Werten übereinstimmen, desto leichter und besser wirst du sie erreichen. Gleiche also deine Weitermachen- und Loslegen-Listen mit deinen Werten ab: Welche Punkte in den Spalten passen zu welchen Werten? Oder widerspricht sich manches? Markiere die Werte, die zu einem Vorhaben passen, mit einem Strich. So siehst du, welche Werte dir besonders wichtig sind. Wenn du willst, kannst du daraus ein Bild machen und es dir aufhängen.

schen, die glauben, den Arbeitsplatz in einem der riesigen Konzerne zu brauchen, und deshalb mitspielen. So ändert sich kaum etwas. Die Anzahl weiterer Beispiele ist endlos und füllt ganze Bücher. Das Erstaunliche daran ist, dass diese Art der Erwerbsarbeit erst seit etwa 200 Jahren existiert. Das ist angesichts der geschätzt rund 200 000 Jahre langen Geschichte des Homo sapiens kein besonders langer Zeitraum, oder? Vor der ersten industriellen Revolution, in der zweiten Hälfte des 18. Jahrhunderts, lebten die Menschen überwiegend als Bauern. Sie versorgten sich mehr oder weniger selbst und wussten nichts von Bewerbungen, Jahresgesprächen oder Kündigungen. Das soll nicht bedeuten, dass ihr Leben einfacher oder leichter war als unseres. Bestimmt nicht. Denn immerhin haben wir all die technologischen Bequemlichkeiten, die Roboter und ihre Künstliche Intelligenz.

TSCHÜSS WACHSTUM

Daher ginge es heute auch anders. Ob Energiewende, Sharing Economy oder die Produktion von Dingen mit 3-D-Druckern – wir bewegen uns auf eine Null-Grenzkosten-Gesellschaft zu, wie es der Gesellschaftstheoretiker Jeremy Rifkin nennt. Er glaubt, dass wir die großen Fabriken, Investitionen und globalen Konzerne bis 2050 schlicht nicht mehr brauchen. Neben dem Kapitalismus soll bis dahin ein weiteres Wirtschaftssystem entstehen, das er die Collaborative Commons nennt: Gemeinsam schaffen, betreiben und nutzen wir dann Gemeingüter. Über Plattformen teilen wir Dinge wie Informationen, Betten, Bücher, Autos oder die 3-D-Druckdateien von Zahnbürsten und Wohnhäusern. Doch weil diese Plattformen, anders als heute, nicht nur einigen wenigen Investoren gehören, müssen sie auch keine Renditen erwirtschaften. Wir könnten zu nahezu null Grenzkosten miteinander wirtschaften und bräuchten die Großen schlicht nicht mehr. Das wird unsere Gesellschaft komplett umkrempeln, meint Jeremy Rifkin. Zusammen mit Ideen wie der Solidarischen Landwirtschaft, bei der eine Gemeinschaft einen Bauernhof finanziert und sich dafür die Ernte teilt, könnten wir uns überwiegend selbst versorgen. Letzteres geht übrigens auch heute schon vollkommen außerhalb der üblichen Marktlogik und ohne wirtschaftlichen Wachstumszwang. Sobald es die Collaborative Commons flächendeckend gibt, könnten wir alle frei das tun, was wir wollen. Wie viel umweltfreundlicher, gesünder, sozialer und glücklicher wäre unsere Welt dann wohl? Wir bekommen eine erste leise Ahnung davon, wie eine Faironomics aussieht.

Dieser Wandel kommt laut Jeremy Rifkin ganz unweigerlich, weil das System Kapitalismus so ist, wie es ist. Wir hoffen, er hat recht. Aber wir finden, dass wir auch deshalb anders wirtschaften müssen, weil wir vor existenziellen Krisen wie der Klimakatastrophe, dem Artensterben oder dem Ende wichtiger Ressourcen stehen. Doch noch investieren die Regierungen lieber Milliarden in Subventionen, Steuernachlässe und -erlässe, Arbeitslosengelder, Lohnaufstockungen, Weiterbildungsmaßnahmen und Bestechungsgelder. Das soll die Illusion aufrechterhalten, wir könnten einfach so weitermachen. »Was würde wohl geschehen, wenn man das viele Geld nehmen würde, damit wir Menschen gemeinsam Collaborative Commons aufbauen könnten?«, grübeln wir. Gäbe es dann ein Otjivero-Omitara im großen Stil? Wir meinen: Ja!

»Nur, wie lassen sich so große Ideen auf den Alltag runterbrechen«, überlegten wir. Draußen knallten nun immer öfter Silvesterböller. Wir wollten nicht auf irgendwelche Regierungsprogramme hoffen, die wohl noch ein ganzes Weilchen auf sich warten lassen dürften. Eher würde uns hier alles um die Ohren fliegen, glaubten wir. Nein, zu vieles stand auf dem Spiel, als dass wir die Hände in den Schoß und unser Vertrauen in andere legen wollten. Wir gelangten zu dem Schluss, dass wir unseren Blick auf das, was wir Arbeit nennen, gründlich ändern müssen. Anstatt nur zu überlegen, wie wir mit dem, was wir tun wollen, Geld verdienen können, brauchen wir für eine Faironomics drei Strategien:

1. Der wichtigste Teil der Arbeit ist in unserer Utopie dem gewidmet, was wir Menschen wirklich und unbedingt tun wollen. Das, wofür unser Herz schlägt und was unserem Leben Sinn gibt.
2. Unter Arbeit verstehen wir in einer wirklich nachhaltigen Ökonomie aber auch alles, was wir für unsere Selbstversorgung tun. Dazu gehört, dass wir Dinge selbst reparieren, anstatt sie wegzuschmeißen. Und dass wir tauschen und teilen, wo es geht. Nicht nur, um uns unabhängiger von Geld zu machen, sondern auch, um Ressourcen zu sparen.
3. Mit einem dritten Teil unserer Arbeit werden wir nach wie vor unseren Lebensunterhalt verdienen. Je näher wir einer Faironomics kämen, desto unwichtiger würde dieser Teil der Arbeit werden. Bis dahin sollte er sich so gut wie möglich mit unseren Idealen decken und uns so viel Freiraum für Punkt eins lassen, wie es geht.

Draußen fing es nun richtig an, zu knallen und zu krachen. Etwas überrumpelt schauten wir auf die Uhr: Mitternacht! Das passte irgendwie: Denn nun hatten wir uns durch das tiefste Jammertal unseres Selbstmitleids hindurchgekämpft. Hand in Hand gingen wir in den Garten und schauten dem Feuerwerk zu. Für uns hatte das etwas Symbolisches. Es war wie das Zeichen eines Wendepunktes in unserem Leben. Wir hatten verstanden, dass wir uns einem weitaus größeren und großartigeren Experiment stellen mussten, als wir zunächst vermutet hatten: Wir hatten erkannt, dass die drei Faironomics-Strategien nicht nur ein Ziel waren. Sie waren auch der Weg dorthin. Zufrieden gingen wir in dieser Nacht ins Bett. Morgen wollten wir darüber nachdenken, was wir denn nun wirklich und unbedingt tun wollen.

MUT, ZUVERSICHT UND FREIHEIT

Bevor wir dir erzählen, was am Neujahrstag geschah, müssen wir aber unbedingt noch über eine andere Sache sprechen. Eine Sache, der wir in den Jahren nach diesem denkwürdigen Silvester selbst erst nach und nach auf die Spur gekommen sind. Und die hat etwas mit Mut zu tun – und mit Dr. Vreni Häussermann und Prof. Dr. Michael Schrödl. Die beiden sind Taxonomen, also Artenforscher. Schrödl beschäftigt sich mit Meeresnacktschnecken und Häussermann mit Seeanemonen. Das klingt nicht gerade so, als ob die beiden dafür vorgesehen wären, die Welt zu retten. Es klingt eher schrullig. Doch die beiden sind exemplarisch. Ihre Arbeit ist superwichtig ... eigentlich. Wir Menschen rotten derzeit rund 20 000 bis 50 000 Tierarten aus – pro Jahr! Das sind rund 55 bis 140 pro Tag oder, anders gesagt, eine aussterbende Tierart alle 10 bis 26 Minuten. »Die meisten davon kannten wir noch nicht einmal«, so Schrödl und Häussermann. Die beiden würden nichts lieber tun, als mit ihren Kollegen zusammen herauszufinden, welche Tierarten es gibt und wie wir ihnen helfen können, in dieser vom Menschen so geplagten Welt zu überleben. Das wäre gar nicht altruistisch, denn dieses sechste große Artensterben der Weltgeschichte ist nicht nur für das Ökosystem Erde katastrophal, sondern natürlich auch für uns. Doch was tut die Menschheit dagegen? Genau, nichts! Schrödl und Häussermann ackern nun schon seit Jahren chronisch unterbezahlt, teils sogar selbst finanziert aus purem Idealismus – und erhalten in der Regel dafür noch nicht mal ein »Dankeschön« von der Gesellschaft. Deshalb haben die beiden (im Eigenverlag!) ein Buch mit dem Titel ›Biodiversitot‹ geschrieben, in dem sie in aufrüttelnder Weise die Dramatik des globalen Exodus beschreiben. Ihre Hoffnung: Sollte dieses Buch einem oder mehreren Milliardären in die Hände fallen, wäre es doch wunderbar, würden diese 50 Jahre lang Taxonomen aus aller Welt mit jährlich 400 Millionen Euro unterstützen. Das ist gar kein

DAS NOTWENDIGE

WARUM EIN NORMALES LEBEN IN DIESEN ZEITEN NICHT MÖGLICH IST

Warum habe ich den Right Livelihood Award gegründet und danach den Weltzukunftsrat? Das hat weniger mit der Erfüllung eines großen Traums zu tun. Vielmehr fing ich an, den Zustand unserer Welt zu erkennen. Zu sehen, was da auf uns zukommt. Nicht auf irgendwelche zukünftige Generationen, sondern auf unsere Kinder und uns. Wer das verstanden hat, kann gar nicht anders, als aktiv zu werden. Deshalb habe ich mich dafür interessiert, ob es Menschen gibt, die Lösungen für die Probleme unserer Zeit gefunden haben. Mit dem Right Livelihood Award suchen wir sie, prämieren sie und versuchen ihre Arbeit bekannt zu machen. Leider hat sich mit den Jahren gezeigt, dass sich diese Projekte der Hoffnung viel zu langsam ausbreiten. Um Strategien des Wandels zu finden und überall auf der Welt zu verankern, haben wir deshalb den Weltzukunftsrat gegründet. Wir wollen den Menschen damit nichts vorschreiben. Aber wir müssen auch erkennen, dass wir die Naturgesetze nicht abschaffen können. Mit schmelzenden Gletschern und wachsenden Wüsten können wir nicht verhandeln. Und wenn wir jetzt umsteuern wollen, dann müssen wir weg von diesem Konkurrenzdenken hin zu einer Vision der Zusammenarbeit. Allerdings sind manche Leute tatsächlich der Ansicht: »Wenn ich weniger konsumiere, dann bricht doch die Wirtschaft zusammen!« Dieser Zusammenbruch kommt aber sowieso. Einen Wirtschafts- oder Staatsbankrott gab es schon; den kann man überwinden. Aber einen ökologischen Zusammenbruch in diesem Ausmaß – den gab es noch nicht. Und wir wissen nicht, ob und wie wir ihn je überstehen können. Deshalb müssen wir unsere Prioritäten vollkommen anders setzen.

Churchill hat einmal gesagt, dass es in einer Krise nicht reicht, sein Bestes zu tun. Man muss tun, was notwendig ist. Wenn wir heute nicht tun, was notwendig ist, dann haben wir versagt. Doch wenn jemand sich nicht traut und bequem ist, dann kann ich ihm alles über den Zustand der Welt erzählen – er wird nur sagen: »Ich kann das nicht« oder »Das sollen andere tun«. Aber das finde ich skandalös, denn wir haben Verantwortung! Wir in den reichen Ländern verursachen zum großen Teil das Problem. Wer da nicht Teil der Lösung sein möchte, sollte sich schämen, denn dazu brauchen wir ja gar keinen Mut. Mut brauchen dagegen die Menschen, die viel mehr riskieren als wir, jeden Tag. Zum Beispiel die Mitglieder des Weltzukunftsrates und die Preisträger des Right Livelihood Award. Die nicht aufgeben, obwohl sie oft ihr Leben, ihre Freiheit und ihre gesamte Existenz aufs Spiel setzen. Viele Menschen haben aufgrund ihres Engagements ihr Leben verloren. Und solange diese Menschen nicht aufgeben, so lange haben wir auch kein Recht dazu.

JAKOB VON UEXKÜLL

verkaufte als junger Mann seine Briefmarkensammlung und gründete mit dem Geld den Alternativen Nobelpreis (Right Livelihood Award).
www.rightlivelihoodaward.org

ZIVILCOURAGE

ist, wenn man sich aufgrund seiner Werte für etwas einsetzt – und das, obwohl man dadurch Nachteile zu erwarten hat. Das ist nicht angeboren, man muss sie üben. Und das geht so:

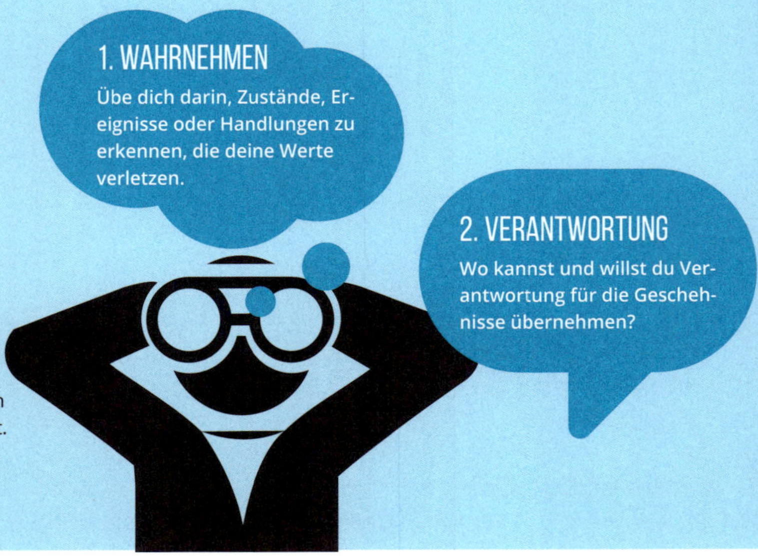

so unrealistisches Ansinnen: In den letzten zehn Jahren ist die Zahl der Milliardäre nämlich von 454 auf 2208 gestiegen! Würden sich nur zehn von ihnen einen Ruck geben und auf den Vorschlag eingehen, so unsere Rechnung, so müssten sie auf nichts verzichten. Dafür bekämen sie aber für immer und ewig den Ruhm, diejenigen gewesen zu sein, die endlich etwas gegen den Untergang unserer Welt getan haben. (Also wenn du einen Milliardär kennst, dann schicke ihm bitte das Buch!) Dass das nur eine von vielen Ideen ist, bei denen die Lösung quasi auf der Hand liegt und dennoch nichts passiert, weißt du wahrscheinlich selbst. Bleibt also immer wieder die Frage, warum nicht viel mehr Menschen ihre Nine-to-five-Jobs kündigen, auf ihre vermeintliche Sicherheit pfeifen und ihr Leben mit Haut und Haar einer besseren Welt widmen. Warum fehlt uns bloß der Mut?

Wer heute den Fernseher einschaltet oder sich im Internet über Aktuelles informiert, bekommt eine Ahnung davon, warum das so ist. Während es zum Beispiel im Juli 2017 zahlreiche interessante und wichtige Veranstaltungen rund um den G20-Gipfel in Hamburg gab, beschäftigten sich die Medien nahezu ausschließlich damit, wer wann und wo Krawall machte. Natürlich wollen wir auch nicht, dass Menschen Steine von Dächern schmeißen oder sich Polizisten und Demonstranten gegenseitig verprügeln. Aber mal ehrlich: Sind die globalen Probleme und die Entscheidungen, die die mächtigsten Regierungsvertreter mehr oder weniger unter sich ausgemacht haben, nicht wirklich wichtiger? Und wäre es nicht auch mal erwähnenswert, dass es nicht gerade wenige Menschen waren, die auf einem »Alternativgipfel für globale Solidarität« jede Menge konkrete Vorschläge für Alternativen, Lösungen und Verbesserungen hatten? Doch anstatt uns mit den tatsächlich wesentlichen Dingen zu befassen, beharren wir darauf, mut- und hoffnungslos bleiben zu dürfen. Wie kann es sein, dass wir »kein Geld« oder »keine Zeit« murmeln und in unseren bequemen Alltagstrott verfallen – während unsere Mitmenschen und Mitgeschöpfe dies mit ihrem Leben bezahlen müssen? Doch »kein Geld« und »keine Zeit« können nur Ausreden sein. Selbst ein Mensch mit ganz schmalem Geldbeutel kann sich entscheiden, bestimmte Dinge zu kaufen oder eben nicht. Er kann sich ehrenamtlich engagieren, an Demos teilnehmen, Protestbriefe schreiben, Online-Petitionen unterzeichnen, Flash-Mobs organisieren oder mit den Nachbarn Tauschringe, Schenkbasare oder Food-Coops auf die Beine stellen. An Geld oder Zeit wird es nicht scheitern. Auch zu sagen, man könne als Einzelner nichts verändern, ist nichts als Unfug, um es mal ganz direkt zu sagen. Eine sich selbst erfüllende Prophezeiung. Denn jeder Einzelne von uns verändert

doch laufend die Welt mit jeder einzelnen Entscheidung. Selbst wenn wir uns dafür entscheiden, nichts zu tun, verändern wir die Welt. »Das eigentliche Problem ... ist die Überwindung der Hoffnungslosigkeit. Ja, unsere Erde wird von der Resignation bedroht«, meinte auch Stéphane Hessel 2011 in einem Interview, das unter dem Titel ›Engagiert Euch!‹ zwei Jahre vor seinem Tod als Buch erschien. Jener Ex-Résistance-Kämpfer und Aktivist, der 2010 mit seinem Essay »Empört euch!« im hohen Alter von 93 Jahren kurzfristig für jede Menge Trubel sorgte.

EMPÖRT EUCH!

Wir fragen uns, wie können wir uns selbst aufrütteln, empört sein – so empört, dass wir endlich aus unseren gemütlichen Fernsehsesseln aufstehen, rausgehen ins echte Leben und tatsächlich etwas tun? Denn mal ehrlich: Müssen wir nicht viel weniger wagen als Stéphane Hessel und seine Mitstreiter damals in der Résistance im Zweiten Weltkrieg – und haben wir nicht gleichzeitig viel, viel mehr zu verlieren, wenn wir nichts tun? Brauchen wir in unserer Wohlstandsregion nicht viel weniger Mut als all die Menschen am anderen Ende der Erde, die wirklich was aufs Spiel setzen – wie der Gründer des Alternativen Nobelpreises Jakob von Uexküll meint? Und doch ist das Ganze ein bisschen verzwickter als damals. Denn die Fronten sind nicht mehr so klar und eindeutig. Sie verlaufen mitten durch uns hindurch. Das wurde uns beiden so richtig klar, als wir ein paar Jahre nach der entscheidenden Jahreswende einen Nachmittag lang damit verbrachten, durch die Hamburger Shoppingmeile Mönckebergstraße zu laufen und in den Kaufhäusern und Modeboutiquen nachzufragen, wie diese Kleidung eigentlich hergestellt wurde. In einer Art Experiment wollten wir herausfinden, ob die Verkäuferinnen und Verkäufer wissen, wie fair und ökologisch all die schicken Sachen sind, die da herumhängen. Das Ergebnis war niederschmetternd: Kein Einziger konnte uns eine stichhaltige Auskunft geben. Die beste Antwort, die wir erhielten, war: »Schauen Sie auf unsere Webseite.« Alle anderen drucksten herum oder logen uns sogar dreist ins Gesicht. Vollkommen deprimiert saßen wir danach auf einer Bank und sahen dem Treiben um uns herum zu. Unzählige Menschen mit zwei, drei oder sogar mehr Einkaufstüten in den Händen hasteten an uns vorbei. Und die meisten von ihnen fragten nicht danach, wie es den Menschen geht, die ihre Klamotten genäht haben. Oder wie die Baumwollfelder nach den Pestizidduschen oder die Flüsse nahe den Färbefabriken aussehen. Wäre es anders, hätten die Verkäufer doch sicher eine

ERMUTIGE DICH!

DAUER: 5–30 MINUTEN | **GRAD:** MITTEL

Willst du die Welt verändern, musst auch du dich verändern. Diese fünf Routinen der Selbstermutigung helfen dir dabei.

1. LOBE DICH

Ziele sind wichtig, denn sie motivieren und weisen uns die Richtung. Ebenso wichtig ist aber auch die Rückschau. Mach es dir daher zur Gewohnheit, einmal am Tag, in der Woche oder im Monat zu prüfen: Was ist dir gut gelungen? Worauf bist du stolz? Was hast du probiert, auch wenn es nicht geklappt hat? Wo hast du etwas gewagt? Mach dir bewusst, wie weit du schon gekommen bist.

2. SEI DANKBAR

Überlege regelmäßig, wofür du dankbar bist, das verändert deine Perspektive. Die Folge ist, dass du glücklicher, zuversichtlicher, versöhnlicher und aktiver bist. Probier's einfach mal und führe einige Monate ein Dankbarkeitstagebuch.

3. LASS LOS

Manchmal musst du, um etwas Neues zu beginnen, etwas Altes aufgeben. Wenn du (zum Teil unbewusst) noch nicht bereit dazu bist, kann dich das blockieren. Überlege dir, was das sein könnte, und frage dich, ob du bereit bist, das Alte aufzugeben.

4. ERKENNE DEINEN KRITIKER

Jeder hat einen inneren Kritiker, der laufend sagt, was man nicht kann, wo man versagt und was man nicht hinkriegt. Nimm dir Zeit, um diese kleine Nervensäge besser kennenzulernen. Halte ihre typischsten Bemerkungen fest und frage dich, was dahintersteckt: Woher stammen diese negativen Glaubenssätze? Formuliere dann das positive Gegenteil, hänge es dir irgendwo gut sichtbar hin und lies es immer mal wieder still für dich durch. Statt »Ich kann nicht mit Geld umgehen« schreibst du zum Beispiel »Ich gehe prima mit Geld um«.

5. ERMUTIGE ANDERE

Es klingt vielleicht zunächst paradox, doch es funktioniert wirklich: Je mehr du andere ermutigst, desto mehr Mut bekommst du selbst. Unter anderem, weil deine sozialen Beziehungen tiefer werden. Um andere zu ermutigen, ist weniger Lob wichtig, sondern vielmehr echtes Interesse, Offenheit, ein freundlicher Blick, eine warme Stimme, Nähe und Wertschätzung.

Antwort parat, oder? War es ihnen egal? Verdrängten sie es? Hatten sie noch nie darüber nachgedacht? Immerhin ist die Textilindustrie nach der Erdölbranche der größte Umweltverschmutzer der Welt.

Aber das Schlimmste für uns waren nicht die anderen. Das waren wir selbst! Denn wie wir da so saßen, wussten wir natürlich ganz genau, dass wir all die Jahre genauso gedankenlos eingekauft hatten. Wir hatten uns zwar über die Zustände in den Textilfabriken Asiens aufgeregt, das schon. Doch waren wir nie auf die simple Idee gekommen, einfach mal nachzuhaken. Bis zu diesem Tag. Diese Erkenntnis traf uns. Sie schmerzte. Wir schämten uns. Und gleichzeitig wussten wir, dass es gut war, uns mit unserem hässlichen Selbst zu konfrontieren. Denn es ist bei all den Missständen im Großen wie im Kleinen immer sehr viel leichter, mit dem Finger auf andere zu weisen. Dann kann man sich und anderen zeigen, dass man es besser macht, dass man besser ist. Gerade wenn man große Ideale hegt, ist mit einem Mal weniger als perfekt nicht mehr gut genug. Menschen, die ihren Traum von einer besseren Welt verwirklichen wollen, haben deshalb gleich an mehreren Fronten zu kämpfen: Erstens müssen sie sich und dem Rest der Welt beweisen, dass es kein Blödsinn ist, was sie da versuchen. Zweitens haben sie auch noch einen heiklen Zwiespalt in sich selbst zu bewältigen. Nämlich die einfache Tatsache, dass sie natürlich nicht durch und durch gut sind, so wie sie es vielleicht gerne hätten. Schließlich sind wir alle unweigerlich ein winziges Rädchen in der gigantischen Zerstörungsmaschinerie. Und drittens werden Idealisten heutzutage mit besonders strengen Maßstäben gemessen. Von denen, die überall Greenwashing wittern. Und von denen, die sich selbst nicht aufraffen können, etwas für den Schutz der Umwelt oder der Menschenrechte zu tun, und deshalb heilfroh sind, wenn sie sich und anderen beweisen können, dass das mit dem Weltretten ohnehin ausgemachter Blödsinn ist. Wenn man nicht aufpasst, verzagt man da schneller, als man gucken kann – und der anfängliche Mut und die ursprüngliche Euphorie lösen sich in Wohlgefallen auf.

ERMUTIGUNGSSTRATEGIEN

Du tust also gut daran, dir gleich von Anfang an Selbstermutigungsstrategien zurechtzulegen (ein paar Ideen findest du links). Wir haben erst mit der Zeit erkannt, wie hilfreich und wichtig das ist. Zu lernen, dich selbst so zu lieben, wie du bist, klingt zunächst ein bisschen kitschig. Und je nachdem, wie du gestrickt bist, schießt dir vielleicht gerade der Begriff »esoterisch« durch den Kopf! Doch es ist auf deinem Weg eine ebenso wichtige Aufgabe wie die, eine gute Idee zu entwickeln, Mitstreiter zu gewinnen, dein Vorhaben zu finanzieren und die Welt mitzugestalten. Denn nur, wenn du dir selbst vertraust, auf dein Bauchgefühl hörst und dich auch mal frei von der Meinung anderer machst, kannst du tatsächlich etwas bewegen. Nur dann wirst du mit der Zeit immer weniger abhängig von Lob oder Kritik. Und das ist eine sehr wichtige Voraussetzung dafür, dass du dich mit deinen Träumen und Ideen an dem orientierst, was dir wirklich und wahrhaftig wichtig ist – anstatt an dem, was ins System und die Gedankengebäude der breiten Masse passt. Diese »innere Freiheit«, wie wir das nennen, ist nichts, was die einen einfach haben und die anderen eben nicht. Es ist etwas, was du üben kannst, wie Gitarre spielen oder Schach. Diese Freiheit ist die Voraussetzung für Mut und Zuversicht, für Zivilcourage und eine Kreativität, die außerhalb des üblichen Kästchendenkens stattfindet. Und genau so etwas brauchen wir, wenn wir die Welt zu einem wunderbaren und schönen Ort machen wollen (was viel leichter geht, als die meisten Menschen denken, wie wir herausgefunden haben – aber auch dazu später mehr). Die beste Art, diese innere Freiheit zu bekommen, ist, deinen Träumen zu folgen. Das klingt paradox – und das ist es auch. Genau an diesem Punkt standen wir an jenem denkwürdigen Neujahrstag, als es draußen grau, nass und kalt war und in uns drinnen ganz warm und bunt.

AUS DEM KÄSTCHEN TRÄUMEN

Das Hamburger Schietwetter war die ideale Voraussetzung, um sich zu Hause zu verkrümeln, bunte Stifte und große Papierbögen herauszuholen und über Lebensträume nachzudenken. Die praktische Frage, wie wir in Zukunft unser Geld verdienen wollten, stellten wir erst mal nach hinten (und das ist wirklich wichtig!). An die leidige Frage um das liebe Geld machten wir uns also später. Wir wussten nun, dass wir eine neue Vorstellung von Arbeit brauchten, um unseren Träumen näher zu kommen. Und innere Freiheit. Doch was genau war es nun? Was müssten wir tun, damit wir jeden Morgen mit einem Kribbeln im Bauch aufwachen und es kaum erwarten können weiterzumachen? Wie wäre eine Arbeit beschaffen, die wir abends nur widerwillig beiseitelegen würden, um schlafen zu gehen? Die wir gar nicht als Arbeit sehen würden? Was würden wir tun, wenn Geld keine Rolle mehr spielen würde?

Wir saßen vor unseren großen weißen Papierbögen mit den Buntstiften in der Hand – und wussten auf einmal nicht mehr, was wir aufschreiben sollten. Sicher, es gab eine ganze Menge von Dingen, die wir gerne taten. Aber gab es für uns beide die eine Sache, die wir gemeinsam wirklich ganz unbedingt und um jeden Preis tun wollten? Von der wir uns auch dann nicht abbringen lassen würden, wenn es wirklich schwierig werden würde? »Wie ist das bei dir? Denk mal darüber nach!« Das war gar nicht so einfach. Dabei waren wir beide schon immer fasziniert von Menschen, die sich mit Haut und Haaren einer bestimmten Sache verschrieben hatten. Die einen inneren Drang verspürten, genau dies und nichts anderes zu tun. Meist sind das Wissenschaftler, Denker, Musiker und Künstler wie Marie Curie, George Sand, John Lennon oder Charles Chaplin. Doch so wie diesen Menschen geht es nur wenigen. Der Philosoph Frithjof Bergmann nennt dies die »Armut der Begierde«. Er hat Tausende von Menschen gefragt, was sie wirklich, wirklich tun wollen. Die meisten von ihnen haben nur betreten beiseitegeguckt, mit den Achseln gezuckt und wussten keine Antwort. Und das ist kaum verwunderlich, denn als Kind ist es für uns überlebenswichtig, dass wir uns in die »Herde« einfügen und das tun, was alle tun, und unsere eigenen Wünsche und Träume unterordnen.

Das ist schon bei vierjährigen Kindern der Fall, wie die beiden Verhaltensforscher Daniel Haun und Michael Tomasello in einem Experiment gezeigt haben: Die Kleinen erhielten je ein Bilderbuch mit Abbildungen von Tiervätern, -müttern und -babys. In der Gruppe sollten sie die Seiten durchgehen und laut sagen, was sie sahen. Was sie nicht wussten, war, dass bei einigen von ihnen manche Seiten andere Figuren zeigten als beim Rest der Gruppe. Sie mussten verunsichert feststellen, dass alle »Tierpapa!« riefen, während sie vor sich doch eine Tiermama sahen. Unter 24 Vierjährigen passten sich 18 verblüffend schnell der Gruppenmeinung an und riefen ungeachtet der Bildchen vor ihnen ebenfalls lauthals »Tierpapa!«. Und das ist gut so. Denn Kinder sind – wie Kranke, Schwache und Alte – auf den Schutz der Gemeinschaft angewiesen. Ohne sie könnten sie nicht überleben. Deshalb ist die Idee der Herde keine schlechte Erfindung von Mutter Natur. Sie macht uns zu sozialen Wesen, denen es nicht egal ist, dass da irgendwo am Rande »einer von uns« nicht mehr mitkommt. Doch wer immer nur in der Herde läuft, sieht sein Leben lang nur Ärsche und tritt mit vorhersagbarer Regelmäßigkeit in Scheiße, wie es der Schauspieler Hannes Jaenicke ausdrückt. So in etwa kann es uns gehen, wenn wir nur deshalb einen Schulabschluss machen, weil alle das machen. Wenn wir nur studieren, weil alle studieren.

(AUF)SPÜREN

WIE DU DEINEN WAHREN WILLEN WIEDERFINDEST

Was wir in unserem Leben wirklich wollen, wissen die meisten von uns nicht wirklich. Das ist ein Kulturphänomen und hat sehr viel damit zu tun, wie wir Menschen – vor allem Kinder und Jugendliche – bilden. Kleine Kinder haben ständig Impulse: Handlungsimpulse, Spielimpulse, Lernimpulse, Kreativimpulse oder Beziehungsimpulse. Die Schule ist ein großes Training darin, diesen Impulsen nicht zu folgen, sondern dem, was ihnen von außen vorgegeben wird. Was vermeintlich wichtiger ist und wofür sie sich zu interessieren haben. Dieses Training läuft über viele Jahre mit großer Konsequenz über mehrere Stunden täglich. Und so entlässt dieses Bildungssystem viele Menschen, die nicht mehr in Kontakt mit sich selbst sind. Doch dann sollen sie auf einmal genau wissen, was sie wollen. Da sind viele total verloren. Die einen merken das gleich, die anderen erst später in ihrem Leben.

Dabei hat jeder Mensch in sich ganz klare Impulse, den wahren Willen. Die Feststellung »Ich weiß eigentlich gar nicht, was ich wirklich will, und alles, was ich glaube zu wollen, ist irgendwie von außen aufgesetzt« ist eine schmerzhafte Erkenntnis, aber auch ein wichtiger Startpunkt. Von dort aus können sich Menschen auf den Weg machen, um mit ihrem Ureigenen in Kontakt zu kommen. Das erlebe ich als einen inneren Klärungsprozess, der auf einer emotionalen Ebene stattfindet wie auch auf einer Willensebene. Es ist jedoch kein intellektueller Prozess. Und damit sind wir wieder beim Bildungssystem, das uns gelehrt hat, Probleme intellektuell anzugehen. Das ist auch gut und schön. Doch wenn die Antworten nur auf intellektueller Ebene erfolgen, wird das in gewisser Weise beliebig. Denn der Verstand kann alles Mögliche in alle erdenklichen Richtungen argumentieren. Also muss man den Modus wechseln und neben dem Denken das Spüren wieder lernen. Das offenbart eine ganz andere Denkweise, die ich das transrationale Denken nenne. Über unseren Körper und unsere innere Wahrnehmung können wir unterscheiden zwischen einem authentischen Impuls und einem Hirngespinst. Das kann der Intellekt nicht.

Das Problem ist, dass die meisten Menschen erst einmal auf einen Haufen Emotionen stoßen, die sie gar nicht fühlen wollen. Darunter verbergen sich unterdrückte Bedürfnisse, die sich nicht entwickeln konnten und daher oft nicht unserem eigentlichen Entwicklungsstand entsprechen. Und darunter erst liegen die authentischen Impulse, die sich zum Beispiel in unserer Intuition äußern. Das ist meine Beobachtung. Deshalb geht es darum zu lernen, wie man fühlt, wie man Gefühle integriert und heilt. Dadurch können die Gefühle dann nach und nach wieder frei klingen.

VIVIAN DITTMAR

hat die Be-the-Change-Stiftung für kulturellen Wandel gegründet, die Menschen darin unterstützt, den Wandel in sich lebendig werden zu lassen. **www.be-the-change.de**

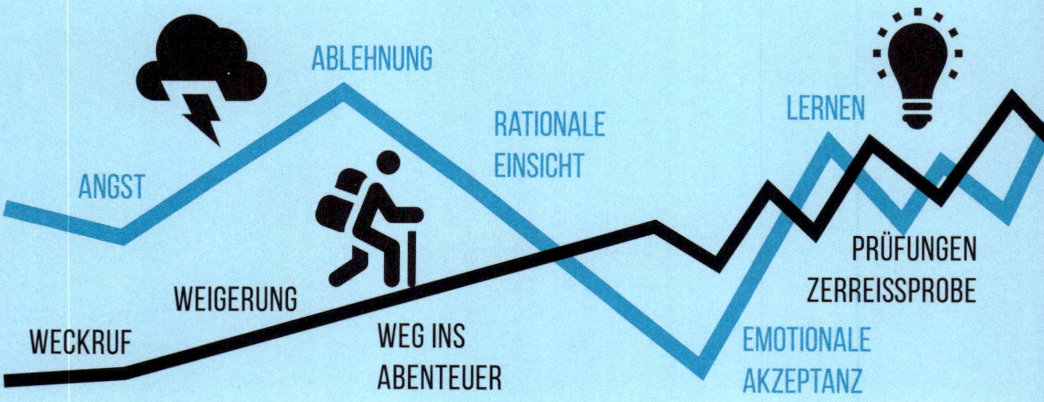

Wenn wir unsere Karriere nur verfolgen, weil alle das tun. Wenn wir uns irgendwann eine Familie, ein Eigenheim, eine private Altersvorsorge und einen Kaffeekapselautomaten anschaffen, nur weil man das halt so macht. Wenn wir uns nicht bewusst für etwas entscheiden, sondern uns einfach mit der Menge treiben lassen, dann finden wir uns irgendwann in einem Hamsterrad aus Erwartungen und Verpflichtungen wieder – und uns fällt beim besten Willen nicht mehr ein, was wir uns vor Urzeiten eigentlich mal für ein Leben erträumt hatten. Damals, als wir noch kleine Vierjährige waren, die verdutzt feststellen mussten, dass die Welt wohl doch nicht so ist, wie sie vor Kurzem noch schien. Damals, als uns Eltern und Lehrer sagten, wie wir die Dinge zu sehen haben. Was sich gehört. Was sie von uns erwarten und was sie auf keinen Fall dulden. Doch wir sind keine Vierjährigen mehr. Heute können wir aufstehen und prüfen, ob das, was alle sagen, tatsächlich das ist, was wir zu sagen haben. Ja, wir müssen es sogar!

Unser Mangel an Widerspruchsgeist und unsere »Armut der Begierde« sind also zunächst einmal ganz normal. Es liegt nicht an deiner fehlenden Motivation oder Leistungsbereitschaft, wenn du womöglich noch nicht die eine großartige Idee verwirklicht hast, die vielleicht die Welt retten könnte. Fast allen geht es so wie dir. Denn deinen Traum zu finden und zu leben ist keine Sache, die du an einem Tag erledigen kannst. Es ist ein Weg, ein Prozess, der in vielen Schritten, Stufen und Etappen vor sich geht. Vielleicht dauert er sogar ein Leben lang. Deshalb ist es gerade am Anfang deiner Transformation zum Faironomisten wichtig, dass du lernst, auch fair und geduldig mit dir selbst zu sein. Niemand wird fertig geboren. Und entgegen der weit verbreiteten Annahme sind wir Menschen auch nicht mit einem überdimensionalen Ego auf die Welt gekommen, das durch Erziehung eingehegt werden müsste. Im Gegenteil. Wir lassen uns nur allzu leicht verunsichern und von unseren Träumen abbringen. Wir irren herum, probieren mal hier und mal dort etwas aus und machen unsere Erfahrungen. Letztlich liegt es aber auch an uns, uns zu dem Menschen zu entwickeln, der wir gerne sein möchten.

Das ist wie eine lange Wanderung im Gebirge: Ständig muss man aufpassen, dass man nicht abrutscht, sich das Knie aufschlägt oder den Fuß verknackst. Mal peitscht einem der Regen ins Gesicht, mal brennt die Sonne in den Nacken. Doch dafür wird man immer wieder mit grandiosen Aussichten, herrlich frischer Luft, klarem Bergwasser und dem guten Gefühl absoluter Zufriedenheit belohnt. Dem Gefühl, das sich einstellt, wenn man den ganzen Tag so viel erlebt und gelernt hat und am Abend richtig stolz auf all das sein kann.

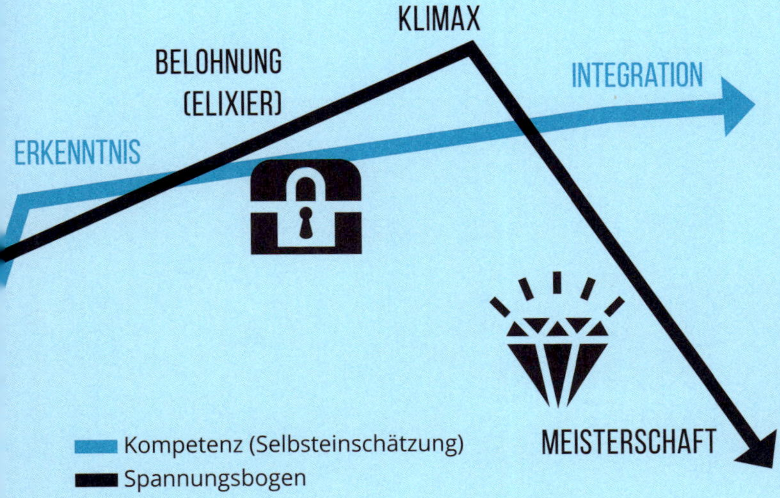

VERÄNDERUNGS-PROZESSE

Menschen verhalten sich in Veränderungs- und Krisenprozessen (blaue Linie) ganz ähnlich wie die Helden in Mythen und Geschichten (schwarze Linie).

IN GESCHICHTEN DENKEN

Es ist schon spät am Vormittag, als wir mit unseren Gedanken an diesem Punkt angelangt sind. Auf einmal fliegen Schmetterlinge kreuz und quer durch unseren Bauch, denn wir haben erkannt: Die Suche nach dem, was wir wirklich wollen, ist zugleich auch der Weg zu dem Ich, das wir gerne sein möchten. Denn wenn man Schritt für Schritt immer mehr das tut, was einem besonders wichtig ist, dann verändern auch alle anderen Dinge im Leben nach und nach ihre Bedeutung. Wenn du dich auf deine Träume zubewegst, fragst du dich auf einmal: Brauche ich dieses Auto, diesen Urlaub oder dieses Smartphone wirklich – oder ist es mir nicht viel wichtiger, das Geld und die Zeit in mein Projekt zu stecken? Kümmert es mich tatsächlich, was andere darüber denken – oder ist das Gefühl von echter, innerer Zufriedenheit nicht viel entscheidender? Oder auch: Ist es mir nicht unendlich viel wichtiger, tatsächlich mein Leben auszukosten, anstatt die »Geschichten« anderer zu leben? Wir saßen in unserem Wohnzimmer auf dem Fußboden. Und über unsere bunt beschriebenen Papierbögen gebeugt wussten wir auf einmal, wie wir unseren Träumen näher kommen könnten: Als Journalisten sind wir ja Geschichtenerzähler. Nein, keine Märchen, Krimis oder Liebesromane. Keine Fantasiefiguren und fiktiven Begebenheiten (zumindest noch nicht). Wir erzählen vielmehr Geschichten von der »Wirklichkeit«. Und die ist ein faszinierendes Konstrukt. Eine Vereinbarung. Schließlich kann keiner von uns genau sagen, was eigentlich wahr oder unwahr ist, richtig oder falsch. Wir alle können nur einen winzigen Ausschnitt aus dem gigantischen Netz an Ereignissen, Abhängigkeiten, Zuständen, Dingen, Wesen, Gedanken, Handlungen, Absichten, Reaktionen etc. sehen, das uns fortwährend umgibt – und sich ständig verändert. Und keiner weiß, was die Wirklichkeit eigentlich ist. Deshalb behelfen wir uns mit einer gedanklichen Krücke: Wir einigen uns gemeinsam auf eine Reihe von »Geschichten« und nennen diese dann die »Wirklichkeit«. Im Fachjargon heißt das auch Narrativ. So kommt es zum Beispiel, dass wir glauben, auf Erwerbsarbeit und Wirtschaftswachstum nicht verzichten zu können (obwohl die Menschheit jahrhundertelang ohne sie überlebt hat). Wir glauben, dass Europa auf der Weltkarte über Afrika liegt oder dass eine Welt ohne Atomwaffen unsicherer ist als mit ihnen. Wir denken: Das ist die Wirklichkeit. Wir erzählen uns Geschichten über bestimmte Gesellschafts- und Volksgruppen, über unsere Nachbarn, Kollegen, Freunde und Verwandte – und denken: So sind sie. Sogar über uns selbst erzählen wir Geschichten, weil wir im Grunde gar nicht so genau wissen, wer wir eigentlich sind. Das ist auch der

ERZÄHLE DEINE GESCHICHTE

DAUER: 1–4 STUNDEN
GRAD: SCHWIERIG

Die Heldenreise kann dir helfen, deine Träume zu entdecken. Beantworte alle Fragen von Punkt 1 bis 7. Entscheide, wie weit in die Zukunft du denkst: ein Jahr, fünf Jahre oder bis an dein Lebensende?

ZUKUNFT

1 DIE NEUE WELT

Mal dir die zukünftige Welt aus, die du dir wünschst. Zeichne, beschreibe, bastele sie. Nimm dir dafür viel Zeit.

2 DAS ELIXIER

Was musst du wissen, können oder haben, um diese Welt zu verwirklichen?

3 DIE TIEFSTE HÖHLE

Welche Glaubenssätze musst du dafür loslassen? Wie muss sich deine Persönlichkeit wandeln?

4 WIDERSACHER UND PRÜFUNGEN

Wer oder was könnte dich daran hindern, deinen Weg zu gehen?

5 MENTOREN

Wer oder was könnte dich dabei unterstützen, deinen Weg zu gehen?

6 WEIGERUNG

Was sind deine inneren Konflikte und Ausreden?

7 WECKRUF

Formuliere deine Mission in einem Satz und hänge ihn so auf, dass du ihn immer wieder siehst.

HEUTE

PDF-Vorlage für diese Übung: www.faironomics.de

Grund, warum die Idee mit dem »Branding« so wunderbar funktioniert: Kommunikationsstrategen laden eine Marke mit einer Geschichte auf, wie sie das nennen – und wenn du diese Produkte dann kaufst, färbt ihr »Image« quasi auf dich ab: Ein iPhone macht dich innovativ und kreativ. Eine Harley-Davidson wild und abenteuerlustig. Branding heißt übersetzt übrigens Brandzeichen. Das sind die Zeichen, die die Cowboys den Rindern ihrer Herde zur Wiedererkennung verpassen. Wieder mal die Herde. Aber das nur mal so am Rande ...

Doch alles, was es auf dem Basar der käuflichen Lebensgefühle so gibt, ist natürlich hohl und leer. Es sind Fantasiegebilde, nicht mehr. Und das ist auch der Grund, warum du mit einem Leben, das sich nur an diesen Illusionen ausrichtet, nie zufrieden bist und immer glaubst, noch mehr zu brauchen. Tatsächlich würden Werbestrategen geradezu grottenschlechte Arbeit leisten, wenn sie Menschen dauerhaft zufrieden und glücklich machten. Unsere Wirtschaft braucht unzufriedene, unausgefüllte Konsumentinnen und Konsumenten. Das ist mit ein Grund, warum wir beide der Werbung überaus skeptisch gegenüberstehen und dich einladen, für deine Idee kritisch damit umzugehen und neue, andere Ansätze zu entwickeln. Aber dazu später mehr, im Kapitel »Kommunikation«. Denn hier geht es erst einmal um die Frage, wie du dir deine Zukunft in der tollsten aller Geschichten erträumst.

BEREIT FÜR DIE HELDENTAT?

Also: Mach dich zum Autor deiner Lebensgeschichte! Warum nicht für dich selbst das Drehbuch deines eigenen Heldenmythos schreiben? Warum nicht so deinem Traum Form und Farbe geben, deinem Leben eine Grundidee und einen Richtungssinn? Dieser Gedanke erschien uns an diesem Neujahrstag absolut naheliegend und sinnvoll. Und wir haben seither in vielen Workshops mit den unterschiedlichsten Menschen immer wieder festgestellt, wie gut das auch bei anderen funktioniert. Unsere Ausgangsbasis dabei ist die sogenannte Heldenreise. Das ist ein Zyklus an Ereignissen, Erfahrungen und Entwicklungen, die Heldinnen und Helden in ganz vielen Erzählungen durchmachen. Der Mythenforscher Joseph Campbell hat sie das erste Mal beschrieben, als er um die ganze Welt reiste und die Geschichten aller möglichen Kulturen erforschte. Heute arbeiten nicht nur Drehbuch- und Romanautoren damit, sondern sogar auch Therapeuten und Coaches. Mit anderen Worten: Die Heldenreise beschreibt einen Entwicklungsprozess, der irgendwie ganz tief in unserer menschlichen Psyche verankert zu sein scheint. Denn auch den Geschichten über uns selbst geben wir oft die Form einer Heldenreise. Am Anfang steht immer ein Weckruf. Das ist ein Ereignis, das dich dazu bewegt, etwas Neues zu tun und deine gewohnte Welt, deine Komfortzone zu verlassen. Plotpoints, also wichtige Wendepunkte in deinem Leben, sorgen für eine überraschende Drehung in deiner Geschichte. Und es gibt natürlich die ganzen Heldentaten: Helden, die gegen oder für etwas kämpfen, ein Problem lösen oder eine Herausforderung bewältigen. Das alles führt dazu, dass du etwas lernst und dich weiterentwickelst. Drehbuchautoren und Romanautoren sprechen auch davon, dass der Held sein Elixier findet ...

Deshalb eignet sich das Prinzip der Heldenreise ziemlich gut, um sich darüber Gedanken zu machen, was du mit deinem Leben tatsächlich anfangen willst – oder auch mit deinem nächsten Lebensabschnitt, -jahr oder Projekt. Unserer Erfahrung nach klappt das am besten, wenn du mit der Zukunft beginnst: Wie sieht die Welt aus, wenn alle deine Heldentaten vollbracht sind und der Wandel eingetreten ist, den du dir wünschst (für dich, für andere und die Welt)? Beschreibe oder male in bunten Farben, mit allen Sinnen und in vielen Einzelheiten, wie du dir dein Leben und die Welt dann vorstellst. Konzentriere dich auf deinen Traum, mag er anderen auch noch so verrückt erscheinen. Wie weit wagst du dich in die Zukunft? Zwanzig Jahre, fünf Jahre oder doch nur eins? Ist dein Stadtteil voller Gärten? Lebst du auf dem Land? Wie ernähren sich die Menschen in deiner Zukunft? Wovon leben sie? Mit welchen Dingen umgeben sie sich? Über welche Themen debattieren sie? Kurz: Was ist deine persönliche Utopie? Spüre sie auf und beschreibe sie so, dass sie wie ein Film ganz klar vor deinem inneren Auge abläuft.

Fertig? Dann überlege dir mal, welche Rolle du in der ganzen Geschichte gespielt haben wirst. Was wirst du am Ende des Zeitraums getan haben, um deine Utopie Wirklichkeit werden zu lassen? Und zu was für einem Menschen wirst du dadurch geworden sein? Dieses Denken im Futur zwei ist laut dem Transformationsdesigner und Sozialpsychologen Harald Welzer eine ganz nützliche Angelegenheit. Denn sie macht das Träumen in die Zukunft leicht und froh. »Vieles von dem, was im einfachen Futur als unbequem und lästig erscheint, wird im Futur zwei plötzlich interessant und attraktiv, Futur-zwei-Imaginationen verändern Wertigkeit«, schreibt er in seinem Buch ›Selbst denken‹. Wenn du so weit bist, kannst du dir überlegen, wie du praktisch dorthin gelangt bist: Wer oder was hat dich dabei unterstützt? Wer waren deine Widersacher und wo bist du auf Schwierigkeiten gestoßen? Wie bist du damit umgegangen? Wo hast du innerlich mit dir gerungen? Und was waren die ersten konkreten Schritte, die dich aus deiner Komfortzone heraus in diese neue Welt geführt haben?

GEH ÜBER DIE SCHWELLE

Draußen war es bereits dämmrig. Für uns ging ein langer Tag zu Ende. Er fühlte sich warm, gut und bunt an. Denn es war für uns nicht nur der erste Tag im Jahr. Es war auch der erste Schritt auf einem für uns aufregenden, neuen Weg. Einem Weg, der uns wie eine spannende Abenteuergeschichte erschien. Eine Geschichte, die sich aus Träumen formen ließ, die tief aus unserem Inneren kamen und nicht das Ergebnis fremder Erwartungen waren. Wir beide machten uns an diesem Spätnachmittag noch auf einen Spaziergang. Nachdem wir unsere Köpfe so zum Rauchen gebracht hatten und sich in uns so viel bewegt hatte, brauchten wir Bewegung. Und außerdem war es wie ein schönes Symbol: Wir waren über die Schwelle in die unbekannte Welt gegangen. Ein Zurück gab es für uns nun nicht mehr. Wir spürten das freudige Kribbeln, das einen auch überkommt, wenn man auf eine lange Urlaubsreise aufbricht. Das Ungewisse lockt. Es macht zwar auch ein bisschen Angst, aber die Abenteuerlust überwiegt und man fühlt sich gut ausgestattet mit allem, was man braucht.

Und wie sieht es bei dir aus? Begleite uns doch und schreibe deine eigene Heldengeschichte! Nimm dir Zeit. Auch wenn es etwas länger als einen Tag dauert. Wenn du ehrlich bist, wirst du sehen, dass du die Zeit hast. Vielleicht erinnerst du dich an deine Träume, die irgendwo noch in dir schlummern und darauf warten, Gestalt anzunehmen. Spüre diese Träume auf und verbinde dich mit ihnen. Nur so können wir eine Faironomics aufbauen. Du wirst merken, wie erfüllend das ist. Denn echter Wohlstand – und das ist wahrlich keine neue Erkenntnis – hängt nicht vom äußeren Besitz ab, sondern vom inneren Reichtum. Wirf daher alte Glaubenssätze über Bord, die dich belasten. Mach dich frei von Dingen, die du in Wahrheit gar nicht brauchst. Vergiss deine Ausreden und beginne noch heute damit, deinen Träumen zu folgen. Rechts findest du die Traumregeln, die wir für uns aufgestellt haben – und wir hoffen, dass sie auch dich weiterbringen. Und dann mach dich bereit für den zweiten Faironomics-Schritt: Für die Erkenntnis, dass niemand seine Träume von einer besseren Welt alleine verwirklichen kann.

5 TRAUMREGELN

1
NIMM DIR ZEIT FÜR DEINE TRÄUME!

Wir geben für so viel unwichtige Dinge unsere Lebenszeit her und denken dennoch, dass wir für unsere Träume keine Zeit haben. Ändere das und stell das, was dir wirklich wichtig ist, ins Zentrum deines Lebens.

2
BLEIB OFFEN

Lass dich von deiner Inspiration leiten. Sei stets offen für Veränderungen und Überraschungen. Tue täglich etwas für deinen Traum. Aber erkenne auch: Deinen Traum zu finden ist ein Weg.

3
MACH DICH FREI

Hör auf, es anderen immer recht machen zu wollen. Mach dich unabhängig(er) vom Lob oder der Kritik anderer. Setze deine Prioritäten selbst und finde Bestätigung durch das, was du tust.

4
SCHLUSS MIT DEN AUSREDEN

Kein Geld, keine Zeit, kein Talent – und außerdem kannst du die Welt alleine eh nicht ändern? Das sind alles bloß Ausreden. Entlarve sie zum Beispiel mit dem Warum-Bohrer von Seite 16.

5
SEI MUTIG

Veränderungen machen fast immer und fast allen Menschen Angst. Das ist ganz normal. Lerne deshalb damit umzugehen und lege dir Selbstermutigungsroutinen zu.

SCHRITT 2

IDEEN

WERDE KOLLEKTIV KREATIV UND ENTDECKE, WAS DIE WELT WIRKLICH BRAUCHT

Draußen herrschte eine Luftfeuchtigkeit wie in einer Waschküche. Der Himmel trug an diesem Julinachmittag Grau und hing schwer über unseren Köpfen. Wir eilten entlang des Eilbekkanals zur Hamburger Hochschule für Angewandte Wissenschaft, denn wir waren dort mit dem Professor für Entrepreneurship an der Freien Universität Berlin Günter Faltin zu einem Interview verabredet. Er bringt anderen Menschen bei, wie man als Unternehmerin und Unternehmer Innovationen in die Welt bringt – soziale Innovationen, um genau zu sein. Deshalb wollten wir von ihm wissen, wie das ging: aus einer ersten Idee ein tragfähiges Konzept für ein Faironomics-Projekt zu machen. Zwischen uns stand auf einem kleinen Couchtisch ein Aufnahmegerät. »Es geht nicht um die Maximierung des Gewinns. Es geht auch nicht um die Maximierung des Konsums. Es geht um ein geglücktes Leben«, erklärte er uns. Er redete davon, Unternehmen zu gründen. Unternehmen, die neue Wertmaßstäbe setzten, indem sie Produkte und Dienstleistungen entwickelten, die gut für alle waren. Er berichtete von Sozialunternehmen. Und er wusste, wovon er sprach, denn er hatte vor vielen Jahren selbst eines gegründet und damit Geschichte geschrieben. Und das war so gekommen: Faltin wollte schon immer die Mittel großer Gründer wie Henry Ford oder Andrew Carnegie nutzen, um es anders, ja besser zu machen. Dann wurde er Hochschullehrer und dachte sich, dass er beides sicherlich irgendwie miteinander verbinden könnte. Ungeachtet der Vorbehalte seiner Kolleginnen und Kollegen (die Menschen wie Rockefeller oder Carnegie anrüchig fanden) entwickelte er viele Jahre lang ein Konzept, das er 1985 endlich als ein Hochschulprojekt mit seinen Studentinnen und Studenten in die Tat umsetzte: Er gründete mit ihnen die Teekampagne und verkaufte Tee. Allerdings anders, als alle Teehandelsunternehmen um ihn herum das taten. Er importierte seinen Tee direkt aus Indien und umging sämtliche Zwischenhändler, indem er sich auf eine Sorte beschränkte (heute sind es zwei) und sie ausschließlich über das Internet in 250- bis 1000-Gramm-Tüten anbot (statt der sonst üblichen 100-Gramm-Packungen). Das machte den Tee nicht nur viel günstiger. Es machte ihn auch besonders umweltfreundlich und fair. Denn die Teekampagne hatte direkten Kontakt zu den Herstellern und achtete dabei auf den fairen Handel. Außerdem sparte sie jede Menge Verpackungsmaterial und CO_2 durch kürzere Transportwege. Mit anderen Worten: Sie machte aus einer komplizierten Angelegenheit eine relativ einfache Sache, die allen einen Vorteil brachte. Kein Wunder also, dass das Unternehmen heute rund 400 Tonnen Tee pro Jahr verkauft und damit laut »Tea Board of India« der weltweit größte Importeur von Darjeeling-Tee ist.

DU BIST DAS KAPITAL

So genial das alles klingt – laut Günter Faltin kann das jede und jeder. »Früher brauchte man viel Kapital, um ein Unternehmen zu gründen. Heute braucht man das nicht mehr«, meinte er in unserem Gespräch und erklärte uns, wieso: Durch unsere arbeitsteilige Gesellschaft müssen Gründerinnen und Gründer nicht mehr in allen Bereichen firm sein und ihre eigene Infrastruktur aufbauen. Sie können aus jedermann zugänglichen »Komponenten« gründen, wie Faltin das nennt. Solche Komponenten sind zum Beispiel die Buchhaltung und das Rechnungswesen, die Logistik oder das Marketing und noch vieles mehr. Um zum Beispiel eine öko-soziale Getränkemarke zu gründen, braucht man kein eigenes Abfüllwerk mehr zu bauen – man beauftragt einfach eines, das es schon gibt. Für alles Mögliche gibt es mittlerweile professionelle Dienstleister. Und die können das nicht nur besser, sondern sind in vielen Fällen auch günstiger, weil sie sich nicht aufwendig in das Thema einarbeiten müssen und durch ihre Spezialisierung geringere Kosten haben. Günter Faltin hatte sich in Fahrt geredet, logisch, es war sein Lieblingsthema. Und wir hörten ebenso gerne zu, wie er erzählte. Dass heute viel mehr Menschen ganz leicht gründen können, hat einen geradezu revolutionären Effekt: Die Wirtschaft demokratisiert sich selbst.

Das sei wie damals, als die Aristokratie abgelöst wurde und immer mehr Menschen politisches Mitspracherecht bekamen, sagte Faltin und beschrieb mit der Hand einen weiten Bogen. Pluralität fand er wichtig. »Als zum Beispiel die Frauen das Wahlrecht erhielten, ging man ja auch nicht davon aus, dass sie bessere Menschen sind als Männer. Aber es treffen mehr Sichtweisen aufeinander und dadurch entstehen stimmigere Kompromisse«, meinte er. Und deshalb bräuchten wir mehr und vor allem andere und unterschiedliche Menschen in der Wirtschaft. Menschen aus anderen Schichten. Menschen, für die die Gewinnmaximierung nicht das Wichtigste sei. »Auch solche, die die Ökonomie bislang ablehnen. Wer denkt, das sei ein schmutziges Geschäft, und deshalb nicht mitmachen will, der überlässt das Feld denjenigen, die damit kein Problem haben«, sagte er. Wir konnten folgen: Nicht bloß über Wirtschaftsbosse meckern, sondern selbst ein Unternehmen führen – und zwar besser. »Sei selbst die Veränderung, die du dir für diese Welt wünschst.« Gandhis vielleicht etwas zu oft zitierter und doch so aktueller Spruch schoss uns durch den Kopf. Oder, um es mit den etwas nüchterneren Worten des Schriftstellers Erich Kästner zu sagen: »Es gibt nichts Gutes, außer: Man tut es.« Das klang plausibel.

Doch wenn das alles wirklich so einfach ist, warum machen es dann nicht viel mehr Menschen? Weil es eben mehr braucht als eine interessante Idee und den ehrlichen Wunsch, die Welt zu verbessern. »Man muss seine Idee so lange ausarbeiten, bis daraus ein tragfähiges Konzept geworden ist«, sagte uns Faltin. Das bedeutet, dass du deine Träume und Ideen so lange mit dem abgleichen musst, was du in der Welt tatsächlich vorfindest, bis sich daraus etwas ergibt, was auch tatsächlich funktioniert. Das kann frappierend einfach sein, wie Faltin mit der Teekampagne bewiesen hat. Das kann aber auch sehr überraschend sein, wie der Social Entrepreneur und Friedensnobelpreisträger Muhammad Yunus erkannte, als er über die Verbreitung von Solarenergie in Bangladesch nachdachte. In Industrieländern wie Deutschland rentierten sich Solaranlagen nicht ohne staatliche Förderungen wie das Erneuerbare-Energien-Gesetz (EEG). Deshalb dachten Experten zunächst, dass ihre Verbreitung auch in Bangladesch ohne staatliche Unterstützung undenkbar wäre. Doch Yunus ließ sich nicht so leicht davon abbringen, seinen Landsleuten diese autarke und umweltfreundliche Energiequelle zur Verfügung zu stellen. Und deshalb fragte er sich erst einmal, wie viel die Menschen in seinem Land

Ein Business Model Canvas gibt's als PDF unter : www.faironomics.de

KRITIK SUCHEN

WARUM INSPIRATION NICHT REICHT UND HARTE ARBEIT WICHTIG IST

Die erste Idee fliegt einem in der Regel zu. Man steht unter der Dusche und es fällt einem etwas ein. Oft hat das mit den eigenen Lebenserfahrungen zu tun. Das ist wichtig, denn ein Unternehmen zu gründen ist sehr viel harte Arbeit, und ein persönlicher Bezug motiviert oft sehr. Eine erste wichtige und entscheidende Aufgabe ist die Informationsgewinnung. Viele Gründer gehen nicht genug auf Fragen und Einwände ein. Sie hören ungern, wenn jemand sagt »Ich glaube nicht, dass das funktioniert« oder kritische Fragen stellt. Dabei sind Fragen und Kritikpunkte Rohstoffe, für welche Gründer dankbar sein sollten. Bei der Entwicklung von Geschäftsmodellen unterscheiden wir zwischen Invention und Innovation. Bei einer Invention geht es um die Verbreitung und Skalierung eines neuen Produktes oder einer neuen Dienstleistung. Bei der Innovation um die Entwicklung von neuen Produkten. Manche Gründer sind davon überzeugt, dass sie eine neuartige Idee haben, doch bei genauerer Recherche zeigt sich, dass es die Idee schon gibt oder dass es sie schon einmal gab, sie sich aber nicht durchsetzen konnte. Daher ist es wichtig, nicht nur auf die Neuartigkeit einer Idee, sondern auch auf den Nutzen für den Betroffenen und die Umwelt zu schauen. Entscheidend für den Erfolg ist, dass das Produkt einen Nutzen für den Kunden hat und dass das Verhältnis zwischen Kosten und Nutzen stimmt.

Lohnt es sich tatsächlich, eine Idee weiterzuverfolgen, steht ein intensiver Lernprozess mit mehreren Phasen an. Viele starten in einer uninformierten Euphoriephase. Dann fangen sie an, an der Idee zu arbeiten, und kommen irgendwann in eine informierte Destruktionsphase. Plötzlich sind sie so gut informiert, dass sie an der Umsetzbarkeit ihres Projektes zu zweifeln beginnen. Sie sehen nur noch Hindernisse. Dieses typische Tal hat im Idealfall eine gewisse Resilienz zur Folge, die Unternehmer später dringend brauchen.

Hier hilft das Business Modell Canvas. Das ist so eine Art Tapete mit acht Feldern für unterschiedliche Leistungsbereiche eines Unternehmens wie Finanzierung, Kommunikationskanäle, Stakeholder oder Ressourcen. Damit arbeiten sich die Gründer in einem agilen System vor: Sie schreiben zunächst auf Postits alle ihre Fragen, Annahmen und Thesen und hängen sie in das jeweilige Canvas-Feld. Dann beantworten sie sie nach und nach. Dadurch ist das Canvas irgendwann voll mit Ergebnissen und es zeigt sich ziemlich klar, welche Richtung die Gründer einschlagen sollten und welche nicht – etwa weil die Befragung einer potenziellen Kundengruppe gezeigt hat, dass es ein vermutetes Problem, das das zu entwickelnde Produkt lösen sollte, gar nicht gibt. Somit konkretisieren sich nach und nach alle Leistungselemente des Unternehmens.

NORBERT KUNZ

ist vielfach ausgezeichneter Sozialunternehmer und Geschäftsführer der gemeinnützigen Social Impact GmbH, mit der er eine Infrastruktur für soziale Innovationen und Social Start-ups aufbaut. **socialimpact.eu**

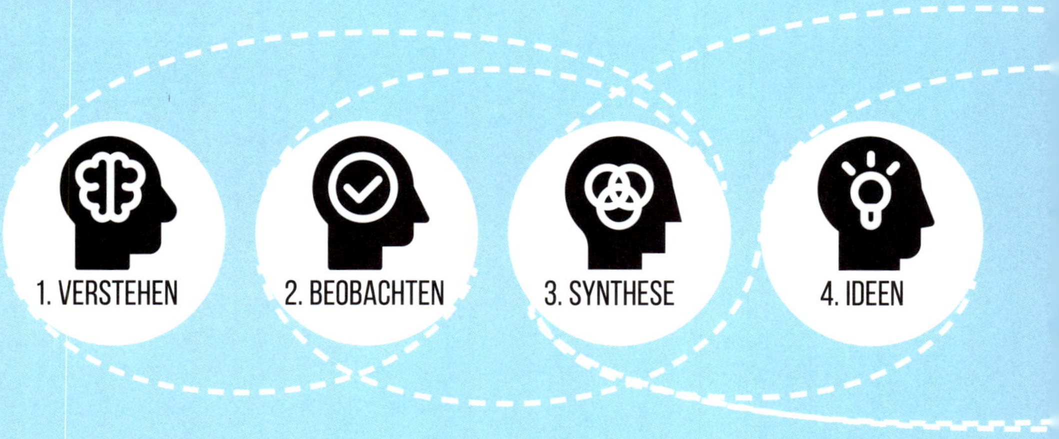

tatsächlich für Energie bezahlten. Dabei kam er auf das erstaunliche Ergebnis, dass gerade die Ärmsten besonders viel für Energie ausgaben. Das lag daran, dass es auf dem Land keine Stromleitungen gab und Kerosin deshalb die Energiequelle Nummer eins war und vielerorts heute noch ist. Dieser Kraftstoff war und ist jedoch sehr viel schmutziger als Solarenergie und auch noch teurer. Und deshalb rentieren sich Solaranlagen in solchen Regionen der Welt auch ohne Subventionen. Yunus gründete das Unternehmen Grameen Shakti, entwickelte zusammen mit westlichen Experten eine besonders einfache und an die Bedürfnisse der Kunden angepasste Solaranlage namens »Solar Home System« und verkauft sie seitdem auf Kreditbasis: Wer ein Solar Home System will, muss einfach so lange monatlich genau den Betrag entrichten, der bislang für das Kerosin fällig war, bis die Anlage abbezahlt ist. Weil das System ohne Wartung rund acht Jahre hält, die Schulden aber bereits nach drei Jahren getilgt sind, ist die Sache für die Menschen ein echter Gewinn. Und für die Natur auch. Kein Wunder, dass sich die Systeme rasant ausbreiteten. Seit Ende 2015 liefern nicht weniger als 15 Millionen Solar Home Systems Strom für rund 75 Millionen Bangladescher. Bis 2020 soll es weltweit schätzungsweise zwischen 500 Millionen und einer Milliarde Solar Home Systems geben. Darüber hinaus bildet Grameen Shakti in den ländlichen Absatzregionen Solaringenieurinnen aus, die die Systeme warten und reparieren können. So konnten bis 2015 rund 100 000 Frauen eine Einkommensquelle gewinnen und dafür sorgen, dass die Systeme bis zu 15 Jahre halten.

DENKE WIE DESIGNER

Wenn du ähnlich klug vorgehen willst, dann dürfte das Problemlösungskonzept »Design Thinking« eine gute Anleitung für dich bieten. Die Designer stehen hierbei stellvertretend für Menschen, die sowohl analytisch als auch synthetisch denken können. Denn Untersuchungen haben gezeigt, dass es diese zwei grundsätzlich verschiedenen Ansätze braucht, um Probleme zu lösen und echte Innovationen zu entwickeln: einmal den wissenschaftlichen, bei dem man durch Analyse zu neuem Wissen gelangt – und den kreativen, bei dem man Bekanntes ganz neu miteinander kombiniert (Synthese). Beim Design Thinking folgt man dazu zwei unterschiedlichen Denkrichtungen: Zum einen gehen Design Thinker in die Breite und versuchen, so viele Ideen, Ansichten, Lösungen et cetera zu finden wie möglich. Man nennt das auch divergentes Denken. Daneben gibt es aber auch immer wieder Phasen, in denen man auswählt, selektiert, analysiert, filtert und seine Gedanken auf den Punkt bringt – also kon-

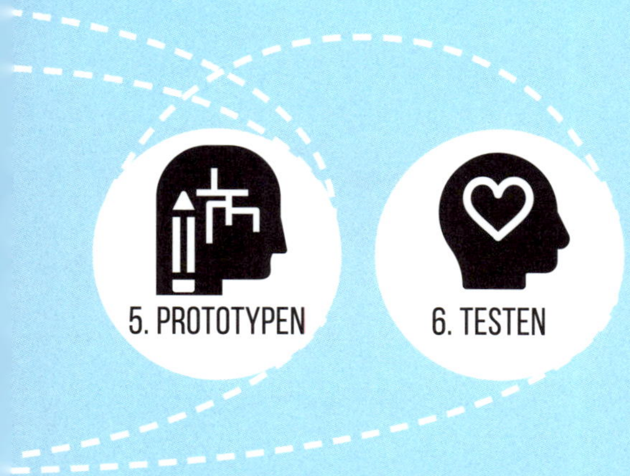

DER DESIGN-THINKING-PROZESS

Im Design Thinking sollen analytisches und synthetisches Denken zusammenkommen, um aus einer ersten Idee etwas zu machen, was die Welt tatsächlich braucht. Die sechs Etappen verbinden sich über Rückkopplungsschleifen zu einem Prozess, bei dem du eine Idee immer genauer prüfst und ausarbeitest.

vergent denkt. Insgesamt ist so ein Design-Thinking-Prozess in sechs Schritte eingeteilt:

1. Verstehen: Am Anfang steht die Problemstellung. Zunächst sammelst du so viele Informationen, Fakten und Daten wie möglich. Daraus formulierst du möglichst präzise die elementare Eingangsfrage, mit der du in den nächsten Abschnitt gehst. Beim Entwicklungsprozess von Grameen Shakti hätte sie zum Beispiel lauten können: »Wie könnte Solarenergie für die Menschen im ländlichen Bangladesch erschwinglich sein?«

2. Beobachten: In der zweiten Phase nimmst du Kontakt zu den Menschen auf, die von deiner Sache betroffen sind. Dein Ziel: durch Interviews, Beobachtungen, Begleitung und Experimente herauszufinden, was sie sich wünschen und was sie tatsächlich benötigen. So sprach Muhammad Yunus zum Beispiel direkt mit den Menschen auf dem Land und entdeckte, dass sie die teuren glänzenden Oberflächen der Solarpanels, die es nur aus optischen Gründen gibt, überhaupt nicht brauchen. Viel wichtiger ist, dass das System so günstig, robust und gut reparierbar wie möglich ist. Eigentlich logisch.

3. Synthese: Nun geht es darum, das Problem oder die Idee aus ganz vielen verschiedenen Blickwinkeln zu betrachten und sich für die unterschiedlichsten Denk- und Sichtweisen zu öffnen. Es gilt, möglichst viel Neues zu entdecken. Alle bisher gesammelten Fakten, Informationen und Erkenntnisse solltest du jetzt in einem Gesamtzusammenhang visualisieren. Dabei kannst du auch eine sogenannte Persona erstellen. Das ist ein fiktiver Mensch, der typische Eigenschaften einer Zielgruppe hat und dir immer wieder als Orientierung und imaginäre Gesprächspartnerin oder imaginärer Gesprächspartner für deine Ideen- und Konzeptentwicklung dient. Im Fall von Grameen Shakti könnte das eine ganz konkrete (aber ausgedachte!) junge Frau vom Land sein, die drei Kinder hat, einen Mann, kein eigenes Einkommen und ihr Kerosin weit entfernt für teures Geld kaufen muss.

4. Ideen: Im vierten Schritt kommt es endlich zu dem, was man von einem Innovationsprozess erwartet: Ideen zu entwickeln. An diesem Punkt ist es wichtig, zunächst in die Breite zu denken und dann erst zu bewerten und auszuwählen. So könnte das Team von Grameen Shakti, als es mit den westlichen Solaringenieuren zusammenarbeitete, erst einmal in einem Brainstorming viele verschiedene Ideen gesammelt haben, wie es ein westliches Solarsystem für den Bedarf im ländlichen Bangladesch anpassen könnte. Und möglicherweise ist erst dabei der Gedanke entstanden, die Frauen zu Solaringenieurinnen auszubilden.

PDF-Vorlage für diese Übung:
www.faironomics.de

IDEEN PRÜFEN

DAUER: 1,5 TAGE | **GRAD:** SCHWIERIG

1. WAS DENKEN DIE MENSCHEN?

Wollt ihr euer Projekt aus verschiedenen Blickwinkeln betrachten? Dann ladet vier Stakeholder des Projektes ein. Achtet darauf, dass sie möglichst heterogen sind, was Ansichten, Erfahrungen und Biografien angeht. Erstellt dann gemeinsam mit ihnen eine Kontextkarte. Dazu stellt ihr euer Projekt möglichst knapp (am besten in einem Satz) vor. Dann bekommen alle Post-its und notieren so viele Antworten wie möglich auf Fragen wie: Wer ist von dem Projekt betroffen? Was soll das Projekt bewirken, was nicht? Worauf könnt ihr aufbauen? Womit müsst ihr euch arrangieren? Gibt es ähnliche Projekte? Welche Rahmenbedingungen gibt es? Was wisst ihr, was nicht? Nun hängt einer nach dem anderen seine Haftzettel auf. Clustert sie dabei thematisch. Formuliert den Satz, der das Projekt beschreibt, auf Basis der Antworten neu.

2. WAS TUN DIE MENSCHEN?

Vielleicht ist es für deine Idee wichtig zu wissen, wie sich deine Zielgruppe normalerweise verhält. Etwa, weil du ein Bildungsangebot, ein Produkt oder eine Kampagne planst. Finde also einen Ort, wo du sie unbemerkt beobachten kannst – zum Beispiel an einem Bahnhof, in einem Park oder einem Supermarkt. Alternativ dazu kannst du Menschen deiner Zielgruppe bei Tätigkeiten oder an Orte begleiten, die für dich und deine Idee relevant sind – wenn das für sie okay ist.

3. WAS SAGEN DIE MENSCHEN

Wollt ihr wissen, was die Leute sagen, dann befragt sie. Wichtig: Menschen sagen nicht immer, was sie denken. Sorgt daher dafür, dass das Interview in einer guten Atmosphäre stattfindet, und bewertet nichts. Achtet darauf, dass ihr maximal 10 Prozent der Zeit redet und 90 Prozent zuhört! Zur Vorbereitung eures Interviews entwickelt ihr pro Gruppe von Stakeholdern anhand eurer bisherigen Erkenntnisse Personas. Beschreibt sie mitsamt Lebenslauf, Sichtweisen, Gewohnheiten, Vorlieben, Wünschen etc. Malt sie oder schneidet ein Bild aus einer Zeitschrift aus, das sie gut wiedergibt. Formuliert pro Persona drei bis fünf offene Fragen, mit denen ihr eure Annahmen überprüfen könnt. Führt das Interview immer zu zweit (einer redet, der andere beobachtet und notiert) oder nehmt das Interview per Video auf, damit ihr hinterher Antworten, Mimik, Gesten und Körperhaltung auswerten könnt. Beobachtet dabei genau, was die Interviewten wann wie tun oder sagen und was das für euer Projekt bedeutet.

5. Prototypen: Um möglichst schnell zu überprüfen, ob deine Idee tatsächlich so gut ist und funktioniert, wie du dachtest, bietet Design Thinking als nächsten Schritt das Prototyping an. Das bedeutet, dass du deine Idee oder dein Konzept schon mal konkret werden lässt, indem du dein Projekt in Form einer Geschichte beschreibst, als Film oder in einem Rollenspiel inszenierst, ein Modell zeichnest oder baust. Bei Grameen Shakti hätte dies eine Zeichnung, eine Fotomontage, ein gebasteltes Modell in Miniaturformat oder – in einer späteren Phase – ein voll funktionstüchtiger Prototyp sein können. Vielleicht auch ein Comic, der zeigt, wie die Frauen ihre Ausbildung erhalten und was sie damit anfangen können.

6. Testen: Im letzten Schritt testest du deinen Prototypen. Und zwar bei den Menschen, die du mit deiner Idee erreichen möchtest. Du erzählst ihnen zum Beispiel eine Geschichte über deine Idee, lässt sie einen Dummy testen oder zeigst ihnen einen Film. Die Fragen, Verhaltensweisen und Rückmeldungen deiner Testpersonen kannst du nutzen, um in deinem Design-Thinking-Prozess wieder bei Schritt drei – Synthese – einzusteigen. Du hast nun eine tragfähigere Basis mit neuen Erkenntnissen, auf der du deine Ideen und dein Konzept weiter ausfeilen oder verändern kannst.

RADIKALE OFFENHEIT

O je. Nun haben wir im ersten Kapitel lang und breit beschrieben, wieso du dein Herdendasein hinter dir lassen, nicht mehr auf andere hören und deinem eigenen Weg folgen sollst. Und nun schildern wir lang und breit, dass du andere fragen sollst! Doch das sieht nur scheinbar wie ein Widerspruch aus und zwar aus zwei wesentlichen Gründen. Zunächst sind wir alle auf unseren Schwarm angewiesen. Niemand kann die Welt alleine retten. Du kannst kein Unternehmen erfolgreich machen, wenn du da draußen nicht auf Menschen triffst, die deine Idee genauso gut und wichtig finden wie du. Das gilt im Kleinen wie im Großen. Ideen wie die Energiewende, die Abrüstung oder gar eine Postwachstumsgesellschaft können nur dann erfolgreich sein, wenn es in der Bevölkerung eine hinreichend große Menge an Menschen gibt, die sich auf diese Vision einlassen. Menschen, die bereit sind, heute auf einiges zu verzichten und Unbequemlichkeiten auf sich zu nehmen, um morgen in einer gesünderen, friedlicheren und besseren Welt zu leben.

Um das zu erreichen, ist es nicht immer, aber oft notwendig, dass du deine ursprüngliche Idee öffnest und sie zu einem Traum oder einem Anliegen aller daran Beteiligten machst. Du musst zulassen, dass deine Idee womöglich nicht mehr alleine dir »gehört«, sondern dass sie zu einem Projekt des gesamten Teams, einer Gemeinschaft oder einer ganzen Bewegung wird. Das kann vor allem bei Herzensangelegenheiten eine echte Herausforderung sein: Wie weit bist du bereit, deinen Traum von anderen verändern zu lassen? Im Idealfall deckt sich das, was du dir erträumst, mit dem, was auch andere voll motiviert. Doch was, wenn sich deine Mitstreiter Änderungen wünschen, die dir vielleicht sogar widerstreben? Bist du bereit, Kompromisse einzugehen? Wann handelt es sich um die Intelligenz des Schwarms – und wann um die Dummheit der Herde? Hast du es irgendwann überhaupt noch in der Hand, wie sich deine Idee weiterentwickelt, wenn du sie freigibst? Fest steht: Nur wenn anderen diese Idee genauso wichtig ist wie dir, werden sie sich auch genauso vehement dafür einsetzen wie du.

Wie eine Menge kollektive Energie und Tatendrang entstehen kann, wenn aus einer ersten Idee durch die Begeisterung vieler eine große Sache wird, haben wir 2014 erlebt. Damals wollten wir eigentlich »nur« unseren Geburtstag feiern. Auf der Suche nach dem geeigneten Ort gelangten wir über eine

Bekannte an ein leer stehendes Stadthaus, das sie als Zwischenmieterin als alternative Kulturstätte nutzte. Angespornt von der tollen Location wollten wir die Feier zu etwas ganz Besonderem machen und überlegten, alle unsere Freunde und Bekannten zu einem Tag voller Diskussionen und gemeinsamer Aktionen einzuladen. Mit dieser Idee gingen wir zu einem Abend der Cool Ideas Society. Das ist eine weltweite Community von Menschen, die sich geldfrei zusammenfinden, um Feedback auf Ideen zu geben und diese gemeinsam weiterzuentwickeln. Rund dreißig Menschen waren an diesem Abend mit dabei. Sie waren von unserer Idee so begeistert, dass die Veranstaltung nach und nach immer größere Dimensionen annahm. Als unsere Bekannte früher als gedacht wieder aus dem Kulturhaus ausziehen musste, organisierte sie uns aus lauter Enthusiasmus stattdessen in einer ehemaligen Teppichfabrik drei Etagen. Dank eines wunderbaren Teams aus ehrenamtlichen Mitstreiterinnen und Mitstreitern konnten wir zum Schluss eine Konferenz mit rund zweihundertfünfzig Menschen, tollen Talkshows, Workshops und Aktionen in einer absolut magischen Atmosphäre abhalten.

Den umgekehrten Fall haben wir allerdings auch schon mal erlebt, leider: Als wir drei Jahre nach der Konferenz in einem Ökodorf ein Festival für rund siebzig Menschen organisieren wollten, meldeten sich gerade einmal vier Leute an. Warum? Wir hatten das gesamte Konzept in einem kleinen Team von vier Menschen ausgebrütet. Während der sechsmonatigen Vorbereitungszeit hatten wir uns kaum Rückmeldungen von anderen Menschen eingeholt und dadurch letztlich die Voraussetzungen für die Teilnahme so unrealistisch hoch gehängt, dass sich kaum jemand angesprochen fühlte. Wären wir mit dieser Idee gleich so offensiv nach draußen gegangen wie bei unserer Geburtstagsfeier – wer weiß, was wir dann für ein rauschendes Festival erlebt hätten …

DIE MACHT GUTER FRAGEN

Du siehst: Früh in der Ideen- und Konzeptentwicklung andere Menschen einzubeziehen, Prototypen zu entwickeln und deine Idee zu testen, hilft dir ungemein. Denn in dieser Phase hast du noch nicht so viel Zeit, Herzblut und Geld investiert, dass Fehler wirklich schmerzhaft wären. Jetzt zu erkennen, was (noch) nicht so gut funktioniert, wie du dir das vorgestellt hast, ist nicht so schlimm. Später würde das vielleicht anders aussehen. Und das bedeutet auch, dass du zu einem späteren Zeitpunkt womöglich nicht mehr so offen für eine konstruktive Kritik an deiner Idee wärst. So aber kannst du dich Schritt für Schritt der wirklich richtig guten Idee oder dem tatsächlich Erfolg versprechenden Konzept annähern und das Risiko eines Scheiterns zwar nicht ausschließen, aber verringern. Damit sind wir bei dem zweiten wesentlichen Vorteil, den es dir bringt, mit einem Schwarm zusammenzuarbeiten: Du musst keine ausgewiesene Expertin oder kein Experte in einem Gebiet sein. Im Gegenteil. Faltin erklärte uns, dass es Außenstehenden sogar viel leichter fällt, Dinge neu zu denken. Man muss es nur verstehen, die richtigen Fragen zu stellen, offen sein und sich eine Sache möglichst von mehreren Seiten aus ansehen. Es gibt keinen guten Grund, eine Idee im stillen Kämmerlein fertig zu entwickeln. Spekuliere nicht darauf, dass alle auf dich und dein Konzept gewartet haben, gehe damit raus in die Welt.

»Wenn ihr ein Problem seht, sucht nach weiteren Problemen im selben sozialen und ökologischen Kontext, dann werdet ihr auf Lösungen kommen, die besser eingebettet sind … und damit auch stabiler und nachhaltiger«, schreibt Peter Spiegel in seinem Buch ›Eine bessere Welt unternehmen‹. Er ist ebenfalls ein glühender Verfechter des Sozialunternehmertums, leitet das Berliner WeQ Institute und hat zusammen mit anderen die Konferenz für Social Entrepreneure »Vision Summit« ins Leben gerufen. Auch er sieht im Aufkommen der Sozialunternehmen den

SCHNELL SCHEITERN

WIE DESIGN THINKING IN DER PRAXIS AUSSIEHT

Unsere Mission ist es, Neues in die Welt zu bringen. Wir haben gemerkt, dass für uns dabei das »Wie« ein wichtiger Kernpunkt ist. Das hat zum einen damit zu tun, wie wir uns organisieren: Wir sind alle gleichberechtigte Chefs. Wir haben keine Hierarchien und keine Präsenzpflicht. Zum anderen liegt es aber auch daran, dass alle Gründerinnen und Gründer ein Jahrgang der School of Design Thinking waren. Diese kollaborative, kollegiale und auch spielerische Art der Zusammenarbeit ist auch heute noch unsere Basis.

Die Idee beim Design Thinking ist, dass man den Nutzer so früh wie möglich einbindet und iterativ vorgeht. Das bedeutet, dass wir ganz schnelle Schleifen zwischen Idee und Umsetzung in unseren Prozess einbauen. Das beginnt bereits mit der Ausgangsfrage. Manchmal zeigt sich, dass der Fokus, den man zunächst gewählt hat, falsch ist. Unsere Kunden denken zum Beispiel, ihre Nutzer hätten ein bestimmtes Problem oder ein Bedürfnis. Doch dann gehen wir zu den Nutzern und stellen fest, dass das gar nicht der Fall ist. In dieser Phase muss man versuchen, möglichst viel zu erfahren. Dazu ist es wichtig, dass man nicht zu schnell in Lösungen denkt. Man muss sich eher in einen Detektivmodus bringen und herausfinden, was die anderen denken. Dazu besuchen wir die späteren Nutzer zum Beispiel in ihrem Habitat und beobachten oder befragen sie. Im Idealfall sprechen wir auch immer mit Extremnutzern. Das sind diejenigen, die etwas besonders häufig oder intensiv nutzen oder etwas anders verwenden als eigentlich vorgesehen. Und wir versuchen die gleichen Erfahrungen zu machen wie die Nutzer. Wir tun, was sie tun. Einmal haben wir sogar Altersanzüge angezogen, mit denen man ein eingeschränktes Sehfeld hat, schlechter hört und sich durch Gewichte an den Beinen schwerer bewegen kann. Es geht also um Empathie. Erst danach wechseln wir in den MacGyver-Modus und entwickeln lauter verrückte Ideen. Unsere Erfahrung ist, dass man jede große Idee verkleinern kann. Doch eine Idee noch einmal zu vergrößern ist schwierig oder sogar unmöglich. Deshalb sind erst mal vor allem die verrückten Ideen gut. Aus der Fülle von Ideen greifen wir uns dann die eine heraus, die wir ganz schnell als Prototypen basteln, vorstellen, für die wir Feedback einholen und die wir dann in der nächsten Entwicklungsstufe weiter ausarbeiten. Das ist das Iterative. Prototypen sind eins unserer wichtigsten Werkzeuge. Am schönsten ist es, wenn die Testnutzer einen Prototypen bereits selbst verwenden können. Dann bitten wir die Leute, dabei laut zu denken. Dieses Lautdenken ist eine ganz tolle Methode für Feedback, denn man erfährt live, ob die Menschen tatsächlich das machen und brauchen, was wir dachten. Das ist nicht immer der Fall.

LISA KROLL

ist eine von 32 Co-Gründerinnen und -Gründern der Berliner Innovationsagentur Dark Horse Innovation und entwickelt im Auftrag ihrer Kunden mit Design Thinking Neues.

thedarkhorse.de

ERDÜBERLASTUNGSTAG

Wann haben die einzelnen Staaten das aufgebraucht, was die Natur ihnen bietet?

1 Katar **9. Februar**
2 USA **15. März**
3 Kanada **18. März**
4 Russland **21. April**
5 Deutschland **2. Mai**

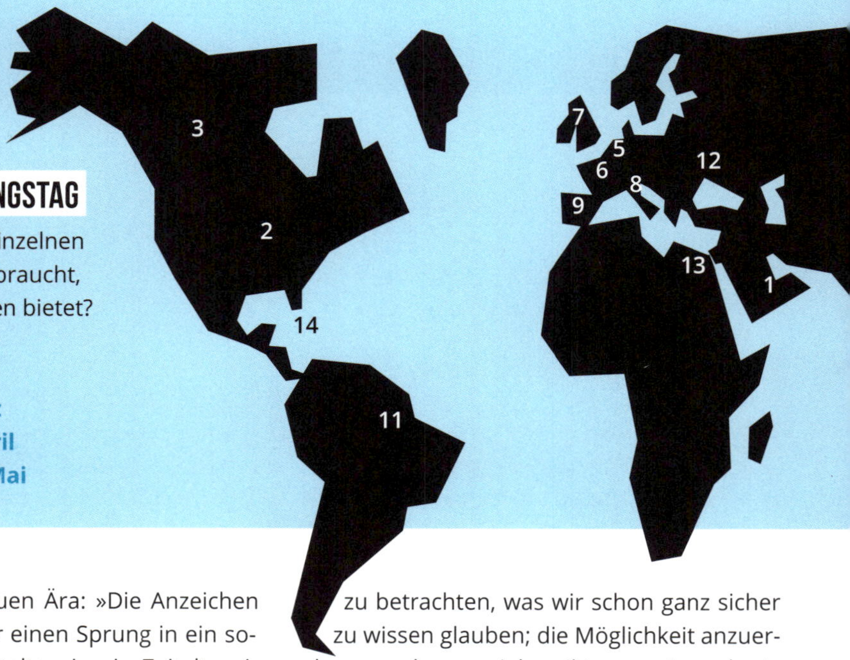

Anbruch einer neuen Ära: »Die Anzeichen verdichten sich für einen Sprung in ein sozialinnovatives Zeitalter, in ein Zeitalter, in dem nicht mehr so sehr technische Innovationen die treibende Kraft darstellen, die die Ursache praktisch aller Evolutionssprünge der vergangenen Jahrhunderte ausmachten, sondern Social Innovation, gesellschaftliche Innovationen«, gibt er sich zuversichtlich.

Damit du nun Schwarmintelligenz von Herdendummheit unterscheiden kannst, ist dein Weg zu innerer Freiheit wichtig. Denn es gibt nie eine richtige Lösung, sondern immer unheimlich viele. Und du bist es, die oder der entscheiden muss, welche der vielen möglichen Ideen und Lösungen du aufgreifst und welche nicht. Denn Faironomics bedeutet auch eine schwierige Gratwanderung zwischen der Fähigkeit, visionär über das Naheliegende hinauszudenken (was viele Menschen gar nicht gerne mögen), und der, in der Umsetzung dennoch aufnahmewillig für die Ideen und Anliegen der anderen zu bleiben. Was dabei hilft, ist eine radikale Offenheit. Eine Offenheit, die die meisten von uns nicht mehr mitbringen, sondern die wir uns im Regelfall mühsam aneignen müssen. Der Schriftsteller Robert Musil hat sie in seinem Roman ›Der Mann ohne Eigenschaften‹ mit dem Begriff des Möglichkeitssinns sehr schön umschrieben: die Fähigkeit, auch das aus der Perspektive eines Andersdenkenden zu betrachten, was wir schon ganz sicher zu wissen glauben; die Möglichkeit anzuerkennen, dass es vieles gibt, was wir noch nie gesehen, gedacht oder gefühlt haben. Das heißt nicht, dass du jede dieser anderen Meinungen und Sichtweisen auch zwangsläufig übernehmen musst: Du kannst unheimlich viel von einem Kritiker lernen, kannst aber auch viel Zeit, Energie und Motivation damit verschwenden, dich mit ewigen Besserwissern, Bedenkenträgern und Pessimisten aufzuhalten. Ein gut ausgeprägter Möglichkeitssinn lässt uns vor allem eine andere Meinung aushalten, ohne dass wir sie routinemäßig diskreditieren oder ignorieren. Richtig gute Fragen spielen dabei eine entscheidende Rolle. Wenn du also den richtigen Menschen die richtigen Fragen mit ehrlichem Interesse und echter Offenheit stellst, kannst du ungemein viel lernen – und ganz überraschende und inspirierende Ergebnisse erhalten. Du kannst hinter die Kulissen des Offensichtlichen, des Gängigen, des üblicherweise nicht Hinterfragten blicken.

LIEBER ANDERS ALS ARTIG

Weil Feedback so ungemein wichtig ist, wenn man ein Weltverbesserungsprojekt gründen will, hat Günter Faltin das Labor X für Entrepreneurship ins Leben gerufen. Gleich nach unserem Interview mit ihm fand es zum

5. Mai Frankreich **6**
8. Mai Vereinigtes Königreich **7**
24. Mai Italien **8**
11. Juni Spanien **9**
15. Juni China **10**
19. Juli Brasilien **11**
27. Juli Ukraine **12**
6. November Ägypten **13**
19. November Kuba **14**
21. Dezember Vietnam **15**

X-MAL ERDE

Wie viele Erden bräuchten wir, um unser Leben zu ermöglichen?

ersten Mal in Hamburg statt. Wir waren gespannt und voll motiviert. Der Saal war gerammelt voll mit Menschen. Das freute uns: so viel Aufbruchsstimmung! Junge Gründerinnen und Gründer hatten nun die Gelegenheit, sich mit ihrer Idee eines Sozialunternehmens der allgemeinen Kritik zu stellen. Ein Mann – etwa Mitte zwanzig – machte den Anfang und sprach ins Mikrofon. Man merkte, dass er seinen kurzen Pitch-Vortrag einstudiert hatte. Mit geschulter Rhetorik und aufgeregter Stimme pries er schlichte Männer-T-Shirts an. Das Besondere: Sie waren aus Bambus. Wer weiß, dass die Textilindustrie nach der Erdölindustrie die schmutzigste Branche der Welt ist, kann nachvollziehen, warum das ein Fortschritt sein sollte. Bambus wächst schnell und braucht bei Weitem nicht so viel Wasser oder so gewaltige Mengen an Pestiziden wie die Baumwolle. Das T-Shirt sei ungefärbt, von Näherinnen in einem fairen Arbeitsverhältnis hergestellt, es trage sich angenehm und müsse definitiv nicht gebügelt werden. Schutz von Umwelt und Menschenrechten auf ganzer Linie, dachten wir uns. Es wurden Rückfragen gestellt, die uns von unseren eigenen Gründungen nur allzu vertraut waren: Wer ist die Zielgruppe? Wieso sollte sie für das Produkt diesen Preis zahlen? Wie hoch ist die Gewinnspanne? Und mit welcher Werbestrategie kann sich die neue Marke gegen die Mitbewerber durchsetzen?

Unsere Blicke schweiften durch den Saal und uns ging durch den Kopf, dass das alles sicher wichtige Fragen waren, wenn man heutzutage ein öko-soziales Unternehmen gründen mochte. Doch angesichts der weit- und tiefreichenden Gedanken, die wir gerade mit Günter Faltin besprochen hatten, fühlte sich das hier einfach so … banal an. War das tatsächlich eine dieser »Social Innovations«, die die Wirtschaft und mit ihr die gesamte Welt verändern würde? Uns schwante: So ehrenwert, ehrlich und wichtig die Ambitionen der Sozialunternehmer auch sind, wir können die Rettung der Erde nicht allein ihrem guten Willen und ihrer Standhaftigkeit überlassen. Selbst wenn wir Faltins Appell folgen und selbst zu »guten« Unternehmerinnen und Unternehmern werden. Uns wurde damals klar: Nur allein dadurch, dass wir andere Produkte kaufen und verkaufen, ändert sich das zerstörerische Prinzip, nach dem unsere Welt heute funktioniert, eben noch nicht. Oder zumindest nicht schnell genug. Können wir angesichts unserer imperialen Lebensweise tatsächlich zufrieden damit sein, noch ein T-Shirt zu verkaufen – egal wie umweltfreundlich und fair es hergestellt ist? Oder ist es nicht vielmehr so, dass wir unsere gesamte Einstellung verändern müssen? Ein weiteres T-Shirt in einem ohnehin übervollen Schrank macht unsere Welt nicht grundsätzlich besser, oder? Die eigentliche Innovation wäre wohl

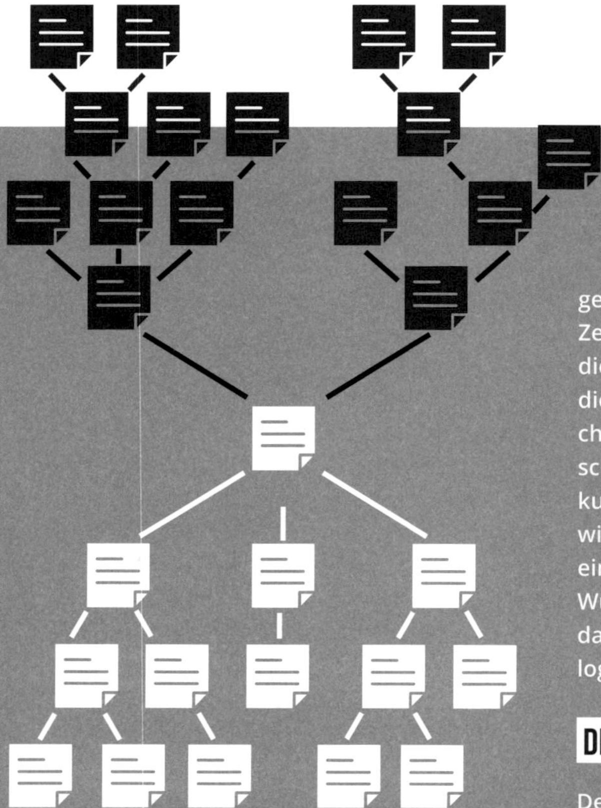

Mehr Tipps für die Wirkungsplanung: www.wirkung-lernen.de

IN DIE TIEFE DENKEN

DAUER: 1–4 STUNDEN | **GRAD:** MITTEL

Was willst du verändern? Mit dieser Übung kannst du die Probleme und Lösungen rund um deine Idee in ihrer ganzen Breite und Tiefe erfassen.

DER BAUM DER PROBLEME

Lade mehrere Stakeholder ein. Bereite ein Flipchartpapier und Post-its vor. Schreibe in die Mitte des Papiers das Kernproblem aus Sicht der Zielgruppe, das es im Zusammenhang mit deiner Idee zu lösen gilt. Wenn du etwa einen Unverpacktladen gründen möchtest, könnte dort stehen »Die Menschen finden keine Möglichkeiten, verpackungsfrei einzukaufen«. Versuche keine Lösung vorwegzunehmen (also etwa nicht zu schreiben »Den Menschen in meiner Stadt fehlt ein Unverpacktladen«). Nun gehe Schicht für Schicht vor: In die erste Zeile unter dem Kernproblem schreibst du die Ursachen dafür. In die zweite Zeile dann die Ursachen für die zuvor genannten Ursachen und so weiter. Auf die Post-its darüber schreibst du in gleicher Weise die Auswirkungen des Problems und darüber die Auswirkungen dieser Auswirkungen. Erstelle so einen Baum mit weit verzweigten Ästen und Wurzeln. Es gibt keine Begrenzung. Denke daran, dass es individuelle, soziale und ökologische Ursachen und Auswirkungen gibt.

DER BAUM DER LÖSUNG

Der Lösungsbaum ist genauso aufgebaut wie der Problembaum. Kehre das Kernproblem in eine Kernlösung um (etwa »Die Menschen können einfach und bequem verpackungsfrei einkaufen«). Gehe dabei von unten nach oben vor. Auch hier gibt es individuelle, soziale und ökologische Ursachen und Wirkungen. Auf sozialer und ökologischer Ebene kannst du wahrscheinlich die Probleme in positive Lösungen umformulieren (etwa »Der Plastikmüll reduziert sich«). Auf individueller Ebene kannst du dich etwa fragen: Was hat sich an der Einstellung der Zielgruppe verändert? Wie haben sich ihre Rahmenbedingungen gewandelt? Verhalten sich die Menschen anders? Formuliere alles positiv. Frage dich: Was kann ich in meinem Projekt konkret tun, um diese Wirkungen zu erzeugen?

Werte die Ergebnisse für deine Idee aus: Welche Ursachen und Wirkungen, welche Zusammenhänge sind dir neu? Wo sind Ursachen und Wirkungen gleich? Auf welche Problemstellungen hast du überhaupt Einfluss? Und welche Lösungsansätze kannst und willst du realisieren?

eher eine andere Form des Konsums und des Wirtschaftens, sodass wir jährlich nur so viel Kleidung, Nahrung und all die anderen Dinge verbrauchen würden, wie die Natur uns im gleichen Zeitraum problemlos schenken kann. Tatsächlich hatten wir den sogenannten Erdüberlastungstag in Deutschland 2018 bereits am 2. Mai erreicht. Das heißt, wir haben in gut vier Monaten das verbraucht, was die Natur in unserem Land in zwölf Monaten erzeugen kann. Aufzuklären und Alternativen zu schaffen, wie zum Beispiel Bambus-T-Shirts, reicht deshalb nicht aus. Wir müssen uns auch denjenigen in den Weg stellen, die leider keinerlei Skrupel haben, Erde, Tiere und Menschen für ihre Profite auszubeuten. Oder besser gesagt: dasjenige. Denn was uns in unserem zerstörerischen Hamsterrad gefangen hält, sind eher Systeme und Strukturen.

Laut dem Wirtschaftswissenschaftler und Ex-Deutsche-Bank-Manager Pavan Sukhdev ist es zum Beispiel vor allem die Struktur des Eigentums, die heutzutage für den Großteil unserer blinden Zerstörungswut verantwortlich ist. 70 Prozent aller Eigentümer und Eigentümerinnen von Unternehmen sind seinen Angaben nach Einrichtungen wie Investitions- und Pensionsfonds – und die haben nun mal kein Gewissen. Sie haben nur die eine Aufgabe und Pflicht, die größtmögliche Rendite zu erwirtschaften. Damit sie das können, müssen laut Sukhdev die meisten Unternehmen so viele ökologische und soziale Kosten auslagern wie nur möglich. Das heißt im Klartext: Sie müssen die Natur, die Tiere und die Menschen so weit ausbeuten, wie es geht, und dafür sorgen, dass die Kosten für Strafzahlungen und Entschädigungen geringer ausfallen als die Gewinne. Statt der berühmten unsichtbaren Hand des Marktes sieht er daher einen gewaltigen unsichtbaren Fußabdruck: »Einer aktuellen Studie zufolge belaufen sich die externalisierten ökologischen Kosten der 3000 größten börsennotierten Unternehmen weltweit auf schätzungsweise 2,15 Billionen USD. Die nicht bilanzierten Kosten der wirtschaftlichen Tätigkeit, die der Gesellschaft aufgebürdet werden, liegen circa bei weiteren 6,6 Billionen USD. Kurzum: Business as usual kostet die Menschheit Schätzungen zufolge bereits 11 Prozent des weltweiten BIP pro Jahr«, so Sukhdev. Dass zum Beispiel Konzerne solche Kosten auf die Allgemeinheit abwälzen können, während ihre Gewinne nur einigen wenigen zukommen, dafür macht Sukhdev vor allem rechtliche Rahmenbedingungen, Werbung und Lobbyismus verantwortlich. »NGOs, Befürworter des Wandels sowie intelligente Köpfe mögen gegen solche Unternehmen wettern und sie als Dinosaurier oder Monster bezeichnen. Fakt ist jedoch, dass die Wirtschaft überwiegend aus solchen Unternehmen besteht und sich das Umfeld, in dem diese Firmen operieren, noch nicht weit genug verändert hat, damit sie sich entweder weiterentwickeln können und überleben oder aber sang- und klanglos zugrunde gehen.« Doch wir wissen alle, was mit den Dinosauriern geschah. Sie starben aus. Das bedeutet: Wenn wir wirklich etwas in dieser Welt bewegen wollen, dann sollten wir auch darüber nachdenken, wie wir die Rahmenbedingungen ändern können – und ob dafür nicht politische Initiativen, wissenschaftliche Forschung, Kunst- und Medienprojekte, Bildungsziele und soziale Bewegungen mindestens ebenso wichtig sind wie sozialökologische Geschäftsideen. Wenn du also überlegst, wie du deinen Traum von einer Faironomics verwirklichen kannst, dann empfehlen wir dir, über die üblichen Businessmodelle hinauszudenken und die positive Wirkung, die deine Projekte haben, voranzustellen.

GESTALTE DIE WELT, WIE SIE DIR GEFÄLLT!

Jede Idee, jedes Projekt, jede Unternehmung, ja jede Entscheidung und jede Handlung hat auf mehreren Ebenen Auswirkungen auf unsere Welt. Ob das unter dem Strich eine gute oder eine schlechte ist, lässt sich nicht immer mit Sicherheit vorhersagen. Wenn du ein neues Projekt startest, solltest du dir dennoch über dessen Wirkung auf jeden Fall genauere Gedanken machen. Wir beide haben seit jenem Abend beim Labor X lange und gründlich darüber nachgedacht und sind zu dem Schluss gekommen, dass ein Faironomics-Projekt auf drei Ebenen eine positive Wirkung haben sollte: auf der des Individuums, der der Gemeinschaft und der der Welt insgesamt.

Erstens ist jedes Projekt, das du in deinem Leben verwirklichst, für dich eine Möglichkeit, Neues zu lernen. Egal, ob es sich dabei nun um ein großes Projekt handelt wie ein eigenes Sozialunternehmen, einen Verein oder die Gründung einer Bürgerinitiative. Oder ob es um etwas Kleineres geht wie eine Kampagne, eine Aktion oder eine Demo. In jedem Fall wirst du dabei neue Fähigkeiten, Erkenntnisse und Erfahrungen sammeln – gute und schlechte. Und die Frage ist, ob du persönlich durch das Projekt in deinem Leben wächst, mutiger, wacher und im positiven Sinne des Wortes selbst-bewusster wirst. Oder ob dadurch dein Pessimismus sowie ein Gefühl von Ohnmacht und Nutzlosigkeit wachsen. Ja, du kannst dich bei jedem Projekt fragen, ob es dich mit Lebensfreude und Tatendrang anfüllt. Ob es ein guter Grund ist, um morgens aufzustehen. Kurz: ob es deinem Leben Sinn gibt. Die Japaner beschreiben dies mit dem Wort Ikigai, was so viel bedeutet wie das Glück, einen Sinn im Leben gefunden zu haben. Die individuelle Erforschung des Ikigai hat dort eine lange Tradition und die Japanerinnen und Japaner folgen dabei den vier wesentlichen Fragen, die du in der Grafik auf Seite 48 findest.

Zweitens können durch Projekte Menschen zusammenkommen, um gemeinsam Ziele zu verfolgen, die größer sind als sie. Dabei verändert sich die Art und Weise, wie sie kooperieren, wie sie miteinander umgehen und kommunizieren, also in welcher Beziehung sie zueinander stehen. Im besten Fall gedeiht ein Gefühl von Gemeinschaft, Vertrauen und Verständnis. Und daraus können echte kollektive Kreativität und Synergien entstehen. Es kann aber auch umgekehrt laufen und es kommt zu Misstrauen, Konkurrenz- und Machtkämpfen, die die Menschen immer weiter auseinandertreiben und ein Verständnis für den anderen irgendwann unmöglich machen (Ideen für bessere Organisation findest du in Kapitel sechs).

Und drittens bieten uns Projekte die Möglichkeit, die Welt nach unseren Träumen und Wünschen mitzugestalten. Dein Faironomics-Projekt inspiriert vielleicht die Menschen, die mit ihm in Kontakt kommen. Das kann eine Nachbarschaft, ein Stadtteil, eine Stadt, eine Region oder sogar ein ganzes Land sein. Außerdem können fast alle Projekte auch Auswirkungen auf andere Teile der Welt haben. Zum Beispiel weil sie Energie, Ressourcen und Produkte aus anderen Ländern verwenden. Allein der Computer, den du für deine Arbeit nutzt, besteht aus Tausenden von Bauteilen. Sie stammen aus allen erdenklichen Ländern der Erde und werden meist von jungen Chinesinnen an Zwölf-Stunden-Tagen und teilweise bis zur völligen Erschöpfung für einen Hungerlohn von 50 bis 80 Dollar pro Monat zusammengebaut. Dabei werden viele wertvolle Ressourcen ausgebeutet und sauberes Wasser oder fruchtbare Erde verschmutzt. Verzichten können wir auf Computer trotzdem nicht – und leider gibt es hier noch keine Fairtrade- oder Ökoangebote. Es ist in dieser Welt eben noch nicht möglich, in allen Bereichen jederzeit perfekt umweltfreundlich und fair zu handeln. Bevor du nun aber total deprimiert bist, denke daran, dass dein Projekt natürlich auch eine positive Wirkung haben kann. Bei jedem Produkt, jeder Dienstleistung kannst du darauf achten, dass sie die Welt bereichert und nicht zerstört. Ja, und vielleicht hat deine Idee ja auch ganz überraschend positive Resonanz. Zum Beispiel, weil irgendjemand im Internet von deinem Konzept ge-

PROVOZIEREN

WARUM MAN MUTIGE IDEEN NIE LANGWEILERN ERZÄHLEN SOLLTE

Wenn wir eine Idee entwickeln, wollen wir damit nicht in erster Linie Probleme lösen. Das unterscheidet uns von klassischer Kampagnenarbeit. Als wir etwa bei der Aktion »Erster europäischer Mauerfall« die weißen Kreuze, die an die Mauertoten in Berlin erinnern sollen, an die EU-Außengrenze transportierten, war uns bewusst, dass wir die Grenze nicht dauerhaft niederreißen können. Wir wollten aber ein Zeichen für die derzeit zu erwartenden Mauertoten setzen. Und wir wollten zeigen, dass viele Menschen nicht mehr bereit sind, die Zustände an den EU-Außengrenzen hinzunehmen. Daher haben wir die Aktion öffentlich gemacht und die Leute eingeladen mitzumachen. Das heißt, wir gehen nicht von einer speziellen Wirkung aus, sondern reagieren auf Zustände, die wir unerträglich finden. Wir lassen uns durch die Realität nicht lähmen, sondern bekommen wahnsinnige Lust, etwas dagegen zu tun. Und dann hat einer von uns eine Idee, die wir im Brainstorming weiterentwickeln. Wichtig dabei ist, dass wir groß denken. Wir setzen uns in dieser Phase keine Grenzen. Es hilft uns, wenn wir uns in einer kleinen Gruppe von maximal vier Leuten treffen. Teilweise treffen wir uns noch mit anderen Leuten, Befürwortern unserer Arbeit und Experten auf einem Gebiet. Diese Brainstormingphase kann über mehrere Wochen gehen, die Sitzungen sind jeweils nicht zu lang. Danach recherchieren wir die Fakten. Das heißt auch, dass wir direkt an die Orte fahren – etwa an die EU-Außengrenze –, um uns alles anzuschauen und mit den Leuten zu sprechen. Diese Recherche ist das A und O. Denn so eine Aktion funktioniert nur, wenn alles absolut wasserdicht ist. Vor allem, wenn wir uns an eine breite Öffentlichkeit wenden. Bei großen Aktionen brauchen wir dafür rund vier bis sechs Monate. Wir landen schon auch mal in einer Sackgasse. Doch richtig gute Ideen drängen sich förmlich auf. Jedenfalls reden wir so spät wie möglich über Ideen. Eine Idee sollte man wirklich lange für sich wälzen und dann die richtigen Leute dazuholen. Also etwa Menschen, die eine ähnliche Radikalität im Herzen haben. Denn wer eine mutige Idee langweiligen oder ängstlichen Menschen erzählt, wird selbst Angst bekommen. Man braucht für mutige Ideen auch keine Gruppe. Ich merke, dass viele Leute das als Ausrede nutzen, also nicht aktiv werden, weil sie behaupten, sie bräuchten Mitstreiter. Es reicht aber, wenn eine Person wie eine Regisseurin oder schlicht die Person, die für die Idee brennt, die Leute ins Boot holt, die er oder sie braucht. Die müssen nicht von Anfang an in die Radikalität der Idee einbezogen sein. Es reicht, wenn sie sie in ihrem Aufgabenbereich unterstützen können. Ja, es kann sogar hilfreich sein, wenn es nur eine hauptamtlich Verrückte gibt, die sich dann Leute sucht, die die Sache unterstützen – zum Beispiel einmal pro Woche.

CESY LEONARD

ist Künstlerin, Filmemacherin und Chefin des Planungsstabs des Zentrums für Politische Schönheit – eines Inkubators politischer Aktionskunst. **www.politicalbeauty.de**

PDF-Vorlage für die Ikigai-Grafik:
www.faironomics.de

WO STEHST DU?

Finde heraus, was deine Idee für dich bedeutet, indem du prüfst, wie du dich fühlst:

1 Komfortabel, aber leer

2 Zufrieden, aber nutzlos

3 Erfüllt, aber arm

4 Sinnvoll, aber unsicher

Der »Sweet Spot« des Ikigai verbindet alle positiven Qualitäten und ist ein Ideal.

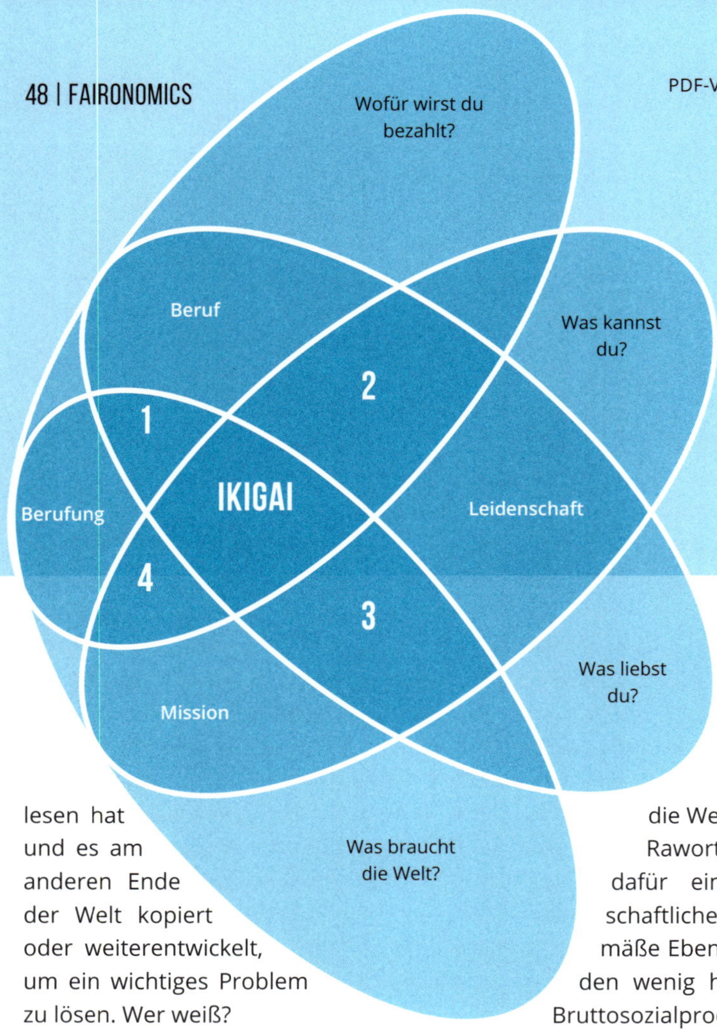

lesen hat und es am anderen Ende der Welt kopiert oder weiterentwickelt, um ein wichtiges Problem zu lösen. Wer weiß?

WÄHLE DIE WIRKUNG

In jedem Fall brauchen wir, um unsere Wirkung zu überprüfen, neben dem Feedback unserer Mitmenschen in einem Design-Thinking-Prozess eine zusätzliche Orientierung. Eine erste Hilfe kann dir die Grafik des Ikigai liefern, die du oben siehst. Prüfe, wie sich deine Idee dort einfügt. Ein zweites überaus hilfreiches Modell haben wir bei der britischen Ökonomin Kate Raworth gefunden. Sie hat sich überlegt, wie wir eine Wirtschaft entwickeln könnten, die die ökologischen und sozialen Auswirkungen unseres Handelns in den Blick nimmt. Eigentlich wollte sie schon immer die Welt verbessern. Zu diesem Zweck studierte sie überhaupt erst Wirtschaftswissenschaften. Doch schnell stellte sie fest, dass die Theorien und Modelle, die dort gelehrt wurden und das Denken und Handeln ihrer Kommilitonen prägen sollten, zu keinem Wirtschaftssystem führten, das die Welt besser machte.

Raworth setzt sich mittlerweile dafür ein, das wirtschaftswissenschaftliche Denken auf eine zeitgemäße Ebene zu bringen. Weg also mit den wenig hilfreichen Ideen wie dem Bruttosozialprodukt (das in Wahrheit gar nicht misst, wie gut es den Menschen in einer Volkswirtschaft tatsächlich geht), dem Mythos des Homo oeconomicus oder dem unendlichen Wachstum – eine der dümmsten Vorstellungen, die eine Kultur je formuliert hat, wie eine Autorin der Studie ›Die Grenzen des Wachstums‹, Donella Meadows‹, bereits in den 1970er-Jahren meinte. Und her mit neuen Konzepten und Modellen, wie Wirtschaft ganz anders funktionieren könnte! In jahrelanger Forschungsarbeit hat Kate Raworth alle möglichen Wirtschaftstheorien zusammengetragen – auch diejenigen, von denen man in einem normalen Studiengang nie oder nur am Rande erfährt. Daraus hat sie ein Wirtschaftsmodell entwickelt, das einen globalen Haushalt in den Blick nimmt: die sogenannte Donut-Ökonomie. Dabei steht der innere Rand des Donuts für die soziale Grenzlinie der Wirtschaft. Mit deinem unternehme-

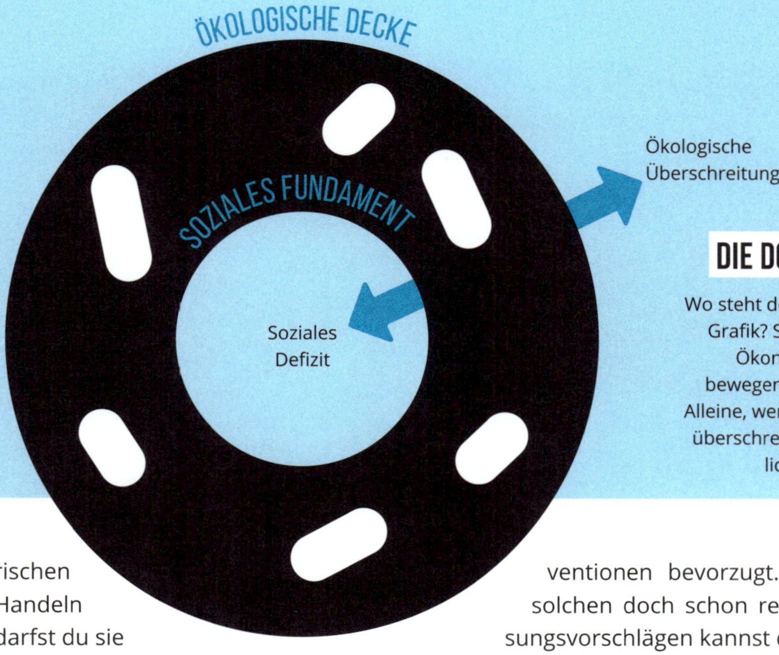

DIE DONUT-ÖKONOMIE

Wo steht dein Vorhaben in dieser Grafik? Sich ganz im Donut der Ökonomin Kate Raworth zu bewegen dürfte schwierig sein. Alleine, wenn du ein Handy nutzt, überschreitest du damit vermutlich die beiden Grenzen.

rischen Handeln darfst du sie nicht überschreiten, wenn du die Menschenrechte gewährleisten willst. Dem gegenüber liegt der ökologische Rand. Er ist der Grenzverlauf des Ressourcenverbrauchs und der Umweltbelastung. Ihn darfst du nicht überqueren, wenn du unseren Planeten als die gastliche Heimat erhalten willst, die es nach unserem heutigen Wissen in dieser Form nur einmal im Universum gibt. Wie so eine Theorie praktisch aussehen könnte, hat sich der österreichische Ökonom Christian Felber schon vor Jahren überlegt. Er hat die Idee der Gemeinwohlökonomie entwickelt, kurz auch GWÖ genannt, und damit Anhängerinnen und Anhänger in vielen Ländern gefunden. In ihr ist unter anderem eine Auslagerung der sozialen und ökologischen Kosten, wie Sukhdev sie beschrieben hat, nicht mehr möglich. Stattdessen wird umweltfreundliches und soziales Verhalten systematisch belohnt. Unternehmen erstellen dazu einmal im Jahr nicht nur eine Finanzbilanz, sondern eine umfangreichere Gemeinwohlbilanz. Sie weist nach, wie der ökologische und soziale Fußabdruck des Unternehmens aussieht. Fällt die Bilanz positiv aus, zahlt es weniger Steuern, bekommt bessere Kreditkonditionen und wird bei der Vergabe von öffentlichen Aufträgen und Subventionen bevorzugt. Doch selbst bei solchen doch schon recht konkreten Lösungsvorschlägen kannst du dir wahrscheinlich leicht ausmalen, dass es von der Theorie zur Praxis ein weiter Weg ist. Womöglich ein zu weiter Weg, weil wir vielleicht nicht mehr so viel Zeit haben, um einen globalen ökologischen Kollaps abzuwenden.

DIE SOLIDARISCHE ÖKONOMIE

Dennoch können wir gemeinsam jetzt schon loslegen, wie ein Blick in unsere jüngste Geschichte zeigt: Bereits in den 1970er-Jahren haben Menschen unter dem Stichwort »Solidarische Ökonomie« damit begonnen, ihre Vorstellungen von einer gerechteren, umweltfreundlicheren Wirtschaft in die Tat umzusetzen. Auch in der Solidarischen Ökonomie kommt es, wie bei den Social Entrepreneurs, in erster Linie auf den sozialen und ökologischen Nutzen einer Unternehmung an und nicht auf den monetären Gewinn. Doch ist hier die Bandbreite der Experimente und Alternativen wesentlich größer gedacht. Zur Solidarischen Ökonomie gehören zum Beispiel nicht nur Unternehmen wie Günter Faltins Teekampagne, die einem klassischen Businessmodell folgen. Zur Solidarischen Ökonomie zählen auch Projekte, die sich durch Spenden oder auf ganz andere Weise querfinanzieren – oder sogar versuchen,

DER WIRKUNGS-KREISLAUF

DAUER: 1–2 STUNDEN | **GRAD:** MITTEL

Was willst du konkret bewirken? Entwickle einen Wirkungskreislauf rund um deine Idee. Notiere im ersten Schritt in einem Brainstorming pro Punkt so viele Ideen wie möglich. Werte sie im zweiten Schritt aus. Überlege, wie du im Verlauf des Projektes prüfen könntest, ob du tatsächlich diese Wirkung erzielst.

PROBLEM

Welches Problem siehst du auf gesellschaftlicher Ebene?

BEDARF

Welche Probleme gibt's auf individueller Ebene? Was brauchen deine Zielgruppen?

VISION & ZIELE

Wovon träumst du? Was willst du tun?

OUTPUT

Wem kannst du was anbieten? Wen willst du womit erreichen?

OUTCOME

Was willst du auf individueller Ebene bewirken? Wie sollen sich das Denken und Handeln deiner Zielgruppen ändern?

IMPACT

Was willst du auf gesellschaftlicher Ebene bewirken?

Mehr Tipps für die Wirkungsplanung: www.wirkung-lernen.de

geldfrei und jenseits der für uns so selbstverständlichen Geld-gegen-Ware-Tauschlogik zu wirtschaften. Ein Beispiel sind die Umsonstläden, die es in vielen Städten auf der ganzen Welt gibt. Es handelt sich dabei um eine Art Secondhand-Laden – nur dass hier kein Geld fließt. Man gibt und man nimmt die Sachen, einfach so. Ladenmiete und sonstige Kosten decken sich aus Spenden. Vor etlichen Jahren schon haben wir uns dafür interessiert, wieso Menschen in ihrer Freizeit und ehrenamtlich solche Alternativen zu unserer sonst üblichen Konsumwelt schaffen, und wir erinnern uns, wie wir damals mit Angela B. und Volker Laas in einem vollgestellten Kleinmöbellager saßen, das sich neben einer offenen Werkstatt und dem jährlichen Umsonstfest mit Flohmarkt aus dem Laden heraus entwickelt hatte. »Wir wollen etwas in der Gesellschaft verändern«, meinte Volker damals zu uns. Der Umsonstladen an der Hamburger Holstenstraße war der erste in Deutschland und die beiden engagierten sich bereits seit Jahren in dem Projekt. Für Volker war das alles eine Art Experiment, das grundlegende Alternativen zum Kapitalismus zeigen und damit die Welt insgesamt verändern sollte. »Wir wollen ganz praktisch beweisen, dass es auch anders gehen könnte«, sagte er uns. Für Angela B. sah das anders aus. Ihr Engagement hatte vor allem persönliche Gründe: »Ich will wissen, was für mich selbst funktionieren kann und wo es Hindernisse gibt«, erzählte sie uns. Sie war unzufrieden damit, dass es auf der einen Seite ein Leben voller Arbeit, mit viel Geld, aber wenig Zeit gab – und auf der anderen Seite eines mit viel Zeit und wenig Geld. Dafür wollte sie eine Lösung finden. Sie wollte die Zeit, die sie für die Erwerbstätigkeit brauchte, reduzieren und Dinge länger benutzen, reparieren und weitergeben, anstatt alles immer wieder neu zu kaufen und damit die Welt mit noch mehr Müll zu belasten.

Uns gefiel damals, dass das Projekt irgendwie visionär und subversiv war – und dennoch offen für Menschen mit ganz unterschiedlichen Weltbildern. Die Schwelle mitzumachen war niedrig. Wer wollte, konnte erst mal nur ehrenamtlich Waren einräumen – und sich so an diesem sinnvollen Projekt beteiligen. Mit der Zeit konnte man dann sein Engagement Schritt für Schritt ausbauen und irgendwann vielleicht auch politisch aktiv werden. Große Pamphlete und in Stein gemeißelte Ideologien suchte man hier daher auch vergebens. Es gab zwar die gemeinsame Idee, Dinge umsonst herzugeben. Doch die Gruppe prüfte immer wieder anhand der Realität, was genau in der Praxis funktionierte und was nicht. »Das führt dann zwar manchmal zu Enttäuschungen, aber die gibt es woanders ja auch«, hatte Angela bei unserem Gespräch eingeräumt. Und wenn wir heute zurückblicken und uns zwischen den Stühlen, Sesseln und Lampen mit Vorgeschichte sitzen sehen, dann wird uns bewusst: Um möglichst bald eine Faironomics zu erreichen, brauchen wir eine Doppelstrategie.

UTOPIE UND REALISMUS

Wir machten uns vom Labor X aus auf den Heimweg. Das Gewitter war mittlerweile weitergezogen. Die Luft war kühl, der Wind schüttelte ein paar letzte Regentropfen von den Ästen. Manche erwischten uns. »Wir brauchen eine Vision, eine Utopie von etwas, das ganz grundlegend anders und besser ist als das Jetzt – und das so groß ist, dass die Hindernisse und Schwierigkeiten auf dem Weg dorthin im Vergleich dazu ziemlich klein aussehen«, überlegten wir und mussten an den Spruch des Schriftstellers Antoine de Saint-Exupéry denken: »Wenn du ein Schiff bauen willst, dann trommle nicht Männer zusammen, um Holz zu beschaffen, Aufgaben zu vergeben und die Arbeit einzuteilen, sondern lehre die Männer die Sehnsucht nach dem weiten, endlosen Meer.« Es ist wichtig, dass wir als Gesellschaft endlich damit beginnen, uns eine bessere Welt vorzustellen. Eine Welt ohne grenzenloses Wachstum etwa. Eine

Welt, in der niemand kämpfen muss, sondern in der alle einen Platz finden, sich nützlich und wertvoll fühlen. Eine Welt, in der sich unser Blick auf die Natur ganz grundlegend verändert hat. So grundlegend, dass wir nicht mehr in Begriffen wie Naturkapital und Ökosystemdienstleistungen denken, sondern so, wie es der Häuptling Oren Lyons vom Onondaga-Stamm der Irokesen bei einer Rede vor Studierenden des College of Natural Ressources an der Universität Berkeley formuliert haben soll: »Was ihr Ressourcen nennt, bezeichnen wir als unsere Verwandten. Wenn ihr sie als Verwandte sehen würdet, würdet ihr sie auch besser behandeln, nicht wahr?« So ein Zukunftsbild müsste derart verheißungsvoll sein, dass es selbst die mühevollen Veränderungen wert wäre. Selbst wenn wir wüssten, dass wir es genau so wahrscheinlich nicht verwirklichen, sondern uns dieser Utopie nur annähern können.

Gleichzeitig müssen wir mit dem derzeit Machbaren beginnen. Wir können und dürfen nicht auf den einen großen Wurf, den alles verändernden Befreiungsschlag oder die schicksalswendende Revolution warten. Im Gegenteil. Die Geschichte zeigt, dass das bislang immer schiefging. Stattdessen müssen wir die Grenze zwischen Realismus und Utopie suchen – auch wenn das nur ein erster Schritt in Richtung unserer Vision ist und voller Mängel und Kompromisse. Wir müssen unserem Traum, unserem Anliegen treu bleiben – aber dennoch in dieser Welt das tun, was eben möglich ist. Deine Idee zu einem Konzept weiterzuentwickeln bedeutet deshalb auch immer, dich an der Wirklichkeit zu reiben und an dem, was tatsächlich machbar ist. Es bedeutet aber auch, mutig zu sein und mehr erreichen zu wollen, als die meisten anderen Menschen für machbar halten. Gib dich daher nicht zu schnell mit einem Kompromiss zufrieden. Wir haben schon einige Menschen mit wirklich wichtigen Anliegen und tollen Ideen gesehen, die sich dann in das Korsett eines Businessmodells quetschen ließen – immer mit dem Hinweis darauf, dass es unrealistisch sei, sich etwas anderes zu wünschen, dass das hier nun mal das bestmöglich Umsetzbare sei. Aber stimmte das wirklich? Ihr Traum war jedenfalls am Ende bis zur Unkenntlichkeit entstellt. Vielleicht wäre es tatsächlich sinnvoller gewesen, eben kein Unternehmen im herkömmlichen Sinne zu gründen – sondern eine Gemeinschaft, eine Initiative, ein Netzwerk, eine Bewegung … Etwas, das sich anders trägt und finanziert als allein durch die Einnahmen aus dem Verkauf von Produkten oder Dienstleistungen.

Wichtig ist daher nicht nur, was wir tun, sondern auch, wie wir es tun. Ob wir nun fairen Biotee verkaufen oder Secondhand-Ware geldfrei verteilen – es geht immer auch darum, wie wir zusammenarbeiten: Sollen alle gemeinsam im Konsens entscheiden oder soll es eine strenge Hierarchie geben? Wollt ihr Geld nach Bedarf oder nach Leistung verteilen? Denke bei der Entwicklung deines Konzeptes über dich und deine Zielgruppen hinaus. Finde heraus, was die Gemeinschaft, die Gesellschaft, ja was die ganze Welt braucht. Das mag etwas hochgegriffen klingen. Aber wenn du auf allen diesen Ebenen etwas Neues wagst, kannst du um viele Erfahrungen und Erkenntnisse reicher werden. Und dein Projekt kann auch dann erfolgreich sein, wenn sich die eigentliche Idee ganz anders entwickelt, als du dir das zunächst vielleicht erträumt hast. Wenn dein Projekt, deine Organisation oder dein Unternehmen auf den drei Ebenen des Individuums, der Gemeinschaft und der Welt insgesamt eine positive Wirkung erzielt, hat es automatisch einen fantastischen Fußabdruck. »Ein Faironomics-Konzept ist also eines, das sich die Welt von dir wünscht«, erkennen wir. Das tut gut zu wissen. Und so gehen wir voller Zuversicht und mit vielen neuen Antworten an die nächste Frage: Wie planen wir denn nun eigentlich unser Projekt so, dass das Risiko zu scheitern möglichst klein, der Aufwand realistisch und das Ergebnis bestmöglich ist?

5 REGELN FÜR IDEEN

1
STELLE FRAGEN

Kaum etwas eröffnet dir so viele neue Möglichkeiten und Sichtweisen wie gut formulierte und ernst gemeinte Fragen. Die richtigen Fragen zu finden ist der erste Schritt zu einem richtig guten Projekt.

2
MACHE FEHLER

Versuche deine Ideen so schnell wie möglich umzusetzen, um zu sehen, was tatsächlich so funktioniert, wie du dachtest, und was nicht. Das kann schmerzhaft sein. Aber es ist besser, früh Fehler zu machen als spät.

3
BAUE PROTOTYPEN

Prototypen sind wunderbare Hilfsmittel, um möglichst früh möglichst viele Fehler zu machen. Setze am besten Deadlines für die Fertigstellung von Prototypen, warte also nicht, bis du denkst, dass du so weit bist.

4
ARBEITE HART

Eine richtig gute Idee ist selten ein genialer Einfall, der dir einfach in den Schoß fällt. Sie ist vielmehr das Produkt harter Arbeit. Achte dabei auch auf die Liebe zum Detail.

5
SCHÄTZE DIE SCHWARMINTELLIGENZ

Arbeite mit anderen Menschen zusammen. Wähle deine Co-Kreateure sorgfältig aus und ziehe auch Menschen zurate, die nicht deiner Meinung sind und eine andere Sicht auf die Welt haben.

SCHRITT 3

PLANEN

ERKENNE KREISLÄUFE, LEISTBARE VERLUSTE UND DEN WERT DES NICHTSTUNS

Als wir anfingen, darüber nachzudenken, wie wir unsere Visionen und Träume umsetzen könnten, hätten wir nie gedacht, dass etwas so Trockenes wie die Planung von Projekten eine politische, ja vielleicht sogar revolutionäre Bedeutung haben könnte. Wir sind einfach so hineingerutscht und eigentlich begann unsere Auseinandersetzung mit dem Thema Planung sogar ziemlich chaotisch. Denn es gibt nun mal Dinge, die kann man nicht planen. Eines dieser Dinge war der erste Dokumentarfilm, den wir in unserem Leben drehten. Es war im Herbst 2011. Das Sabbatjahr, das wir uns zusammengespart hatten, neigte sich dem Ende zu und wir dachten darüber nach, Anfang 2012 ein kleines Redaktionsbüro zu gründen. Da kam die Occupy-Bewegung und erfasste den ganzen Planeten.

Rund vier Jahre zuvor hatte eine globale Finanzkrise die Welt erschüttert; hatte ganze Staaten in die Knie gezwungen, Milliarden waren in die Bankenrettungen geflossen und das, obwohl die Erschütterungen auf den Finanzmärkten gleichzeitig Hungersnöte im globalen Süden ausgelöst hatten. Die Menschen waren empört und taten sich zu Tausenden in Hunderten von Städten zusammen. Sie besetzten öffentliche Plätze, errichteten Zeltlager, protestierten gegen diesen Irrsinn und wichen nicht mehr von der Stelle. Auch in Hamburg hatte sich über Nacht ein Camp am Gerhart-Hauptmann-Platz gebildet. Wir waren natürlich sofort mit einem Aufnahmegerät vor Ort und interviewten die Leute: Was genau wollten sie? Was waren ihre Ziele, ihre Forderungen? Was machten sie in dem Camp? Und wie sah es in den anderen Städten Deutschlands aus? Schnell war klar, dass die Occupy-Aktivistinnen und -Aktivisten in Hamburg kaum bis keine Ahnung hatten, was in den anderen Zeltlagern passierte. Einen Tag später – wir gingen gerade mit unserem Hund in der Herbstsonne spazieren – grübelten wir über die ganze Sache nach: War das der ersehnte Ruck? Eine wirklich wirksame Protestbewegung für mehr soziale Gerechtigkeit? »Eigentlich müsste man mal in die anderen Städte reisen und schauen, wie es dort aussieht«, überlegten wir uns. Man? Warum nicht wir? Warum nicht ganz spontan durch Deutschland fahren, alle Camps besuchen und einen Dokumentarfilm darüber drehen? Kaum waren wir von unserem Spaziergang zurück, riefen wir einen Verwandten an, um uns seinen VW-Bus auszuleihen. Eine befreundete Kamerafrau war schnell von der Sache begeistert. Und so fuhren wir nur drei Tage später (die wir von früh bis spät mit Recherchieren, Kontakteknüpfen und Termineausmachen verbracht hatten) zu dritt mit zwei Hunden und einer Kameraausrüstung los. Gute Planung sieht mit Sicherheit anders aus – aber wir wollten nun mal die Gelegenheit beim Schopfe packen.

AUF DEM WEG

Eine Woche waren wir unterwegs. Wir erfuhren, warum die Gruppe in Berlin vergeblich versuchte, vor dem Reichstag zu zelten (die sogenannte Bannmeile rund um den Reichstag soll die Abgeordneten vor dem Druck der Straße schützen). In Leipzig bekamen wir eine Ahnung von der Atmosphäre der Montagsdemonstrationen. Wir übernachteten im wahrscheinlich kleinsten Occupy-Camp Deutschlands (zwei Mann mit zwei Zelten in einem thüringischen Nest namens Zeulenroda). Wir besuchten Stuttgart, dessen Bürgerinnen und Bürger damals durch den Zwist um den Umbau ihres Hauptbahnhofes so gespalten waren, dass sie sich nicht zu einem gemeinsamen Protest gegen die katastrophale Entwicklung der Finanzindustrie bewegen ließen. Natürlich waren wir auch im größten Camp, in Frankfurt am Main vor der Europäischen Zentralbank. Und wir verbrachten eine Nacht im Zeltlager von Düsseldorf, das auf einem Kirchhof seinen Platz gefunden hatte. In allen Städten trafen wir darüber hinaus auch Menschen, die sich zu einem großen Marsch durch ganz Europa aufgemacht hatten: Spanier, Italiener, Dänen, Griechen, Briten …

Doch so unterschiedlich die Camps und die Menschen auch waren, denen wir begegneten: Sie alle einte der dringende Wunsch nach einer besseren, gerechteren Welt. Es war eine berauschende, inspirierende Fahrt mit tiefen Gesprächen und vielen Einsichten. Und dennoch – sie war auch frustrierend. Denn letztlich konnten sich die Menschen in keinem der Camps so weit organisieren, dass die Occupy-Bewegung viel mehr hinterlassen hätte als einen (immerhin weltweiten) Warnruf der Zivilgesellschaft. Wochenlang grübelte die Presse, was diese Aktivistinnen und Aktivisten wohl für Forderungen und Ziele hätten. Irgendwann galten sie nur noch als Störenfriede. Eine große, vielleicht historische Chance, die Gesellschaft grundlegend zu verändern, war aus unserer Sicht von allen Seiten ungenutzt vorübergezogen – und das, obwohl so viele Menschen über viele Monate hinweg so viel Engagement, Mut und Ausdauer aufgebracht hatten. Am Ende wurden die Camps eines nach dem anderen ohne nennenswerte Gegenwehr geräumt. Occupy war Geschichte. Doch dieses Erlebnis setzte für uns eine ganze Reihe von Ereignissen in Gang. Ereignisse, die bis heute nachwirken und die wir so niemals hätten planen können.

Als wir wieder in Hamburg beim Filmschnitt saßen, dachten wir über die Erfahrungen unserer Reise nach. So viele Leute, die von einer besseren Welt träumten und bereit waren, gemeinsam daran zu arbeiten. Die Eindrücke ließen uns nicht mehr los. Denn auch wir selbst wollten ja unser Redaktionsbüro mit dem erklärten Ziel gründen, etwas zu bewegen. Jahrelang hatten wir als Journalistin und Journalist unter der Käseglocke der Fachredaktionen gearbeitet. Wir hatten über Dinge geschrieben, die uns immer fremder wurden. Wir wollten unsere Aufmerksamkeit nun auf Themen lenken, die uns wesentlich wichtiger erschienen. Denn wir gingen davon aus, dass viele Menschen auch deshalb so teilnahmslos waren oder sich zumindest ohnmächtig fühlten, weil die meisten Nachrichten nun mal negativ und deprimierend sind. Selten wird darüber berichtet, was sich an Positivem auf die Beine stellen lässt. Daher wollten wir nur noch über Menschen, Projekte, Ideen und Organisationen erzählen, die sich ganz konkret für den Wandel einsetzen. Wir wollten den Menschen mit guten Nachrichten zeigen, dass es sich lohnt, etwas zu tun. Zeigen, dass sie nicht alleine, womöglich noch nicht mal in der Unterzahl sind. Und auch, dass es möglich ist, etwas zu verändern.

Selbstverständlich bewegte uns nun die Frage, wie wir unsere Vision möglichst zielstrebig, sicher und erfolgreich verfolgen könnten. Mit Blick auf unsere Erfahrungen in den Occupy-Camps kamen wir zu einem klaren Fazit: Wer etwas in unserer Welt verändern möchte, braucht mehr als eine große Vision und viel Motivation. Er braucht einen

REISS ZÄUNE EIN!

WIE DU DENKBARRIKADEN STÜRMST UND DAS ZUHÖREN LERNST

Oft ist es bei Projekten so, dass die einen große Visionen und Strategien entwickeln – und andere sollen sie umsetzen. Und dazwischen gibt es einen Riesenzaun, der die beiden Gruppen trennt. Dann sagen die einen: »Das haben die nicht richtig umgesetzt«, und die anderen meinen: »Ach, die Strategie war doof.« Dazu kommt, dass die Leute meist aus unterschiedlichen Professionen kommen. Interdisziplinarität ist für ein Projekt zwar gut, weil hier mehr Kompetenzen zusammenkommen. Doch sie bietet auch mehr Möglichkeiten für Missverständnisse und Konflikte. Die Leute ticken halt einfach unterschiedlich.

Um Verständniszäune in Projekten zu verhindern, muss von Anfang an die Kommunikation zwischen den Menschen stimmen. Dazu müssen sie eine gemeinsame Sprache finden. Damit das funktioniert, darf man Projektmanagement aber nicht mechanistisch leben. Viele denken, dass es reicht, bestimmte Methoden und Prozesse anzuwenden. Doch das allein hilft nicht. Es geht vielmehr um die Menschen und die Beziehungen. Alle müssen gleich zu Beginn ein gemeinsames Verständnis davon entwickeln, was passieren soll, für wen die Sache wichtig ist und was der gemeinsame Sinn und Zweck des Projektes ist. Wir haben festgestellt, dass es sinnvoll ist, Fragen vor Antworten, Beobachten vor Bewerten, Perspektivwechsel vor Standpunkte und Selbstreflexion vor Fremdkritik zu stellen. Das hängen wir uns teilweise als Prinzipien an die Wand und achten darauf, dass wir uns daran halten.

Außerdem hat es sich als sehr hilfreich erwiesen, wenn zunächst der Projektinitiator oder die -initiatorin erzählt, warum das Projekt wichtig ist, was Erfolg heißt und so weiter. Alle anderen hören erst einmal nur zu, machen sich Notizen auf Post-its und stellen Verständnisfragen. Diskussion ist währenddessen verboten. In der nächsten Phase hängen alle Zuhörer ihre Post-its auf und rekapitulieren: »Ich habe verstanden …« So entsteht ein gemeinsames Bild: Was haben die anderen verstanden? Was fehlt aus ihrer Sicht noch oder ist ihnen unklar? In diesem Moment merkt das ganze Team, welche Informationen es noch braucht. Das ist manchmal unangenehm für die Projektgeber – sie dürfen während dieser Phase nichts sagen, sondern sich nur Notizen machen. Erst wenn alle aus dem Team gesprochen haben, können sie alle gemeinsam diskutieren. Der Dreh, dass man zunächst nur zuhört, ist für die meisten sehr gewinnbringend. Meist hat das auch einen tollen Teambuilding-Effekt. Manche hören zum ersten Mal, was der neben ihnen eigentlich so denkt und zu sagen hat. Viele wollen sich dann auch zum ersten Mal gegenseitig helfen. So ein Gespräch ist eine relativ einfache Sache, die jeder auch selbst machen kann, aber eine ganz positive Wirkung auf das Projekt hat.

KAREN SCHMIDT

stellt mit ihrem Kollegen Frank Habermann unter dem Stichwort »Over the Fence« Werkzeuge für eine menschenzentrierte Projektgestaltung als Creative Commons zur Verfügung. **overthefence.com.de**

ALLES IM BLICK

Aus deiner Mission kannst du Gesamt- und Zwischenziele, deine Strategien, Taktiken und KPIs ableiten.

richtig guten Plan mit klaren Zielen, einer Strategie und Taktiken.

DER WERT GUTER ZIELE

Denn wenn du dir nicht sicher bist, in welche Richtung du mit welchen Schritten als Nächstes gehen willst, wirst du von Gelegenheiten und Ereignissen hin und her getrieben. Du weißt nie genau, warum du dieses oder jenes eigentlich tust oder auch lässt. Deshalb ist es wichtig, dass du deine Ziele kennst, deine Strategie und deine Taktik. Ein Beispiel: Wenn eine Gruppe von Menschen etwa die gemeinsame Strategie hat, das Bewusstsein für die ungerechte Verteilung von Eigentum in unserer Gesellschaft zu erhöhen, so hat sie vielleicht als taktische Maßnahme die Idee, einen Vortragsabend über den aktuellen Stand der Dinge zu veranstalten und eine Diskussion darüber anzuregen.

Doch wenn das Team nicht über dieses Vorhaben hinausgeht und die Veranstaltung ohne konkrete Ziele plant, organisiert und umsetzt, wird jede und jeder von ihnen den Abend ganz subjektiv und anders beurteilen. Vielleicht sehen sie ihn als Erfolg an, wissen aber nicht so genau warum. Gemeinsam entscheiden sie sich dann irgendwie, dass sie eine ähnliche Veranstaltung noch einmal machen wollen – oder eben auch nicht. Aber die Gründe bleiben in jedem Fall schwammig. Das ist schade, denn so ist die Initiative höchstwahrscheinlich weniger wirkungsvoll, als sie es sein könnte. Die Menschen können nicht so viel aus ihren Erfahrungen lernen. Das kann ganz schön demotivieren, weil die Gruppe nicht sehen kann, was sie schon alles erreicht hat. Sinnvoller wäre es deshalb, wenn sich die Gruppe im Vorfeld überlegen würde, warum sie die Veranstaltung macht und welche Teilziele sie erreichen will (man könnte hier auch von Key-Performance-Indikatoren sprechen). So könnten sich die Aktivisten vornehmen, dass mindestens 30 Menschen zur Veranstaltung kommen sollen. Ein Drittel davon wollen sie erstmalig für das Thema interessieren. Außerdem sollen sich mindestens fünf Menschen für ihren Newsletter eintragen. Und eine Person – gerne auch mehr – soll sich so sehr angesprochen fühlen, dass sie zu einem der nächsten Gruppentreffen kommt und sich ebenfalls engagiert.

Wenn du dir so konkrete Ziele steckst und auch prüfst, ob du sie erreicht hast, dann erkennst du gut, ob eine Maßnahme erfolgreich war. Egal, ob es sich bei dem Projekt um eine NGO, ein Unternehmen, ein Wohnprojekt, eine Bürgerinitiative oder etwas anderes handelt. Konkrete Ziele sind wie ein Kompass oder ein roter Faden. Er zeigt dir, wo du deine Ressourcen sinnvoll einsetzt. Ein politisches Projekt kann mit einer Onlinepetition oder einer Demo beispielsweise vielleicht

mehr bewegen als mit einem Filmabend. Ein Unternehmen kann die Umwelt durch eine ökologischere Verpackung seiner Produkte womöglich besser schützen als durch einen Fuhrpark aus Elektroautos. Mithilfe von konkreten Zwischenzielen kannst du also mit der Zeit immer mehr dazulernen. Du erkennst viel genauer, wann es sich lohnt, Zeit, Geld und Energie zu investieren und wann nicht. Außerdem spornt es dich an, wenn du siehst, was du so alles erreichen kannst. Und es sorgt auch für mehr Zusammenhalt in einer Gruppe. Ziele können trotz aller Unterschiedlichkeiten und Konflikte stets aufs Neue eine gemeinsame Basis schaffen. Und wer weiß, am Ende sind sie für die meisten Mitstreiter vielleicht wichtiger als die persönlichen Reibereien, die in den meisten Gruppen früher oder später auftauchen und ein echtes Risiko für den Erfolg eines Projektes werden können. Aber dazu noch mehr in Kapitel 6, wo es um die Zusammenarbeit geht.

Gute Zwischenziele sind zudem auch immer attraktiv. Wenn du zum Beispiel über alternative Wirtschaftsweisen aufklären möchtest und dir als Strategie überlegt hast, als Rednerin oder Redner durchs Land zu ziehen und aufrüttelnde Vorträge zu halten – dann solltest du auch gerne unterwegs sein, in Hotels übernachten und fremde Menschen treffen. Und es sollte dir Spaß machen, Vorträge vorzubereiten und vor einem großen Publikum auf der Bühne zu sprechen. Wenn das nicht der Fall ist, dann ist es auch sehr viel unwahrscheinlicher, dass du deine Zwischenziele und damit auch deine Gesamtziele erreichst. Und das gilt nicht nur für dich, sondern für alle im Team und alle, die mit deinem Projekt zu tun haben: Alle sollten das tun können, was sie wirklich gerne tun möchten.

Denn wie wir im letzten Kapitel festgestellt haben, sollte jedes Faironomics-Projekt den individuellen, den sozialen und den ökologischen Wandel unterstützen: Wie kannst du dein Projekt so gestalten, dass alle Beteiligten voller Begeisterung dabei sind? Wie müssen Zusammenarbeit und Kommunikation aussehen, damit eine echte Gemeinschaft voller Vertrauen entsteht? Und was musst du tun, damit dein Projekt die Welt schöner, besser, gerechter und friedlicher macht? Klar sind das große Ideale. Und selbstverständlich kann niemand das alles zu hundert Prozent erreichen. Doch es ist unserer Erfahrung nach ungemein wichtig, dass du mit allem, was du tust, in diese drei Richtungen gehst. Denn das verwandelt deinen Weg bereits in ein Ziel! Du tust jeden Tag etwas, was dich erfüllt und glücklich macht. Du bereicherst täglich das Leben der Menschen um dich herum. Und du änderst jetzt schon die Welt in der Weise, wie du dir das wünschst. So kann dein Projekt gar nicht mehr wirklich scheitern. Denn selbst wenn du es nicht schaffst,

PDF-Vorlage für diese Übung unter: www.faironomics.de

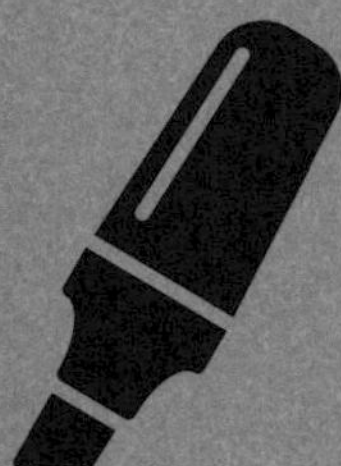

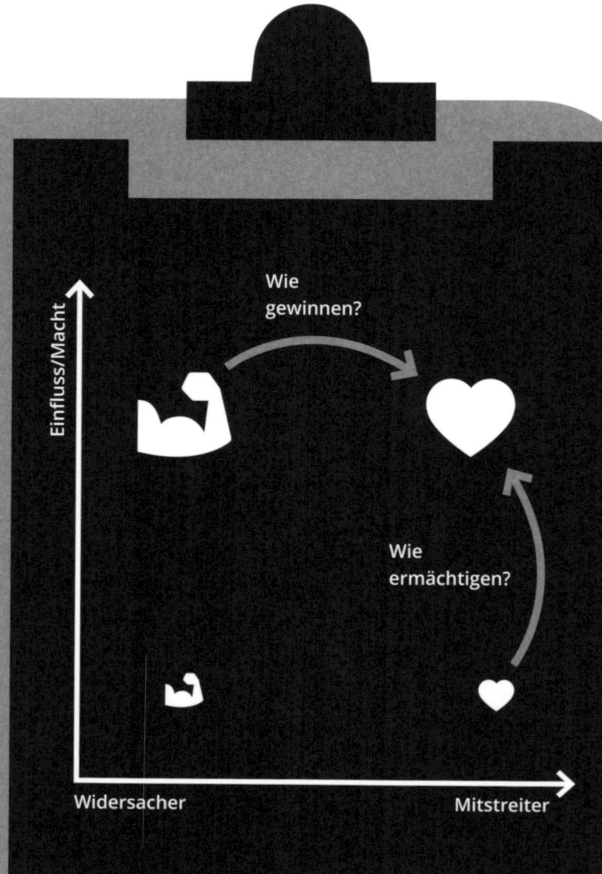

KARTE DER MITSTREITER

DAUER: 1–2 STUNDEN
GRAD: MITTEL

Wer kann und will dich bei deinem Projekt unterstützen? Leg eine Karte an:

SCHRITT 1: KARTIEREN

Zeichne dir auf ein Flipchartpapier einen Graphen mit x- und y-Achse. Die x-Achse zeigt an, wie jemand zu deinem Projekt steht: Ganz links beim Nullpunkt sind die aktiven Widersacher, rechts daneben die passiven Widersacher, daneben die passiven Mitstreiter und ganz rechts die aktiven Mitstreiterinnen und Mitstreiter. Die y-Achse zeigt an, wie einfluss- und hilfreich jemand ist. Ganz unten beim Nullpunkt stehen diejenigen, die die Situation aktuell gar nicht zu deinen (Un-)Gunsten beeinflussen können. Ganz oben diejenigen, die zum jetzigen Zeitpunkt großen Einfluss haben. Du kannst hier ganz konkrete Menschen eintragen oder auch Zielgruppen, Personas, Organisationen und Institutionen.

SCHRITT 2: WAS TUN?

Mach dir bewusst, dass niemand auf dieser Karte einen festen Platz hat: Dein Ziel ist es, alle auf deiner Karte in das Feld rechts oben zu bekommen. Überlege dir daher, wie du aus passiven aktive Mitstreiterinnen und Mitstreiter machen kannst sowie aus aktiven passive Widersacher (vor allem, wenn sie weit oben stehen). Plane zudem, wie du den aktiven Mitstreiterinnen und Mitstreitern unten rechts mehr Möglichkeiten zur Mitgestaltung geben kannst: Kannst du ihnen zum Beispiel eine öffentliche Stimme geben? Fällt dir etwas ein, wie sie sich vernetzen und gemeinsam etwas bewegen könnten? Wer von ihnen könnte vielleicht eine Führungsrolle übernehmen?

das Unternehmen deiner Träume zum Erfolg zu führen oder eine Mehrheit für deine Initiative zu gewinnen – selbst dann hatte dein Projekt eine ungemein positive Wirkung auf alle, die damit in Verbindung standen. Oder anders gesagt: Wir sollten unsere Projekte heute schon so planen, wie wir uns eine Faironomics in Zukunft im Großen wünschen.

Damit steht auch fest: Deine Ziele hängen auch von deinem Umfeld ab. Denn wenn du etwas verändern willst – egal, ob es etwas Kleines oder ganz Großes ist –, dann verändern sich die Dinge logischerweise auch für die anderen. Das finden natürlich nicht alle immer auch gleich gut. Wenn du zum Beispiel ein Aktionsbündnis gegen Kohlekraft gründest, haben womöglich Kohlekraftwerksbetreiber oder die Arbeitnehmer in den Bergwerken etwas dagegen. Und wenn du einen Unverpacktladen eröffnen willst, dann müssen deine Kundinnen und Kunden ihre Gewohnheiten ändern und ihre Behältnisse selbst mitbringen. Außerdem brauchst du Lieferanten, die bereit sind, ihre Produkte verpackungsarm oder sogar unverpackt zu liefern. Mit anderen Worten: Wenn du wirklich etwas verändern willst, dann geht das selten ohne Widerstand und eigentlich nie ohne Überzeugungsarbeit.

MITSTREITER UND WIDERSACHER

Zum Glück muss aber niemand alleine gegen den Rest der Welt kämpfen. Was wäre das für eine trostlose Aussicht. Nein, im Gegenteil. Es gibt unzählige Menschen, die den Wandel wollen. Wer sich wahrhaftig für eine bessere Welt einsetzt, hat automatisch jede Menge Mitstreiterinnen und Mitstreiter. Meistens sogar viel mehr, als man zunächst denkt! Ziele sind also nicht nur für dich und dein Team wichtig, sondern auch für diejenigen, die von außen auf dein Projekt oder deine Organisation schauen. Je klarer du deine Vision und deine Ziele formulierst, desto leichter können sich Mitstreiterinnen und Mitstreiter für dich einsetzen. Am besten überlegst du dir jetzt schon, wie sie dich unterstützen können – und auch, was du für sie tun kannst!

Sich mit dem zu beschäftigen, was die anderen Menschen umtreibt und bewegt, ist übrigens zugleich auch die geschickteste Strategie, um mit denjenigen umzugehen, die deine Ziele ganz und gar nicht teilen. Die dich und deine Idee vielleicht sogar aktiv bekämpfen. Dem amerikanischen Campaigner Joshua Kahn Russell zufolge geschehen gesellschaftliche Veränderungen nämlich selten, indem man seine Gegnerinnen und Gegner überwältigt. Viel eher erreicht man sie, indem man seinen Widersachern die (gesellschaftliche) Zustimmung entzieht. Um das tun zu können, musst du wissen, wer überhaupt zu deinen aktiven und passiven Mitstreiterinnen und Mitstreitern gehört oder gehören könnte. Und auch, wer deine passiven und aktiven Gegnerinnen und Gegner sind (siehe Übung links). Überlege dir, wie die passiven Widersacher zu passiven Mitstreitern werden könnten. Und wie du aus den passiven aktive Mitstreiter machen könntest. Daraus ergibt sich meistens schon ein Ansatz für eine ziemlich kluge Taktik – zum Beispiel für deine Kommunikation, um die es im siebten Kapitel geht.

Dabei hilft es dir auch, wenn du darüber nachdenkst, warum manche Menschen deine Idee eigentlich kritisieren: Stimmt eine Kritikerin oder ein Kritiker dir zwar im Grundsatz zu, findet aber, dass du deine strategischen oder taktischen Ziele überdenken solltest? Dann kann es sich lohnen, ihr oder ihm gut zuzuhören und das, was dir sinnvoll erscheint, in deine Strategie mit einzubeziehen. Sind es jedoch Menschen, die deiner Idee grundsätzlich feindlich gegenüberstehen, weil sie andere Werte vertreten oder dadurch etwas verlieren würden, solltest du schon in der Planungsphase überlegen, wie du am besten mit ihnen umgehst: Was denken sie genau? Welche Argumente haben sie und wie lassen sich diese entkräften? Wo triffst du sie – in den sozialen Medien, im öffentlichen

Raum oder bei Veranstaltungen? Und welche deiner möglichen Reaktionen darauf stimmen mit deinen Grundwerten überein, etwa mit dem der (verbalen) Gewaltlosigkeit? Solche Gedankengänge sind eine wichtige Basis, um zum Beispiel für Shitstorms und andere Attacken gewappnet zu sein. Und sie sind natürlich vor allem dann wesentlich, wenn du dich in einem konfliktreichen, kontroversen Themengebiet bewegst, wie beispielsweise beim Thema Tierschutz oder Kohleausstieg.

WIE WIR DIE WELT VERÄNDERN

Je mehr Menschen du zum Andersdenken und damit womöglich auch zum Andershandeln bewegen kannst, desto mehr näherst du dich deinem Ziel: die Welt ein Stückchen besser zu machen. Der langjährige Aktivist und Erforscher sozialer Bewegungen Bill Moyer hat dabei acht Phasen entdeckt, die man durchläuft, bis sich in einer Gesellschaft etwas grundlegend verändert (siehe auch Grafik auf der nächsten Doppelseite). Das Interessante an seinen Erkenntnissen ist vor allem, wie wir finden, dass Menschen, die sich aktiv für den Wandel einsetzen, gerade dann ein Gefühl von Ohnmacht und Versagen haben (Phase 5), wenn sie dabei sind, die Mehrheit der Bevölkerung für ihre Sicht der Dinge zu gewinnen (die meist parallel dazu verlaufende Phase 6). Auch der Erfolg (Phase 7) ist keineswegs ein Ereignis zu einem konkreten Zeitpunkt. Er ist vielmehr ein langsamer, langer Prozess, der sich über viele Jahre erstrecken kann. Für uns, die wir in einer Welt leben, in der wir uns jeden Wunsch am liebsten sofort erfüllen und die Zeit immer schneller zu laufen scheint, kann das eine echte Geduldsprobe sein. Aber wie heißt es so schön: Gras wächst einfach nicht schneller, nur weil man daran zieht ...

Deshalb: Wenn du die Welt verbessern willst, brauchst du einen langen Atem, musst dir immer wieder selbst deine Erfolge bewusst machen (sind sie wirklich so klein, wie du denkst?) und darfst nicht müde werden, andere Menschen für dich zu gewinnen.

Mit solchen Gedanken im Kopf machten wir uns wenige Wochen nach unserer Occupy-Tour an die Gründung unseres Redaktionsbüros. Wir beschrieben unsere Ziele und Teilziele. Wir analysierten unser Umfeld. Wir wogen unsere Stärken und Schwächen ab und unsere Chancen und Risiken. Wir machten uns einen richtig guten, ausgefeilten Plan und legten mit Feuereifer los. Und solange wir all die Aufgaben abarbeiteten, deren Erfolg vor allem von uns und unserem Fleiß abhingen (wie eine Website zu bauen oder Visitenkarten drucken zu lassen), ging auch alles glatt. Doch sobald wir uns der Welt um uns herum näherten, wurde die Sache unberechenbar. Manche Dinge flutschten viel leichter, schneller und besser als gedacht. An anderen Stellen bissen wir uns fast die Zähne aus und kamen einfach nicht vom Fleck. Unser Plan geriet ins Wanken. Schließlich mussten wir uns eingestehen: Die Welt da draußen ist einfach zu komplex, als dass selbst ein perfekter Plan jede Eventualität erfassen könnte. Wie auch? Niemand kann im Voraus hundertprozentig wissen, bei wem man mit seinen Ideen auf Interesse stößt oder welche günstigen Gelegenheiten sich unerwartet bieten (auch nicht, wer mithilfe von Design Thinking andere gewissenhaft in die Ideenentwicklung einbezogen hat). Und doch sollen Unternehmensgründerinnen und -gründer im Allgemeinen ihre Zeit damit verbringen, Businesspläne zu schreiben. Verständlicherweise sehnen sich die meisten Menschen in den unruhigen, risikoreichen Zeiten einer Projektgründung nach der trügerischen Sicherheit und vermeintlichen Allmacht eines ausgefeilten Gesamtplans. Doch leider gibt es den nicht.

»Was für ein Quatsch!«, dachten wir, als wir uns eines Nachmittags zusammensetzten, um uns selbst zu hinterfragen. »So ein Plan ist nur etwas Tinte auf Papier. Eine von Milliarden von Möglichkeiten, wie wir unsere Vision verfolgen und unsere Ziele erreichen

WANDELBAR

WIE WIR UNSERE WELT TATSÄCHLICH ÄNDERN KÖNNEN

Veränderungen geschehen nicht, weil es einen bestimmten Menschen gibt. Sie entstehen unbeabsichtigt und aufgrund eines Systems. Menschen, die Veränderungen voranbringen wollen, müssen sich daher vor allem in Bescheidenheit üben. Sie müssen erkennen, dass sie diesen kontinuierlichen Veränderungsprozess, der ohnehin abläuft, nur ein bisschen stärken oder abschwächen können. Es gibt zwar besonders positive oder negative Schlüsselmomente, in denen Aktivisten etwas mehr bewegen können. Aber die Vorstellung, dass wir in Form von Projekten vorgehen und etwa einen Dreijahresplan machen könnten, bringt keine großen Veränderungen hervor. Sobald sich ein Mensch ins Zentrum seiner Überlegungen stellt – und das geschieht, wenn sich jemand professionalisiert und denkt, er wisse, wie etwas geht –, ist er sich weniger des Systems um sich herum bewusst. Dann kann er die Chancen für Veränderungen nicht mehr so gut wahrnehmen. Er sagt zum Beispiel: »Wir haben doch immer dieses oder jenes gemacht, lass uns das auch hier noch mal tun.« Doch so erreicht er viel weniger, als wenn er seine Projektplanung agil auf die Veränderungen in seinem Umfeld einstellt.

Natürlich plant man immer. Aber es ist wichtig zu berücksichtigen, dass das, was man als Ausgangsposition wahrnimmt, nur eine erste Vermutung ist. Und dass man dazulernt, sobald ein Projekt beginnt. Das bedeutet, dass man zum Beispiel eine Kampagne immer so planen sollte, dass alle neuen Aspekte mit einfließen können. Zum Beispiel kann das Team alle drei Monate einen Tag lang zusammenkommen und darüber diskutieren, was gerade geschieht: Was funktioniert und was nicht? Was haben sie gelernt? Was hat sich verändert? Und wie könnten sie ihr Projekt an diese neuen Erkenntnisse anpassen? Das bedeutet also nicht, dass es gar keinen Plan gibt. Aber er beinhaltet ein System, das das Nachdenken und Überarbeiten ermöglicht.

Diese Art zu planen ist vor allem eine Frage der Geisteshaltung. Um sich die anzueignen, muss man als Erstes gut schlafen und genug Pausen machen. Man sollte aufhören zu denken, dass man mit noch zwei Stunden Arbeit mehr pro Tag die Veränderungen bewirken kann, die man sich wünscht. Man sollte aufhören, über sich selbst nachzudenken, und stattdessen die Welt beobachten. Das ist für viele eine echte Herausforderung. Denn wir sind ja oft in einem Sendemodus und nicht in einem Empfängermodus. Deshalb müssen wir vor allem lernen, besser zuzuhören. Das fällt uns oft schwer, denn wir wollen ja große Zuversicht ausstrahlen und den anderen sagen: »Ihr könnt mir folgen, ich kenne die Antworten.« Und gleichzeitig müssen wir unsere eigene Ungewissheit akzeptieren.

DR. DUNCAN GREEN
ist strategischer Berater bei der britischen Hilfsorganisation Oxfam und Professor an der London School of Economics. **oxfam.org**

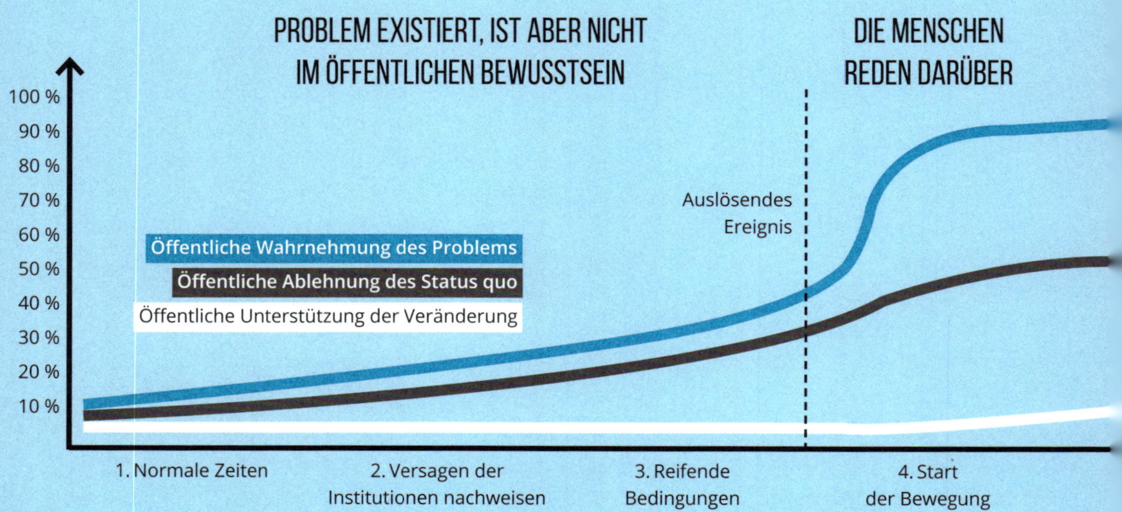

können. Und es ist nur eine von Billionen Möglichkeiten, wie sich das komplexe System Welt um uns herum verändert, uns Gelegenheiten bietet oder entzieht.« Die Manie, die eigene Zukunft vorauszuberechnen, so erkannten wir, war wohl ein Zeichen unserer Zeit und Kultur. Der Ausdruck einer Angst vor dem Ungewissen: Bloß keine Fehler machen! Möglichst schnell möglichst viel Sicherheit schaffen!! Und auf jeden Fall dafür sorgen, dass wir uns und unsere Arbeit immer weiter optimieren, immer effizienter, besser und leistungsfähiger werden!!! Da waren wir ganz schön in die Falle getappt …

Und so wurde uns damals klar: So sinnvoll und hilfreich Ziele sind, sie haben einen Haken – sie ziehen unsere Blicke und damit unsere Aufmerksamkeit, Energie und Konzentration auf sich. Das hilft natürlich auch, wie wir oben beschrieben haben. Doch es kann dich zugleich auch behindern. Denn wenn du zu sehr auf ein Ziel fixiert bist, verlierst du alles andere aus den Augen, was jetzt gerade um dich herum geschieht. Und so funktioniert die Welt einfach nicht. Sie ist variabel, dynamisch und einfallsreich. Das macht sie lebendig. Zum Glück, muss man sagen. Denn wäre es nicht so, wären alles Glück und alle Konflikte vorprogrammiert. Wir könnten daran nichts ändern. Unser ganzes Leben wäre vorherbestimmt. Manche glauben das ja. Aber wir eben nicht.

ÜBE DEN SCHULTERBLICK

Kaum etwas liefert dafür ein besseres Bild als die Geschichte des NASA-Fotos AS8-14-2383HR – das erste Foto des Erdaufgangs aus dem Weltall, auch unter dem Namen »Earthrise« bekannt. In einem unglaublichen Meisterstück aus technischer, organisatorischer und wissenschaftlicher Zusammenarbeit hatte es die NASA nach jahrelanger Arbeit geschafft, ihr überaus gewagtes Ziel zu erreichen: Die Rakete war das erste bemannte Raumschiff, das zum Mond flog. Die drei Astronauten Frank Borman, William Anders und James Lovell waren die ersten Menschen, die die Rückseite des Mondes mit eigenen Augen sahen. Sie hatten den Auftrag, seine Oberfläche zu fotografieren, um spätere Mondlandungen vorzubereiten. Deshalb steuerten die drei ihr Raumschiff mit der Spitze zum Mond um ihn herum. Doch gerade als sie (aus Sicht der Erde) hinter dem Mond wieder hervorkamen, ließ Borman das Raumschiff um seine Längs-

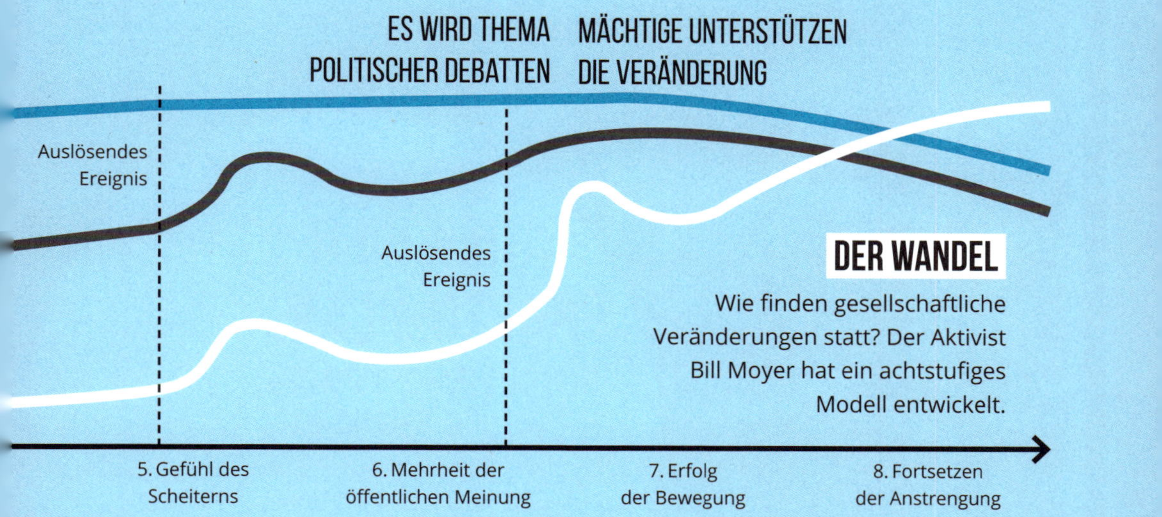

achse rotieren – und plötzlich tauchte vor den dreien die Erde hinter dem Mond auf. »Oh, mein Gott! Seht euch dieses Bild da an! Hier geht die Erde auf. Mann, ist das schön«, soll Anders gerufen haben und er war zum Glück so geistesgegenwärtig, zur Kamera zu greifen. Kurz darauf schoss er das erste Bild des Erdaufgangs aus dem Weltraum. Das war am 24. Dezember 1968, und wir denken, es lässt sich zu Recht behaupten, dass dieses Foto unsere Epoche wesentlich stärker geprägt hat als die Aufnahmen der Mondoberfläche. Aber was wäre nun gewesen, wenn die drei ihren Blick nicht von ihrem eigentlichen Ziel abgewandt und über ihre Schulter geguckt hätten? Was, wenn Anders seinen Kollegen Borman ernst genommen hätte, als der witzelte: »Hey, nicht fotografieren. Das ist nicht vorgesehen«? Und wer hätte in all den Jahren der Vorbereitung geahnt, dass das letztlich Außergewöhnliche an der ganzen Mission für die Menschen ein so zufälliger und spontaner Schnappschuss sein würde?

Wir können für uns daraus die Erkenntnis mitnehmen, dass ein richtig guter Plan so viel Spielraum beinhaltet, dass wir uns einen regelmäßigen Blick über die Schulter nicht nur leisten können, sondern als überaus notwendiges und wichtiges Element unserer Arbeit mit einbeziehen müssen. Wir sollten uns freimachen von dem Trugschluss, wir könnten die Welt um uns herum kontrollieren und uns auf diese Weise Sicherheit verschaffen. Dazu mussten wir beide auch erst mal liebgewonnene Vorstellungen und Gewohnheiten loslassen. Wie zum Beispiel die, dass Fehler etwas Schlechtes sind. Denn uns wurde klar: Wenn wir die Welt tatsächlich verändern wollen, dann müssen wir Neuland betreten und den Rahmen verändern, in dem wir uns bewegen. Wenn wir jetzt schon an einer sozialen und umweltfreundlichen Faironomics mitwirken wollen, dann können wir keine genauen, in Stein gemeißelten Pläne schmieden. Weil wir ja oft etwas tun müssen, was noch niemand in unserem Umfeld vorher schon gemacht hat. Etwas, bei dem wir noch überhaupt keine Ahnung haben, wie die Welt darauf reagiert. Oder was von dem, was wir uns vornehmen, tatsächlich gelingt. Wir können den gesamten Weg zu unserer Utopie schlicht und ergreifend nicht kennen. Und so gelangten wir zu der Erkenntnis, dass wir uns überlegen mussten, wie wir einen perfekten Unplan machen konnten. Einen Plan, der gar keiner ist.

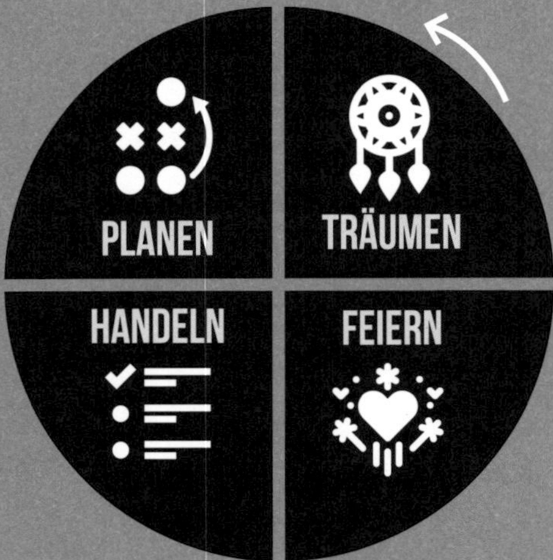

DER VIER-PHASEN-PLAN

DAUER: 1 STUNDE

GRAD: MITTEL

Notiere dir für den heutigen Tag, die kommende Woche oder den nächsten Monat konkrete Aufgaben für alle zwölf Schritte in den vier Phasen Träumen, Planen, Handeln und Feiern.

Projekte sind fraktal: sie bestehen aus selbstähnlichen Teilen. In allen kannst du diese vier Phasen finden.

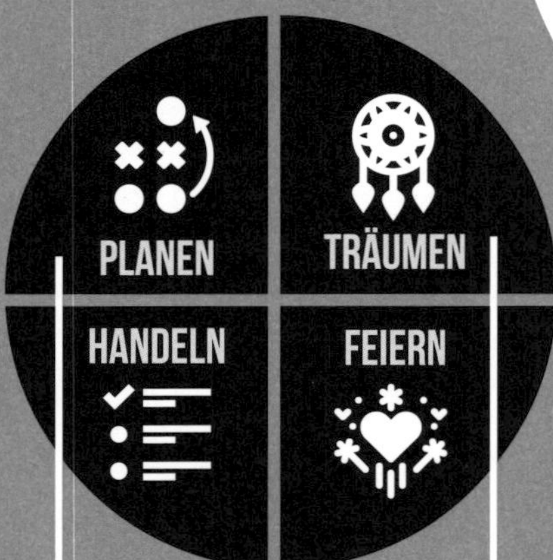

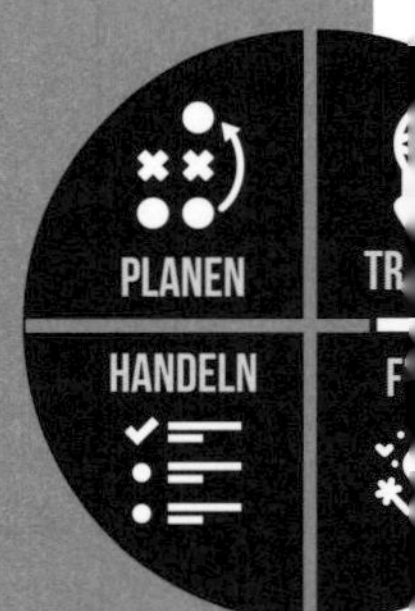

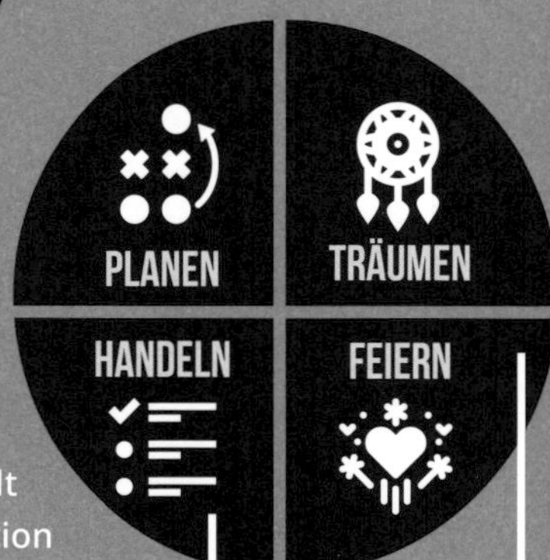

1. Entdecke Neues in der Welt
2. Erkenne die/deine Motivation
3. Sammle wichtige Informationen

4. Prüfe deine Alternativen
5. Bestimme deine Strategie
6. Teste deinen Plan

7. Setze dein Projekt um
8. Verwalte deine Ressourcen
9. Prüfe deinen Fortschritt

10. Erkenne, was du gelernt hast
11. Werte deine Erfahrungen aus
12. Gib (d)einen Überschuss weiter (wie Geld, Wissen, Ideen, Erträge etc.)

Kostenloses Dragon-Dreaming-E-Book: www.faironomics.de

DER FRAKTALE UNPLAN

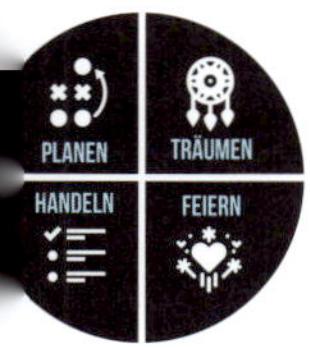

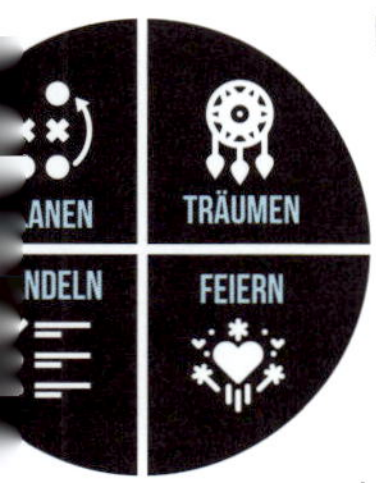

Mit diesen neuen Erkenntnissen machten wir uns Mitte 2012 auf die Suche nach einem Konzept, das uns beides ermöglichen sollte: die strategischen und taktischen Überlegungen zu realisieren, die wir für unser Redaktionsbüro angestellt hatten – und die Flexibilität, um auf sich aktuell ergebende Gelegenheiten reagieren zu können, so wie wir das mit dem Dokumentarfilm über die deutsche Occupy-Bewegung gemacht hatten. Fündig wurden wir ausgerechnet in einer Kindergeschichte. Und zwar in ›Momo‹ von Michael Ende. In dem wunderschönen Buch gibt es ein kleines Mädchen namens Momo, das unheimlich gut zuhören und deshalb das Beste in allen Menschen zum Vorschein bringen kann. Irgendwann tauchen in der Stadt, an deren Rand Momo in einem verfallenen Amphitheater wohnt, graue Herren auf. Es sind Zeitdiebe, die es schaffen, alle Einwohner – außer Momo und ihrem Freund Beppo, den alten Straßenkehrer – zum Zeitsparen zu überreden. Natürlich lässt sich Zeit nicht sparen und die ganze Stadt gerät in eine furchtbare Gefahr. Aber das ist eine andere Geschichte. Wichtig für unser Aha-Erlebnis war die Stelle, an der Beppo der kleinen Momo erklärt, wie man als Straßenkehrer seine Arbeit richtig gut macht: Vor allem bei langen Straßen, bei denen man vielleicht denkt: »Das schaffe ich nie!«, dürfe man niemals ans Ende der Straße blicken. Man dürfe immer nur den nächsten Schritt, den nächsten Atemzug und den nächsten Besenstrich sehen. »Auf einmal merkt man, dass man Schritt für Schritt die ganze Straße gemacht hat. Man hat gar nicht gemerkt wie, und man ist nicht außer Puste. Das ist wichtig«, erklärt Beppo der kleinen Momo. Und genauso wollten wir unseren Unplan schmieden: Schritt für Schritt. Mit Atempausen dazwischen.

An diesem Punkt angekommen war für uns eine weitere Erkenntnis wichtig. Nämlich die, dass jeder dieser Schritte die gleiche wiederkehrende Rhythmik hat. Dass jedes Projekt – egal ob groß oder klein – ein Fraktal ist, also dass es aus noch kleineren Teilprojekten besteht, die alle die gleichen vier Phasen haben, die auch das Gesamtprojekt aufweist. Wunderbar beschrieben hat das John Croft. Der Australier hat jahrzehntelang Projekte mit Gemeinschaften entwickelt und verwirklicht. Auf Grundlage seiner Erfahrungen hat er eine Philosophie für eine ganzheitliche Projektgestaltung entworfen, die er Dragon Dreaming nannte. Sie liefert einen Koffer voller Methoden, mit denen Gruppen Projektentwicklungsprozesse gemeinsam und überaus spielerisch planen können (mehr dazu findest du in unserem kostenlosen E-Book auf faironomics.de). An dieser Stelle ist vor allem der Projektkreislauf spannend, den John Croft seinen Methoden als Basis zugrunde gelegt hat: Jedes Projekt umfasst demnach die vier Phasen »Träumen«, »Planen«, »Handeln« und »Feiern«.

1. Träumen: In dieser – meist ersten – Phase geht es darum, die Welt neu wahrzunehmen, Lösungen und Ideen zu entwickeln und kreativ in die Zukunft zu denken. Das ist die Phase, in der du zum Beispiel davon zu träumen beginnst, ein Redaktionsbüro zu eröffnen oder eine Bürgerinitiative zu gründen. Du sammelst immer mehr Informationen und feilst an deinen Ideen, bis sie immer konkreter werden.

2. Planen: Irgendwann sind deine Träume so fassbar, dass du beginnst, konkret zu planen. Dann bist du in der zweiten Phase des Projektkreislaufes. Du wirst nun immer praktischer und wägst ab, wie genau sich denn nun dein Projekt verwirklichen lässt: Nimmst du diese oder jene Büroräume? Welche Form der Finanzierung passt genau? Wie überzeugst du deine Mitstreiterinnen und Mitstreiter, dich zu unterstützen? Wie soll die Website oder App aussehen? Und noch vieles mehr. In dieser zweiten Phase wägst du deine Alternativen ab, du entwickelst deine Strategie und testest dein Konzept mit immer weiter fortgeschrittenen Prototypen.

3. Handeln: So gelangst du zur dritten Phase, in der du dein Projekt umsetzt. Du verwaltest deine Ressourcen – stellst also sicher, dass immer die richtigen Menschen, Materialien, das richtige Wissen und die benötigten Ressourcen zur richtigen Zeit am richtigen Ort sind. Und du prüfst regelmäßig mithilfe wichtiger Schlüsselindikatoren – der sogenannten Key-Performance-Indikatoren (KPI) –, ob du dich immer auf dem richtigen Weg befindest. Machst du ein Online-Magazin, sind das vielleicht die Zahl der Klicks, Kommentare oder Facebook-Fans.

4. Feiern: Stellst du eines Tages beim Prüfen deiner KPI fest, dass du deine Ziele erreicht hast, kommt die Phase des Feierns. Das ist eine etwas weiter gefasste Übersetzung des englischen Begriffs »Celebration«. Denn es geht hierbei nicht nur darum, sich selbst für die getane Arbeit zu belohnen, gemeinsam fröhlich zu sein und das Leben einfach mal zu genießen. Es bedeutet vor allem auch, dass du dir Zeit nimmst, um nachzudenken, zurückzuschauen und deine Erfahrungen auszuwerten. Was hast du als Einzelne oder Einzelner durch das Projekt dazugelernt? Wie hat es sich auf die Gruppe und deren Umfeld ausgewirkt? Und wie genau hat es die Welt bereichert?

Jetzt denkst du vielleicht: »Ja gut, aber das Redaktionsbüro soll doch am besten lange Zeit bestehen bleiben! Wann ist das Projekt denn nun abgeschlossen?« Und hier kommt das Fraktal ins Spiel. Denn die vier Phasen gelten für das Gesamtprojekt wie auch für alle großen und kleinen Teilprojekte. Vielleicht machst du ein Crowdfunding, um deine Idee zu finanzieren. Dann ist das ein Teilprojekt, das aus diesen vier Phasen besteht. Der Filmabend, den wir oben beschrieben haben, ist ebenfalls ein Teilprojekt, das die vier Phasen umfasst. Ja, selbst jeder einzelne Arbeitstag, jede Woche oder jeder Monat enthält diese Elemente, wenn wir uns über unsere Routine hinaus um Neues kümmern. »Und wenn wir immer wieder versuchen, genug Zeit für das Feiern und das Träumen einzuplanen, werden wir automatisch offen für Möglichkeiten und Überraschungen bleiben, die das Leben so zu bieten hat«, dachten wir.

Unser Unplan nahm also Form an. Sein Clou besteht bis heute darin, dass wir es halten wie der gute Beppo. Wir überlegen uns am Anfang jedes Jahres, was wir so alles in seinem Verlauf gerne tun und erreichen würden. Dann greifen wir uns aus den vielen Ideen, die wir haben, immer nur das heraus, was wir als Nächstes angehen wollen. Und dann machen wir die vier Schritte Träumen, Planen, Handeln und Feiern – und gehen mit den so gewonnenen Erkenntnissen und Einsichten zum nächsten Teilprojekt über. Unsere Arbeit folgt keinem linearen Verlauf vom Ausgangspunkt zum Ziel – das ist ohnehin eine Illusion. Sie sieht eher aus wie eine Spirale mit lauter kleinen Schlaufen, die sich nach und nach zu einem großen Kreislauf verbinden.

Dass das eine gute Vorgehensweise ist, hat sich mittlerweile nicht nur in Ökodörfern und alternativen Organisationen herumgesprochen, die Dragon Dreaming derzeit vor allem nutzen. Ganz ähnliche Überlegungen findest du auch in den großen IT-Unternehmen und kleinen Start-ups dieser Welt: Dort nennt sich das »agiles Projektmanagement«. Das bedeutet, dass einzelne Teams im Unternehmen immer nur den nächsten Schritt – sie sprechen hier von »Sprints« – planen, weil sich die Welt rund um ein Softwareprogramm ohnehin so schnell verändert, dass es sinnlos wäre, länger im Voraus zu planen als einige Wochen oder Monate. Google macht das zum Beispiel so oder auch XING.

WIN WIN WIN

WARUM DU DEINEM PROJEKT DIE RICHTIGE STRUKTUR GEBEN MUSST

Wir leben in einer Welt der Gewinner und Verlierer. Das sehen wir überall: im Bildungssystem, im Gesundheitssystem, im politischen und wirtschaftlichen System. Doch diese Systeme sind nur dann beständig, wenn die Verlierer zumindest die Hoffnung haben, auch mal gewinnen zu können. Wer immer nur Verlierer ist, wird das System verlassen oder es sabotieren. Dann entstehen Lose-lose-Systeme, in denen alle verlieren. Fast alle Systeme, die die Menschen derzeit als rechtmäßig und gültig ansehen, stecken momentan in solchen Lose-lose-Szenarien.
Deshalb müssen wir nachhaltige Win-win-Strukturen aufbauen. Oder besser gesagt: Win-win-win-Strukturen, die ein Gewinn für den Einzelnen sind, die Gemeinschaft und das Leben im Allgemeinen. Diese Form von Organisationen entsteht überall – ich nenne sie die Community-Enterprise-Strategic-Partnerships. Das sind zum Beispiel Ökodörfer, Peer-to-Peer-Organisationen wie Wikipedia oder auch Energieprojekte in Bürgerhand. Diese Strukturen sollten wir so schnell und so gut wie möglich ausbauen. Das Problem ist, dass sie derzeit noch keine Autorität und Legitimität haben. Wir erleben gerade eine Phase der Doppelmacht: Auf der einen Seite stehen die bereits existierenden Organisationen und Institutionen, die alle Macht haben – aber null Kapazitäten, um die aktuellen Probleme zu lösen. Sie sind vielmehr ein Teil des Problems. Auf der anderen Seite stehen die aufkommenden Organisationen, die noch keine Macht und Legitimität haben – aber die Kompetenz für Lösungen. In dieser Situation gibt es zwei Szenarien: Die eine ist, dass die existierenden Institutionen die aufkommenden Strukturen zerstören, um sich selbst zu schützen. Das zweite ist, dass die aufkommenden Institutionen so schnell Legitimität und Autorität gewinnen, dass wir uns insgesamt von den alten Lose-lose- zu neuen Win-win-win-Strukturen entwickeln können.
Um das zweite Szenario zu unterstützen, müssen wir uns bei der Planung auf die Stakeholder eines Projektes konzentrieren. Hier gibt es fünf Gruppen: Erstens sind da die Kunden, die sich eine bessere Lebensqualität wünschen. Zweitens gibt es die Co-Kreateure – also die Menschen, die in der Organisation arbeiten und eine Arbeit wollen, die tatsächlich sinnvoll ist. Drittens gibt es die Gemeinschaft um das Projekt, etwa eine Nachbarschaft, eine Stadt oder ein Land. Viertens ist die Welt als Ganzes Stakeholder – dient die Unternehmung der Erde oder ist es umgekehrt? Und die fünfte Gruppe sind die Investoren. Momentan machen wir den Fehler, Letztere oft an den Anfang unserer Überlegungen zu stellen. Aber erst wenn sie ganz am Ende stehen, wird ein Projekt wirklich nachhaltig erfolgreich sein.

JOHN CROFT
ist internationaler Consultant für nachhaltige Gemeinschaftsbildung und entwickelte das Dragon Dreaming Projektdesign.
dragondreaming.org

EFFECTUATION So planen erfolgreiche Entrepreneure, bewies die Professorin Saras D. Sarasvathy von der University of Virginia.

Doch woher weißt du überhaupt, was das nächste sinnvolle Teilprojekt ist und wohin dich dein nächster Sprint führen soll? An dieser Stelle plädieren wir beide für die »Einfach-mal-machen-Philosophie«, im Jargon der Entrepreneure auch Effectuation genannt. Und was soll das schon wieder bedeuten, fragst du dich vielleicht? Nun, wir haben in den letzten beiden Kapiteln gezeigt, dass es große Visionen, Utopien und Träume braucht. Und zwar nicht nur ein bisschen davon, sondern richtig viel. Die volle Ladung. Mehr, als du denkst, dass du dir erlauben darfst. Das ist dein Leitstern, der dir die Richtung vorgibt, dich motiviert, dir Mut gibt und dich anspornt. Denn im Vergleich zu dieser grandiosen Vision, Utopie oder diesem fabelhaften Traum sind all die möglichen Probleme und Hindernisse auf deinem Weg dorthin doch schon viel kleiner – oder nicht? Doch wenn es um die nächsten konkreten Schritte geht, dann kann dich so eine große Vision auch regelrecht erschlagen. Viele denken dann: Das kann ich nie schaffen! Wie Beppo solltest du dann nicht ans Ende der Straße blicken. In so einer Situation ist es nach unserer Erfahrung am einfachsten, wenn du all die hochfliegenden und ausgebufften Ambitionen für den Moment mal beiseitelegst und dich einfach nur fragst: Was ist in der Situation, in der ich jetzt gerade stecke, und mit den Mitteln, die ich momentan zur Verfügung habe, machbar? Mehr nicht. Das ist das Prinzip der Effectuation. Wenn du es anwendest, dann erkennst du, dass viele Hindernisse – keine Zeit, kein Geld, keine Fähigkeiten, keine Mitstreiter – in Wahrheit Ausreden sind. Übrig bleibt nur noch der pragmatische Rest. Und mit dem kannst du sofort loslegen! Das bedeutet, wenn du dich auf das konzentrierst, was du jetzt sofort tun kannst, dann macht dich das frei und unbeschwert. Endlich kannst du die unglaublich vielen Möglichkeiten sehen, die du tatsächlich hast. Du kannst die guten Gelegenheiten ergreifen, die dir jetzt gerade, in diesem Augenblick, offenstehen. Das kann ein Perspektivwechsel sein, der dein gesamtes Leben gewaltig verändert. Vor allem, wenn du zu denjenigen gehörst, die vor lauter Träumen nicht dazu kommen, ihre Ideen in die Tat umzusetzen. Wenn du ohne Ende an deiner Idee tüftelst und monate-, ja vielleicht sogar jahrelang am »perfekten Plan« herumfeilst – dann hast du etwas, was manche auch die Analyse-Paralyse nennen. Wenn dem so ist, dann hör sofort damit auf und fang jetzt gleich mit dem ersten machbaren Schritt an! Wirklich: jetzt sofort! (Schau dir dazu die Übung auf Seite 72 an.)

Dass das tatsächlich geht, hat wohl kaum jemand so eindrücklich gezeigt wie der Freund Gandhis und Freiheitskämpfer Vinoba Bhave. Nach der Unabhängigkeit Indiens 1947 wollte die neue Regierung Obergrenzen für die Größe von Landbesitz festlegen.

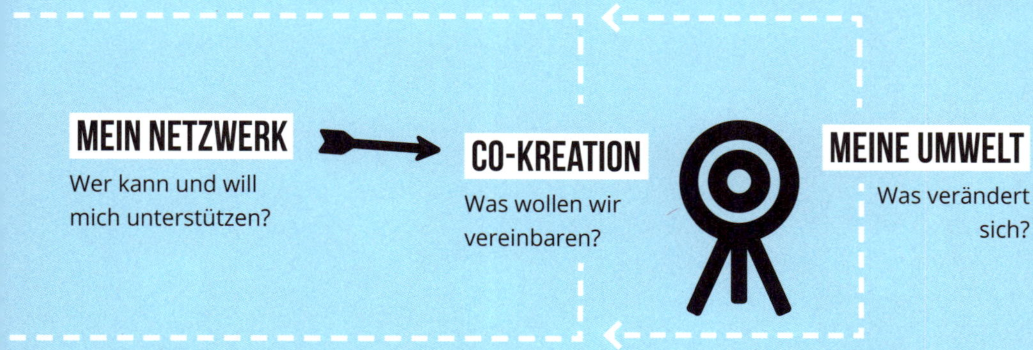

Doch die Großgrundbesitzer weigerten sich. Die Besitzlosen rebellierten und das ganze Land war in Aufruhr. In dieser angespannten Lage gründete Bhave die Bhudan-Bewegung. Sein Ziel: Er wollte mindestens zwei Millionen Hektar Land von den Besitzenden an die Armen umverteilen – und zwar auf friedliche Weise. »Ich bin gekommen, um euch in Liebe zu plündern«, soll er gesagt haben. Und damit hatte er Erfolg! Bhave brauchte nur fünf Jahre, um die Zusagen für diese gewaltige Landfläche zu erhalten. Damit hat er wohl für die größte friedliche Umverteilung von Land gesorgt, die die Menschheitsgeschichte je erlebt hat.

Nun könnte man davon ausgehen, dass Vinoba Bhave für so ein großes Vorhaben auch unheimlich große Mittel brauchte. Mitnichten. Aus spirituellen Gründen lebte Bhave Zeit seines Lebens besitzlos und hatte deshalb nichts weiter als die Kleider an seinem Leib, als er die Bewegung gründete. Er fing aber keineswegs an, Pläne zu schmieden, wie er eine Partei gründen, Geld einsammeln und Mehrheiten gewinnen könnte. Nein, er wanderte einfach von Großgrundbesitzerin zu Großgrundbesitzer und überzeugte einen nach dem anderen in Gesprächen, dass es politisch und spirituell klug sei, etwas vom Landbesitz an bedürftige Menschen abzugeben. Insgesamt soll er dafür mehr als 60 000 Kilometer gelaufen sein. Wir wissen es natürlich nicht, aber wir stellen uns Bhave immer vor, wie er beim Wandern dachte: »Ein Atemzug, ein Schritt« und – gleich dem guten Beppo – niemals ans Ende der Straße blickte.

LEISTBARE VERLUSTE

Der Trick an der Sache: Wenn du dich nicht an dem orientierst, was du erreichen willst, sondern an dem, was du im Moment tun kannst auf dem Weg dorthin, dann kannst du geschickt deine Risiken steuern. Wenn du zum Beispiel das Gefühl hast, dass du bei deinem nächsten Schritt ganz schön viel aufs Spiel setzt und deshalb Angst hast loszulegen, dann brauchst du dich nur zu fragen: »Wie viel Zeit, Geld, Energie und andere Ressourcen bin ich bereit zu verlieren? Was kann ich gewinnen, selbst wenn ich scheitere? Wie viel kleiner müsste ein Schritt sein, damit ich es verschmerzen könnte, meine gesamten Aufwendungen in den Sand zu setzen?« Finde für dich mit der Zeit die richtige Grenze zwischen zu klein und zu groß, zu einfach und zu riskant. Wo genau sie liegt, darauf gibt es keine generelle Antwort. Denn jeder Mensch ist anders. Der eine ist risikofreudiger und hat kein Problem damit, auch mal alles zu verlieren. Der andere ist vorsichtiger und will lieber auf Nummer sicher gehen. Beides hat Vor- und Nachteile. Wichtig ist nur, dass du den Weg findest, der für dich, dein Team und

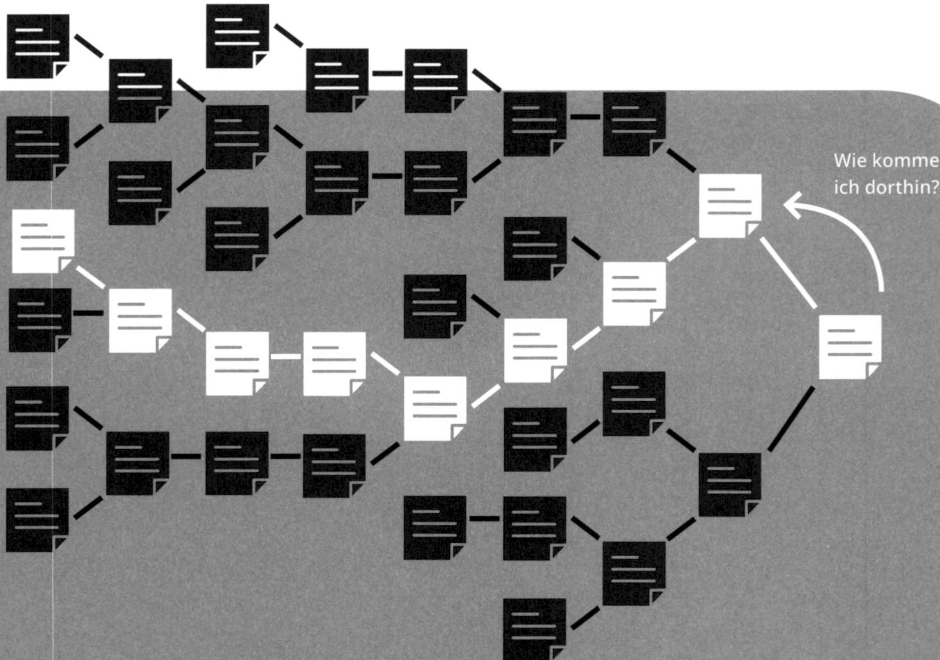

Dein leistbarer Verlust an Zeit, Selbstwert, Ansehen und Geld bestimmt deine Schritte.

NÄCHSTE SCHRITTE

DAUER: 1–2 STUNDEN | **GRAD:** MITTEL

1. ZIELE-BRAINSTORMING

Klar, du hast eine Vision, eine Mission, ein großes Ziel – aber wie kommst du da bloß hin? Unser Tipp: Schritt für Schritt. Mach dir dazu erst mal eine möglichst lange Liste aller erdenklichen Teilziele. Denk nicht groß darüber nach, schreib einfach alles auf. Nimm dir dafür mindestens zehn Minuten Zeit. Wähle dann die zehn Prozent an Teilzielen aus, die dir besonders wertvoll erscheinen (also bei einer Liste von 80 Teilzielen wählst du acht aus).

2. LEISTBARER VERLUST

Überlege dir nun, was jetzt gerade dein leistbarer Verlust ist: Wie viel Geld bist du bereit im schlimmsten Fall zu verlieren? Wie viel Zeit kannst du nutzlos opfern? Wie weit kannst du gehen, um weder dein Selbstwertgefühl noch deinen sozialen Status aufs Spiel zu setzen?

3. DIE WIE-KASKADE

Lege nun für alle deine wertvollen Ziele eine Wie-Kaskade an. Dazu schreibst du das Ziel rechts auf ein querformatiges Blatt Papier. Frage dich: »Wie komme ich dorthin?« Dann schreibst du in die Spalte links daneben wie in einer Mindmap alles, was dir an konkreten Schritten einfällt, die zu diesem Ziel führen. Danach notierst du in die Spalte links daneben alles, was dich zu den gerade beschriebenen Schritten führen könnte: Wie könntest du diese erreichen? Fahre so lange fort, bis dir nichts mehr einfällt. Du solltest nun eine Mindmap haben, die sich nach links weit verzweigt.

Überlege dir, welche Schritte du mit deinem leistbaren Verlust machen kannst und willst. Wähle eine Strategie und Taktiken.

dein Projekt am besten passt. Ja, und wenn du dein Zwischenziel erreicht hast, geht die Sache von vorne los: Du schaust, welche Mittel du jetzt gerade hast und wie weit du damit kommst – und dann marschierst du los. Diese Herangehensweise eignet sich übrigens auch prima, um einen gemeinsamen Weg mit Partnern zu finden. In diesem Fall fragen sich alle Parteien, wie viele Mittel sie jeweils einsetzen können und welchen Verlust sie verschmerzen würden – und in welche Richtung sie damit losgehen wollen. Auf diese Weise wendet sich der Blick weg von dem »Stück Kuchen«, das jeder am Ende bekommt, hin zu dem, was man gemeinsam erreichen kann.

Wenn dir der nächste Schritt, den du dir ausgesucht hast, jedoch angesichts deines Traumes geradezu lächerlich klein vorkommt – dann denk noch mal an Beppos Worte. Irgendwann bist du da. Vielleicht viel eher, als du denkst. So wie Vinoba Bhave. Und wenn du nicht vergisst, deinen Weg zum Ziel zu machen, dann kannst du gar nicht mehr scheitern. Möglicherweise entdeckst du am Ende sogar, dass sich deine ursprünglichen Ziele verändert haben. Das wäre vollkommen normal, denn du hast unterwegs ja so viel erlebt und gelernt, dass du und dein Blick auf die Dinge sich mit großer Wahrscheinlichkeit weiterentwickelt haben. Das wird vor allem dann passieren, wenn du in deinen Projekten für die Traum- und Feierphasen genauso viel Zeit und Ressourcen einplanst wie für die Phasen Planen und Handeln.

AUSZEITEN SIND POLITISCH

Hätten wir unsere Zeit von Anfang an wirklich nachhaltig geplant und dem Feiern und Träumen genauso viel Raum und Aufmerksamkeit geschenkt wie dem Planen und Handeln, wären wir beide wahrscheinlich nie in diese absolute Sinnkrise am Silvesterabend 2013 geraten. Denn wir hätten uns dann schon sehr viel früher Zeit genommen, um innezuhalten und uns zu fragen: Was machen wir da eigentlich gerade? Warum tun wird das? Und wohin führt es uns? Stimmt das, was wir tun, noch mit unserem großen Traum, unserer Vision und unseren Werten überein? War es das, was wir nach unserer Occcupy-Tour im Sinn hatten?

Doch wir hetzten vom Planen zum Handeln und wieder zurück. Das Feiern und Träumen ließen wir ausfallen. Mit einem enormen Zeitdruck im Nacken rackerten wir uns buchstäblich Tag und Nacht ab. Den Blick hatten wir nur noch auf unser nächstes operatives Zwischenziel gerichtet (den Betalaunch, den Alphalaunch und so weiter), anstatt von unseren Möglichkeiten auszugehen. Leider zeigte sich, dass wir unsere hochgesteckten Zwischenziele nur erreichen konnten, wenn wir uns selbst gnadenlos ausbeuteten. Und dennoch blieben wir allzu oft hinter unseren Erwartungen zurück, mussten Termine verschieben und Veröffentlichungen absagen. Unser Traum von einem Redaktionsbüro für eine bessere Welt war, als unser Leitstern, dadurch schon etwas länger aus unserem Sichtfeld verschwunden, ohne dass wir es überhaupt bemerkt hatten. Vielen Menschen, ja vielleicht sogar den meisten, geht es so. Denn unsere sogenannte Leistungsgesellschaft besteht darauf, dass Feiern und Träumen nichts mit Arbeit zu tun haben. Offiziell sind sie Privatvergnügen und irgendwie nur eine Form von Faulenzertum.

Das Ergebnis kannst du überall in unserer Welt beobachten: Es nennt sich blinder Aktionismus. Wir machen mehr oder weniger immer wieder das Gleiche, ohne überhaupt genau zu wissen, warum. Als Individuen und auch als Gesellschaft hetzen wir uns ab, ohne tatsächlich voranzukommen. Wir glauben, dass wir in einer Green Economy genauso weitermachen können wie bisher – nur ein bisschen umweltfreundlicher. Leider funktioniert das so eben nicht. Denn man kann ein Problem nicht mit der gleichen Denkweise lösen, mit der es entstanden ist, das wusste bereits der große Physiker Albert Einstein.

Und uns beiden ging es nicht anders. Am Ende fühlten wir uns ausgelaugt und zutiefst unglücklich, weil wir uns nie die Zeit gegönnt hatten, unser Tun mit anderen Augen zu betrachten. Wenn du auch dazu tendierst, dann haben wir einen Vorschlag für dich: Mach es wie wir, nimm dir bewusst Zeit für die Phasen des Feierns und Träumens, also für die Reflexion und die Kreativität! Überlass dich der kreativen Muse, dem Nichtstun, der Stille, ja vielleicht sogar der Langeweile! Das klingt für Menschen, die im blinden Aktionismus gefangen sind, extrem kontraproduktiv. Vielleicht sogar bedrohlich. Aber wichtige Erkenntnisse, gute Ideen und innere Klarheit kommen nur selten, wenn du dich bis obenhin mit Arbeit vollpackst und gar keine Zeit mehr hast, um durchzuschnaufen. Uns ging es jedenfalls so. Erst als wir die ganze Reihe von freien Tagen zwischen den Jahren und auch Silvester dazu nutzen konnten, um uns zurückzulehnen und die ganze Sache (und uns selbst!) mal mit ein bisschen Abstand zu betrachten, wurde uns vollkommen klar, dass wir so nicht weitermachen wollten. Erst dadurch konnten wir unser Dilemma überhaupt erkennen und daraus lernen.

Wenn du genug träumst und feierst, wirst du vorerst langsamer sein als andere, die nur planen und handeln. Langfristig aber wirst du aus Fehlern und Erfahrungen mehr lernen. Vielleicht lernst du Erstere sogar zu schätzen, denn durch sie wirst du immer genauer wissen, warum du welchen Weg gehst. Und du wirst dabei kreativer und einfallsreicher sein. Es kann sogar sein, dass du viel eher am Ziel bist als die anderen, die sich zwar immer schneller in ihrem Hamsterrad abhetzen, aber gar nicht bemerken, dass sie im Kreis rennen. Doch darum geht es nicht alleine. Dir Zeit für das Träumen und Feiern in deinem Leben zu nehmen ist aus unserer Sicht eine politische Tat. Stell dir mal vor, wenn wir in allen Bereichen unseres Lebens dem Träumen und Feiern genauso viel Bedeutung geben würden wie dem Planen und dem Handeln: Wie würden wohl Unternehmen geführt werden? Wie würden sich Politiker entscheiden? Wie würden die Menschen ihr Leben gestalten? Das wäre eine Form von Entschleunigung, die wir dringend bräuchten, um über uns hinaus zu denken – an die Menschen in anderen Teilen der Erde, an die kommenden Generationen oder auch an all die Lebewesen, die nicht zur Spezies Mensch gehören. Mit mehr Zeit zum gemeinsamen Nachdenken, Austauschen und Herumspinnen könnten wir wahrscheinlich viel mehr Erkenntnisse gewinnen und Möglichkeiten wahrnehmen. Welche Entscheidungen würden wir wohl dann heute treffen?

Selbst wenn du in deiner Umgebung die oder der Einzige mit dieser Einstellung bist, bist du Teil einer Gruppe – und zwar der, die sich traut, »Nein!« zu sagen. Nein zu unserer Leistungskultur und ihrem unentwegten Profit- und Nutzenmaximierungsdenken. Das ist ein absolut politischer Akt. Du erteilst damit der Vorstellung eine Absage, dass Menschen als lebendige Wesen genauso funktionieren sollten wie Maschinen. Du verweigerst dich der Annahme, man solle immer so wenig wie möglich in etwas hineinstecken und so viel wie möglich herausholen. Und du boykottierst die Ideologie des unendlichen Wachstums. Projekte wirklich nachhaltig zu planen ist keine banale Angelegenheit. Es geht nicht nur darum, möglichst geschickt und risikoarm ans Ziel zu gelangen. Nein, es ist eine ganz handfeste und konkrete Art, deinen Arbeitsalltag anders zu sehen und vor allem auch anders zu gestalten. Es ist eine Facette von dem, wie eine neue Wirtschaft, eine Faironomics für uns alle aussehen könnte. Es ist deine Gelegenheit, heute und jetzt gleich Teil des Wandels zu sein, den du dir für diese Welt wünschst. Für uns beide hat das ganz praktisch bedeutet, dass wir weniger weit in die Zukunft planen und daher auch weniger Sicherheiten haben – zum Beispiel, was das Geld angeht. Aber auch dafür haben wir Lösungen gefunden …

5 REGELN FÜRS PLANEN

1
FORMULIERE RICHTIG GUTE ZIELE!

Kaum etwas gibt dir so viel Motivation und Kraft wie richtig gut formulierte Ziele. Denke daran, dass sie spezifisch, messbar, attraktiv, realistisch und terminiert sind.

2
FINDE MITSTREITER & UNTERSTÜTZER

Erweitere deine Möglichkeiten, indem du Menschen findest, die dich bei deinem Vorhaben unterstützen. Achte darauf, dass du Win-win-win-Situationen herstellst, und lerne, dass ein »Nein« auch okay ist.

3
MACH EINFACH MAL!

Schau nicht immerzu auf deine großen Visionen und Ziele. Finde heraus, was du jetzt gerade in dieser Situation mit deinen Mitteln und Möglichkeiten tun kannst, und tue es.

4
ERKENNE DEINEN LEISTBAREN VERLUST

Überlege dir, wie viel Zeit, Geld und Prestige du bereit bist aufs Spiel zu setzen. Investiere nur so viel, wie dir guttut. Leite daraus deinen nächsten Schritt ab.

5
MACH PAUSEN & DENK NACH

Immer nur machen und tun führt im schlimmsten Fall zu blindem Aktionismus. Deshalb ist es sehr wichtig, dass du dir Auszeiten nimmst, in denen du dich sammelst und deinen Blick für deine Umwelt öffnest.

SCHRITT 4

GELD

VOM GELDREGEN ZUM GELDSEGEN: WIE DU DEINE TRÄUME FAIR FINANZIERST

Buchhaltungstag. Wir saßen am Küchentisch und arbeiteten uns durch einen Berg an Belegen. Draußen lachte die Sonne. Doch wir schauten trübe drein: Wir hatten so viele tolle Ideen, die wir am liebsten heute noch angehen wollten. Aber unsere Kontoauszüge sagten: »Das könnt ihr euch nicht leisten!« Wir seufzten: »Wie schön wäre doch eine Welt ohne Geld!« Gutes tun und zugleich ein finanziell sorgenloses Leben führen – war das wirklich ein Widerspruch? Es schien so, denn wir kannten und kennen tatsächlich keinen, der sich für eine bessere Welt einsetzt und in Geld schwimmt. Genau genommen kennen wir niemanden, der sich engagiert und sich nicht regelmäßig ums Geld sorgt. Auch um uns herum gähnte ein Sommerloch. Monatelang hatten wir unsere erste Konferenz für eine bessere Welt vorbereitet. Geld hatte es dafür keines gegeben. Wir hatten auch keine Zeit gehabt, neue Aufträge zu akquirieren. Jetzt saßen wir auf dem Trockenen. Weit und breit kein Auftrag in Sicht. »Doch bloß keine Panik«, beruhigten wir uns. Wir beschlossen, das Thema Geld grundsätzlich anzugehen: Gab es eine Lösung für unser Dilemma? Wir wollten versuchen herauszufinden, wie wir beides haben konnten – Geld und Zeit fürs Weltverbessern! Beflügelt von der Aussicht auf ein Ende aller Existenzängste gingen wir an die Arbeit. Und fingen prompt am falschen Ende an. Doch das wurde uns erst später klar.

Erst einmal machten wir uns Gedanken zu möglichen Geldquellen. Für uns als Freiberufler waren das zunächst die zahlenden Kunden. Dabei stand und steht fest: Wir möchten nur für Kunden arbeiten, die sich für den öko-sozialen Wandel einsetzen! Mit dem Geld, das wir hierbei verdienen, wollen wir wiederum unsere eigenen Weltverbesserungsprojekte querfinanzieren. Die Idee mit der Querfinanzierung hatten auch schon andere. Zum Beispiel gibt es Non-Profit-Organisationen, die sich gleich ein komplettes Sozialunternehmen an die Seite stellen. Die Umweltschutzorganisation Greenpeace gründete zum Beispiel den Öko-Energieanbieter Greenpeace Energy, und das Hamburger Wasserhilfsprojekt Viva Con Agua startete das gleichnamige Getränkelabel für lautes und leises Wasser. Wenn du mit so einem Gedanken spielst, solltest du jedoch bedenken, dass das keine Kleinigkeit ist. Gerade am Anfang frisst das viel Zeit und Energie – die dir dann für dein eigentliches Vorhaben fehlen.

Eine arbeitssparendere Alternative dazu ist eine Kooperation mit einem Unternehmen. Viele Sozialunternehmen sehen bereits in ihrem Konzept vor, dass sie einen Teil ihrer Gewinne für eine gute Sache spenden. Wie der öko-soziale Telekommunikationsdienstleister Goood, wo Kundinnen und Kunden auswählen können, an welches gemeinnützige Projekt zehn Prozent ihres Tarifs ausgeschüttet werden sollen. Oder der soziale Online-Buchladen buch7.de, der sogar 75 Prozent seines Gewinns an Weltverbesserungsprojekte spendet. Für uns kommt das nicht infrage, denn wir sind ja kein gemeinnütziger Verein. Und doch wollen und können wir nicht alle unsere Ideen und Projekte nur in Angeboten, Preisen oder Dienstleistungen denken. Zum Beispiel haben wir bei unserer ersten Konferenz für eine bessere Welt bewusst in Kauf genommen, unentgeltlich zu arbeiten. Wir wollten, dass die Ticketpreise so niedrig wie möglich waren, damit alle mitmachen konnten. Dazu kamen die vielen ehrenamtlichen Helferinnen und Helfer. Doch das können wir uns leider nur selten leisten. Und so wie uns geht es vielen politischen, kulturellen oder sozialen Projekten.

STIFTUNGEN & CO

Deshalb spielen Stiftungen bei der Finanzierung von Faironomics-Projekten eine immer wichtigere Rolle. Das kann man natürlich auch kritisch betrachten. Vor allem die ganz großen Organisationen stehen in dem Ruf, massiv Einfluss zu nehmen – zum Beispiel auf die internationale Gesundheitspolitik. Daneben gibt es aber auch Stiftungen, die es ernst meinen mit dem gesellschaftlich-demokratischen Wandel. Zum Beispiel haben sich in dem Netzwerk Wandelstiften Stiftungen zusammengeschlossen, die ganz explizit den öko-sozialen Wandel unterstützen wollen. Etwa die Bewegungsstiftung, die Kampagnen und Proteste sozialer Bewegungen mitfinanziert. Oder Filia.die frauenstiftung, die gesellschaftliche Veränderungen in Bezug auf Geschlechtergerechtigkeit anstoßen möchte. Einen guten Überblick über die Stiftungslandschaft bekommst du auf der Website des Bundesverbandes Deutscher Stiftungen. Zudem können wir dir die Broschüre »Fördertöpfe für Vereine, selbstorganisierte Projekte und politische Initiativen« vom Netzwerk Selbsthilfe empfehlen.

Generell kannst du zwischen Projekt- und Strukturmitteln unterscheiden. Strukturmittel unterstützen dein Vorhaben nicht zweckgebunden und laufen über einen längeren Zeitraum. Meistens handelt es sich dabei um größere Beträge, die aufwendiger zu beschaffen sind. Dafür sorgen sie für Ruhe und Stabilität. Projektmittel finanzieren dagegen immer ein konkretes Projekt. Es sind eher kleinere Beträge, die du meist einfacher und schneller bekommst. Dafür musst du sie aber logischerweise öfter einwerben – du bist also ständig mit der Mittelbeschaffung zugange. Generell kannst du dich an viele Fördertöpfe nur wenden, wenn du gemeinnützig organisiert bist, etwa in Form eines Vereins. Für uns beide war das bislang noch viel zu aufwendig. Wir suchen uns daher projektweise Partner, sogenannte Trägervereine. So haben wir etwa die Fördergelder für die zweite Konferenz für eine bessere Welt über den Alternation e. V. beantragt. Auf ähnliche Weise haben wir ein kleines Büchlein und eine Serie von Plakaten in Kooperation mit dem bildungspolitischen Verein mohio e. V. herausgebracht.

Es gibt aber auch immer mehr Stiftungen, die nicht nur Vereine und andere selbst organisierte Projekte, sondern auch Sozialunternehmen in der Gründungsphase fördern, wenn sich diese noch nicht alleine tragen können. Dazu gehören etwa die Stiftungen von BMW, Vodafone, Siemens, Aldi oder der Deutschen Telekom. Ob das Geldgeber sind, mit denen du dich anfreunden kannst, musst du abwägen. Für eine Anschubfinanzierung eines Faironomics-Unternehmens ist die wohl prominenteste Anlaufstelle das Ashoka-Netzwerk. Die Non-Profit-Organisation vergibt in 70 Ländern der Erde dreijährige Stipendien mit finanzieller und beratescher Unterstützung sowie Kontakten ins weltweite Netzwerk. Zudem verbreitet sich seit einigen Jahren die Idee des Social-Impact-Investments. Empfänger dieser Art von finanzieller Unterstützung sind vor allem Sozialunternehmen, die kurz davor stehen, sich

CROWDFUNDING

WIE DIE RICHTIGE IDEE ZUR RECHTEN ZEIT DIE MENSCHEN MOBILISIERT

Als wir uns für das Crowdfunding entschieden, hatten wir mit rund 30 Ehrenamtlichen schon ziemlich lange an der Idee der digitalen Bildungsplattform für Geflüchtete gearbeitet und sehr gutes Feedback bekommen. Viele Professoren und Universitäten wollten uns unterstützen. Das war schön. Weniger schön war, dass uns so früh noch keiner Geld geben wollte. Wir brauchten aber eine größere Summe, um der ersten Kohorte von Studierenden den Zugang zur Plattform und die Online-Studienphase zu ermöglichen. Und so standen wir damals an einem Scheideweg: Entweder wir bekamen das ganze Projekt finanziert oder wir mussten es ganz sein lassen. Das Crowdfunding war für uns der letzte Strohhalm, an dem wir uns festgehalten haben. Um die Crowdfunding-Kampagne auf die Beine zu stellen, haben wir zunächst eine Arbeitsgruppe über die Plattform youvo.org aufgebaut. Dort können sich Kreative und Techniker ehrenamtlich engagieren. Wir hatten großes Glück und bekamen richtig gute Leute: ein Team von der Universität der Künste in Berlin, das das Projekt zu seiner Bachelor-Arbeit gemacht hat. Und von der Agentur Rocket Internet bekamen wir einen Pressemitarbeiter und damit Unterstützung bei der Pressearbeit. Mit ihnen haben wir drei große Höhepunkte geplant: einen am Anfang der Kampagne, einen in der Mitte und einen am Ende. Zu jedem gab es Offline-Veranstaltungen und Pressemitteilungen. Und natürlich hatten wir genau die richtige Geschichte: geflüchtete Menschen auf der einen Seite und Hochschulbildung auf der anderen. Viele denken bei Geflüchteten ja eher an arme, hungernde Menschen, die ganz traurig sind. Viele Geflüchtete schaffen eine durchaus positive Bewältigung ihrer Traumen, die in einer Wachstumserfahrung resultieren kann. Und so konnten wir eine positive Kommunikation gestalten und zeigen: Diese Menschen können wir vor allem als Chance für unsere Gesellschaft begreifen. Umso wichtiger ist es, ihnen die richtigen Werkzeuge bereitzustellen. Dadurch haben in 70 Tagen rund 400 Artikel über uns berichtet. Das hat uns natürlich sehr geholfen.

Dazu haben wir unsere Idee persönlich gemacht. Dadurch hat sie ein »Gerechtigkeitswiederherstellungspotenzial«: Die Menschen spenden nicht einfach so etwas. Sie müssen schon konkret sehen, dass sie durch ihre Handlung die Gerechtigkeit in der Welt ein Stück weit wiederherstellen können. Daher haben wir mit beispielhaften Profilen von Menschen aus unserer Zielgruppe »geworben«, die an einem Studium interessiert waren. So konnten wir zeigen, dass wirklich Menschen direkt von unserer Idee profitieren können. Und die Leute konnten sie dann durch ihre Spende direkt beim Studium unterstützen.

MARKUS KRESSLER

hat zusammen mit Vincent Zimmer die Bildungsplattform für Geflüchtete Kiron gegründet. **kiron.ngo**

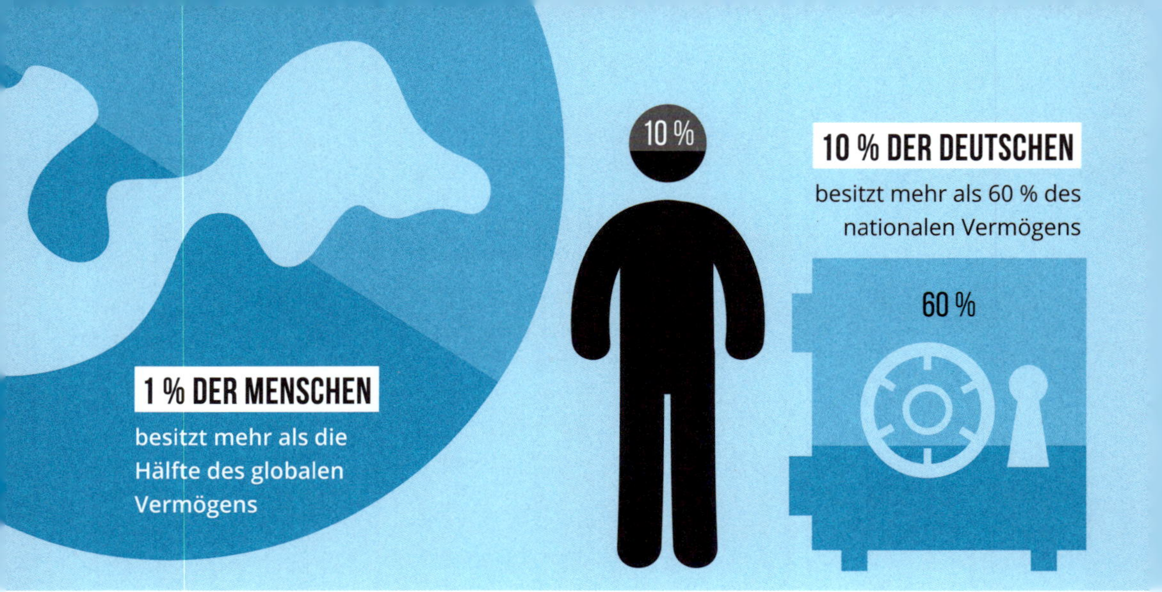

selbst zu tragen. Zu den Geldgebern gehören Stiftungen, Privatpersonen, Social-Venture-Capital-Unternehmen, Social Business Fonds auf Genossenschaftsbasis – wie die B. A. U. M. Zukunftsgenossenschaft – und die öffentliche Hand – etwa mit dem Programm der Kreditanstalt für Wiederaufbau (KfW) für die Förderung von Sozialunternehmen.

LASS KRÖTEN SCHWÄRMEN

»Uff. Geldquellen zum Sprudeln zu bringen kann ganz schön trocken sein!«, stellten wir fest, als es Mittag wurde. Uns beiden rauchte der Kopf und vor uns lagen noch immer die unbezahlten Rechnungen, ohne dass wir gewusst hätten, wie wir sie bezahlen würden. Wir beschlossen, erst mal eine Denkpause einzulegen und uns auszutauschen. »Das alles klingt nach wenig verlockendem Klinkenputzen«, stellten wir fest. Wir kannten das bereits und es war nicht unbedingt das, was uns vorschwebte, als wir über ein befreites Verhältnis zu Geld nachdachten. »Könnte Geld verdienen denn nicht irgendwie schöner, fröhlicher und angenehmer sein?« Wir dachten Ja und erinnerten uns an die Peer-to-Peer-Finanzierung. Peer heißt so viel wie »Gleichgestellter« oder »Ebenbürtiger« und meint in diesem Fall, dass viele Menschen viele kleine Geldbeträge zu einem ansehnlichen Batzen zusammentragen. Das klang für uns nach Netzwerk, Gemeinschaft, vielleicht sogar Freundschaft – und weniger nach Bittstellerei.

Eine gute Sache, also recherchierten wir und stellten fest: Da gibt es zunächst einmal die klassische Spende. Online-Plattformen wie betterplace oder HelpDirect bieten dafür die passende Infrastruktur. Hier erhält man eine eigene Projekt-Website, ein Spendenformular zum Einbetten in die eigene Homepage, allgemeine Tipps und die Unterstützung eines Back-Office, das sich um die Bürokratie kümmert (wie Spendenbescheinigungen verschicken). Zudem vergrößern die Plattformen die Reichweite der Vorhaben. Viele Organisationen starten hier projektbezogene Kampagnen. Das reicht von einer Winternothilfe für Obdachlose bis zum Erwerb möglichst vieler Fahrräder für Kinder in Namibia. Aber auch Privatpersonen können ein Projekt anlegen und damit Geld für eine gemeinnützige Sache sammeln – etwa wenn sie einen Marathon laufen oder sich zum Geburtstag statt Geschenke eine Spende wünschen. Quasi eine einfache Alternative zu klassischen Spendenläufen und Solipartys, die du zur (Teil-) Finanzierung eines Vorhabens natürlich auch organisieren kannst. Besonders gut gefällt uns die Idee der Spendenplattform »Go fund me«. Dort stehen Menschen im Vordergrund. So sammeln Freunde oder Betroffene Gelder ein, um etwa finanzielle Notsituationen,

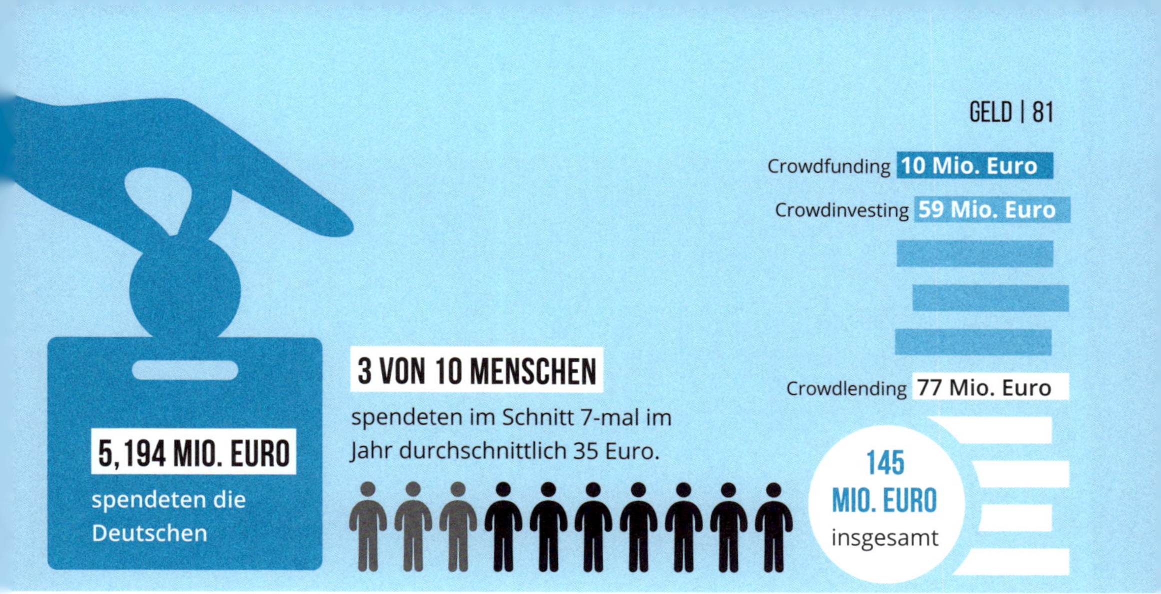

die durch schwere Krankheiten oder andere Schicksalsschläge entstanden sind, zu überbrücken. Auch klassische Fördervereine können wichtige strukturelle Geldquellen sein. Sie sollen Spenden und Mitgliedsbeiträge für einen guten Zweck zusammentragen. Eine besondere Form der Spende sind Leih- und Schenkgemeinschaften: Bis zu 30 Menschen verpflichten sich, über einen bestimmten Zeitraum hinweg monatlich einen festen Betrag zu spenden. Sie schließen dazu einen Vertrag mit der GLS-Bank, die ihre Spenden regelmäßig einzieht. Die Gesamtsumme, die sich aus allen Spenden bis zum Ende der Laufzeit ergibt, stellt die Bank jedoch sofort und ohne Abzüge einer gemeinnützigen Organisation zur Verfügung. Vereine können so größere Vorhaben wie eine Renovierung oder einen Umbau finanzieren. Wichtig zu wissen: Grundsätzlich kann natürlich jeder jedem Geld schenken. Doch bei Spenden möchten Privatpersonen meistens und Unternehmen immer eine Spendenbescheinigung, da sie die Spende beim Finanzamt absetzen können. Die Bescheinigung kannst du aber nur ausstellen, wenn das Finanzamt deine GmbH, deine Genossenschaft oder deinen Verein als gemeinnützig anerkannt hat.

Inspiriert von der Idee der Mikrokredite, die vor allem der Sozialunternehmer und Friedensnobelpreisträger Muhammad Yunus mit seiner Grameen Bank populär gemacht hat (wir haben bereits in Kapitel zwei über ihn berichtet), haben sich seit 2006 eine ganze Reihe neuerer Peer-to-Peer-Finanzierungsformen etabliert. Da gibt es das Crowdlending (leihen), das Crowdinvesting (investieren) oder das Crowdfunding (finanzieren). Zunächst entstanden Peer-to-Peer-Mikrokredit-Plattformen wie Kiva. Heute können Menschen über Crowdlending-Plattformen wie Lendico, Kapilendo, Crosslend oder Funding Circle allen möglichen Unternehmungen Geld leihen – also nicht nur Faironomics-Projekten. Das Crowdinvestment über Plattformen wie bettervest, LeihDeinerUmweltGeld, GLS-Crowd oder GreenVesting soll dagegen eine Form der öko-sozialen Geldanlage sein. Die Crowd-Investorinnen und -Investoren bekommen einen Anteil am Unternehmen. Sie gehen also stärker mit ins Risiko, profitieren dafür aber auch vom Gewinn. Ähnlich sieht es bei Genussrechten und Bürgeraktiengesellschaften aus. Auch hier erhalten die Menschen Anteile (sie haben jedoch kein Mitspracherecht bei deiner Unternehmensführung).

Anders ist das beim Crowdfunding, das du über Plattformen wie Startnext, Kickstarter, Gemeinschaftscrowd oder VisionBakery abwickeln kannst. Dort stellst du dein Projekt auf einer eigenen Seite vor, steckst dir ein Funding-Ziel und rührst dann ordentlich die Werbetrommel, damit Menschen Beträge einzahlen. In der Regel zahlt dir die Crowd-

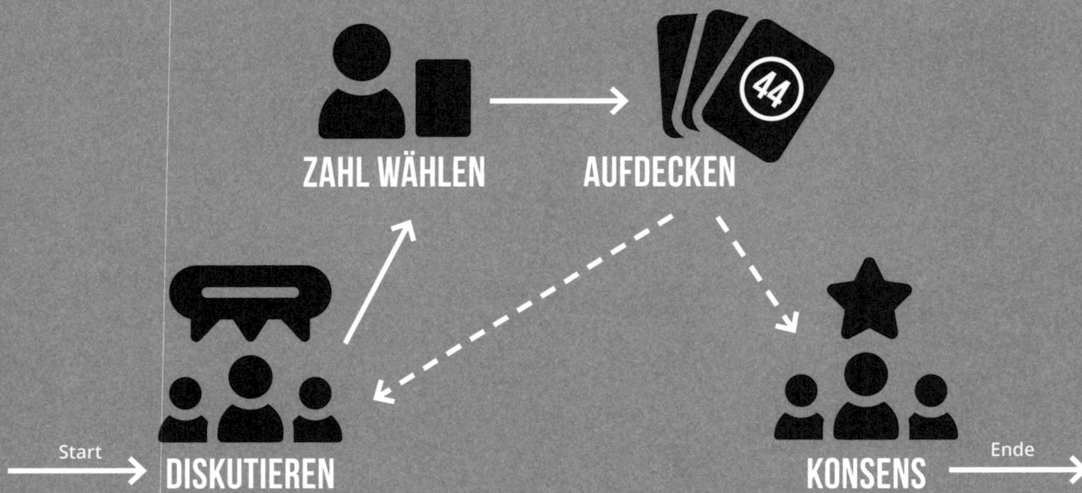

PLANNING POKER

DAUER: 1 STUNDE | **GRAD:** LEICHT

Wie findet man heraus, wie aufwendig etwas wird? Indem du dieses Spiel spielst! Es basiert auf der agilen Projektmanagement-Philosophie Scrum, kommt von James Grenning sowie Mike Cohn und ist ganz leicht!

1. DIE SPIELKARTEN

Planning Poker spielst du mit allen deinen Teammitgliedern. Wenn du selbst mitpokern willst, brauchst du einen anderen guten Moderator. Bereite pro Mitspieler ein Kartenset vor mit den Zahlen 0, 1, 2, 3, 5, 8, 13, 20, 40 und 100. Lade das Team ein und erkläre den Ablauf.

2. DIE REGELN KLÄREN

Einigt euch, ob die oben genannten Zahlen Arbeitsstunden oder -tage oder eine andere Einheit wiedergeben sollen. Geht nun Runde für Runde alle Aufgaben durch, die für das Projekt anstehen.

3. GEMEINSAM POKERN

Klärt pro Runde zunächst in 2–3 Minuten die Aufgabe. Wenn alle Verständnisfragen beantwortet sind, wählt jede und jeder im Geheimen und verdeckt die Karte aus, die für sie oder ihn die richtige Arbeitszeit benennt. Haben alle gewählt, decken alle ihre Karte gleichzeitig auf. Das ist wichtig, damit die etwas extrovertierteren Mitspieler nicht die introvertierteren dominieren und die Schätzung wirklich gut wird.

4. KONSENS FINDEN

Wenn ihr euch einig seid, habt ihr bereits ein Ergebnis. Weichen die Schätzungen voneinander ab, so diskutiert in rund 2–3 Minuten die Gründe. Vor allem diejenigen mit den niedrigsten und den höchsten Schätzungen sollten sich äußern. Wiederholt dann eure geheime Kartenwahl und deckt wieder gemeinsam auf. Wiederholt dies so lange, bis ihr einen Konsens erzielt habt. Dann geht es in die nächste Runde mit der nächsten Aufgabe.

funding-Plattform den Gesamtbetrag nur aus, wenn du die von dir festgelegte Funding-Summe erreicht hast. Andernfalls geht das Geld wieder an die Crowdfunder zurück. Ein alternatives Modell ist Patreon. Hier geht es nicht um einen einmaligen (großen) Betrag, sondern um kleinere, regelmäßige Festbeträge – wie ein Abonnement, mit dem sich etwa ein Monatsmagazin oder eine wöchentliche Videosendung finanzieren lässt.

Besonders geeignet für das Crowdfunding sind soziale und kreative Projekte, lokale und gesellschaftliche Initiativen sowie das Realisieren von Erfindungen, meinen Ulrike Sterblich, Tino Kreßner, Anna Theil und Denis Bartelt von Startnext in ihrem ›Crowdfunding Handbuch‹. Wir finden: Je besser du deine Idee in co-kreativer Weise geschärft hast (wie in Kapitel zwei beschrieben), desto besser stehen auch deine Chancen, dass Menschen bereit sind, sie finanziell zu unterstützen. Die Idee muss nicht groß oder spektakulär sein. Viele Menschen haben auf diese Weise auch schon kleinere Projekte verwirklicht, wie etwa eine Veranstaltung, einen Film oder ein Buch. Probier es aus.

DIE UNENDLICHE KAPITALAKKUMULATION

Nachdem wir diese Finanzierungsmöglichkeiten gesammelt hatten, packte uns kurz der Übermut. »Wer gibt nicht gerne Geld, wenn es einer guten Sache dient?«, fragten wir uns. »Egal ob Crowdfunding, Spenden, Fördergelder oder auch Sponsoring – wir müssen nur mit der richtigen Faironomics-Idee kommen und schon läuft die Sache.« Theoretisch. Praktisch sieht es leider nicht ganz so einfach aus. »Wie viele Crowdfunding-Projekte konnten sich eigentlich finanzieren und wie viele haben es nie geschafft?«, wollten wir wissen. »Wie viele Anträge haben Stiftungen und Sponsoren abgelehnt? Und wie groß ist die Spendenbereitschaft bei den Online-Plattformen tatsächlich?« Wir schauten genauer hin und erfuhren unter für-gründer.de, dass es hierzulande im Jahr 2016 gerade mal 1158 erfolgreiche Crowdfunding-Projekte gab, die nur rund 9,7 Millionen Euro eingesammelt haben. Seit 2009 flossen 36,1 Millionen Euro in 4977 Projekte. Die amerikanische Plattform Kickstarter hat im gleichen Zeitraum 2,9 Milliarden Dollar an mehr als 119 000 Projekte vermittelt. Das klingt zwar nach mehr, ist aber immer noch wenig, wenn man sich die gewaltigen Geldflüsse auf den globalen Finanzmärkten ansieht. Allein der Devisenmarkt soll laut IWF rund 1007 Billionen US-Dollar enthalten! Im Derivatemarkt sollen 708 Billionen US-Dollar stecken, im Aktienmarkt 63 Billionen US-Dollar und im Anleihenmarkt der Staats- und Unternehmensanleihen weitere 24 Billionen US-Dollar.

Uns wird ganz schwindelig bei diesen Zahlen. Was könnte man mit diesem Geld nicht alles Gutes bewirken? Doch für die Stiftungen und Sponsoren, Spenderinnen und Spender, Investorinnen und Investoren ist dein Projekt nur eines von vielen. Das ist einerseits schön, weil es zeigt, dass sich viele mit ihrer Sache für eine bessere Welt einsetzen möchten. Aber der Nachteil ist, dass auch hier wie überall in der Wirtschaft ein Konkurrenzkampf um das (vermeintlich knappe) Geld herrscht. Denn so wie unsere Welt gestrickt ist, muss aus Geld immer mehr Geld werden. Unendliche Kapitalakkumulation nennt sich das. Klar, dass da gemeinnützige Faironomics-Projekte mit geringer oder ohne Rendite wenig Geld anziehen. Doch nicht nur das. Damit aus Geld mehr Geld werden kann, müssen Unternehmerinnen und Unternehmer, Vermieterinnen und Vermieter all die Zinsen und Renditen in ihre Leistungen und Produkte einpreisen. So kommt es, dass das Geld immer zu denen fließt, die bereits Vermögen haben. Das ist so, als ob weltweit ein gewaltiges Monopoly-Spiel im Gange wäre: Irgendwann hat einer fast alles und alle anderen gehen so gut wie leer aus. Doch was machen wir bloß mit einem Renditehunger, der sich nicht stillen lässt? Jahrhundertelang haben die Menschen mehr oder weniger gewaltsam immer neue Märkte in der Welt erschlossen. War einer gesättigt, kam der nächste dran. Und nachdem sie ihren Markt physisch nicht mehr ausdehnen konnten, haben sie angefangen, immer mehr Lebensbereiche in die unendliche Kapitalakkumulation zu verwickeln. Heute soll am besten alles Profite abwerfen – der Wohnungsbau, die Krankenhäuser, Altenheime, Kindergärten, Schulen und Universitäten, ja sogar die Versorgung mit Wasser und Energie. Selbst die Natur müssen wir immer weiter zu Geld machen, um Renditen zu erzeugen. Und doch sind angesichts der gigantischen Vermögen mittlerweile die renditeträchtigen Anlagemöglichkeiten knapp. Daher wird seit Aufkommen des Internets verstärkt auf virtuellen Finanzmärkten spekuliert, während gleichzeitig der Raubbau an den letzten Ressourcen der Natur voranschreitet.

Allein die Tatsache, dass es manchen Unternehmern, Richtern, Politikern und Arbeitnehmern sinnvoll erscheint, den 12 000 Jahre alten Hambacher Wald mit einem ökologisch unschätzbaren Wert zu roden, nur um die Kohle darunter zu fördern, die in den Kohlekraftwerken die Klimakrise anheizt, die wiederum für Extremwetterereignisse und Artensterben sorgt, zeigt, wie verrückt, ja gefährlich diese Denkweise ist. Rund 43 000 Bäume mit einem Alter von bis zu 350 Jahren sind anscheinend nichts wert, weil sie sich so, wie sie dastehen, nicht zu Geld machen lassen. Es scheint, als sorge der ewige Kampf ums Geld überall auf der Welt für Kummer und Sorgen, Not, Hunger und Kriege. Als bringe er nur die schlechtesten Eigenschaften in uns hervor, wie Gier und Egoismus. Und so vergessen wir Solidarität, Gemeinsinn und Empathie. Wir lassen lieber Menschen auf der Flucht im Mittelmeer ertrinken, als mit ihnen zu teilen. Selbst die, die es besser machen wollen, sind am Ende gezwungen, um Spenden, Förderungen, Crowdfunding oder Sponsorengelder zu kämpfen. Durch diese Überlegungen wurde uns klar: Nach immer mehr Geld zu jagen ist das falsche Ende der Herangehensweise – das richtige ist, sich von möglichst vielen Zwängen zu befreien.

DIE MYTHEN DES GELDES

Der geniale Ingenieur, Architekt und Erfinder Buckminster Fuller hat schon in den 1970er-Jahren erkannt, dass die Menschheit wahrscheinlich erstmals in ihrer Geschichte in der Lage ist, mit so viel weniger so viel mehr zu erzeugen. Damit seien wir an dem Punkt angekommen, an dem wir tatsächlich genug für alle überall hätten, meinte er während seiner Vortragsreise mit dem Titel »Tage der Integrität«. Er sah einen dramatischen zivilisatorischen Durchbruch voraus – allerdings nur, wenn die Menschen die Weisheit besäßen, von der bisherigen Du-oder-ich-Welt in die Du-und-ich-Welt zu wechseln. Eine Welt, in der wir freiwillig und aus Einsicht dafür sorgen, dass es genug Nahrungsmittel, Wasser, Land, Wohnmöglichkeiten und Grundgüter des täglichen Bedarfs für alle gibt. Damals schätzte Fuller, dass wir Menschen dafür noch ungefähr 50 Jahre brauchen würden. Allem voran sei dazu ein neues Geldsystem mit neuen Finanzquellen nötig, meinte er. Wenn wir in dieser Welt angekommen seien, würde sich unser Denken und Fühlen in Bezug auf uns selbst und auf unsere Umwelt vollständig und zum Positiven verändern.

»Das klingt genau nach dem, was wir uns wünschen«, finden wir. Schade nur, dass sich Buckminster Fuller getäuscht hat, was die Fähigkeit der Menschen zum Umdenken angeht: Ein Viertel der Lebensmittel, die wir weltweit jedes Jahr in den Müll schmeißen, würde ausreichen, um den Hunger auf diesem Planeten zu beenden. Dass schätzungsweise dennoch jedes vierte Kind chronisch unterernährt ist, jedes siebte untergewichtig und jährlich rund 8,8 Millionen Menschen verhungern (also etwa alle drei Sekunden einer), liegt nicht daran, dass wir logistisch, politisch

MACH DICH FREI

JEDER KANN SEINE GELDSORGEN LOSWERDEN – UND GLÜCK FINDEN

Vor fünf Jahren war ich noch Sekretärin und hatte nicht mehr Geldsorgen als alle anderen auch. Dann erkannte ich, dass ich diese Arbeit gar nicht machen wollte. Sie war sinnlos für mich. Also versuchte ich, Geld auf andere Weise zu verdienen. Ich dachte über mögliche Alternativen nach: Einen anderen Job. Dinge verkaufen. Dinge importieren und verkaufen. Selbstständig sein ... Ich war davon überzeugt: »Zunächst brauche ich Geld! Erst dann kann ich mir meine Freiheit kaufen. Was also kann ich tun, um es zu bekommen?«

Aber eines Tages wurde mir klar, dass ich so nicht weiterkam. Ich drehte mich im Kreis. So hörte ich auf, mir über Geld Gedanken zu machen. Ich dachte nur noch darüber nach, was ich gerne tun würde. Und dann fing ich einfach an, es zu tun. Und ich bin immer noch am Leben. Ich bin immer noch glücklich. Und ich kann fast alles tun, was ich möchte. Und das, obwohl ich nicht viel Geld habe. Ich habe gemerkt, dass ich es einfach nicht brauche. Heute mache ich mir keine Sorgen über Geld mehr, weil ich erfahren habe, dass es immer genug Geld gibt für das, was man wirklich will. Man muss nur seine Lebensweise so verändern, dass man weniger Geld braucht. Anstatt immer zu versuchen, noch mehr Geld zu scheffeln, um ein vermeintlich besseres Leben zu bekommen. Ich habe ein gutes Leben. Und das Geld muss sich mir anpassen und nicht umgekehrt.

Tatsächlich ist mein Leben heute viel besser, weil es mein Leben ist. Ich lebe nicht mehr das Leben, das irgendjemand anderes für mich vorgesehen hat. Und ich wende keine Energie mehr auf, um jemand anderen reich zu machen. Warum sollte ich meine Zeit und alles, was ich habe, für das Glück und den Reichtum von jemand anderem verschwenden? Ich kann meine eigenen Entscheidungen treffen. Diese Erfahrung hat mein Leben verändert, aber nicht mich. Ich würde eher sagen, dass die Jahre zwischen 18 und 50 – also die Jahre, in denen ich für andere gearbeitet und gelebt habe – mich verändert haben. Ich war nicht ich selbst. Ich habe das Leben gelebt, das mir die Gesellschaft vorgegeben hat. So zu leben, wie ich das heute tue, bedeutet für mich, wieder ich selbst zu werden, so wie ich als Kind und Jugendliche war. Bevor ich die gesellschaftlichen Anforderungen spürte: Geld verdienen, zur Arbeit gehen, eine Beziehung und Kinder haben, Haus, Garten, Hund besitzen. Ich habe das Gefühl, dass ich wieder ich selbst werde und zwischendrin, während ich angestellt war, nicht ich selbst war. Deshalb spüre ich mich selbst jetzt auch viel besser.

Das hat natürlich einen Effekt auf die Leute um mich herum. Ich kann sagen, dass ich durch meinen Wandel keine Freunde verloren habe. Aber ich habe seitdem viele neue, spannende Leute kennengelernt.

ANNE VAN DALEN

lebt seit einiger Zeit in ihrem selbst gebauten »Art Cart«, einem Wohnanhänger für ihr Fahrrad. Mit ihm reist sie umher und macht unterwegs ihre Kunst. **annevandalen.nl**

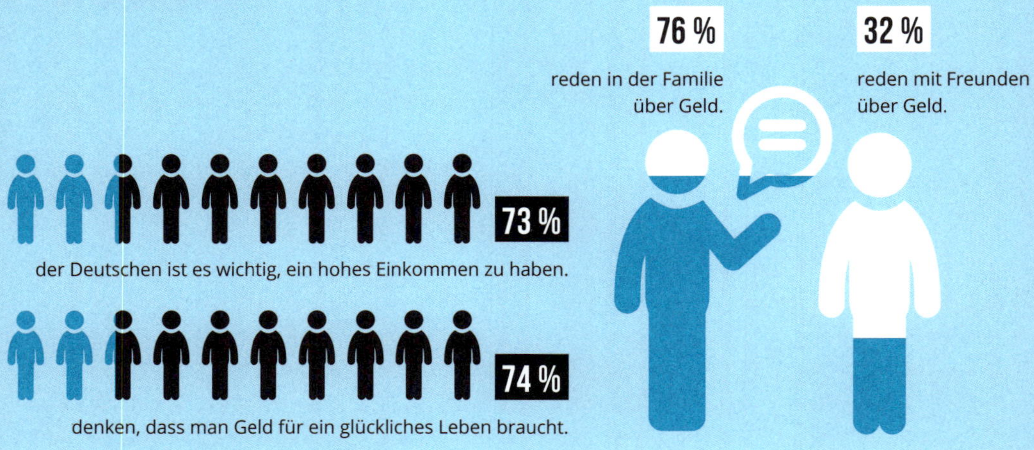

oder organisatorisch nicht in der Lage wären, das zu ändern. Wir haben nur irgendwie das Gefühl, dass dafür nicht genug Geld da wäre. Ja, dass diejenigen, die beim Kampf um Geld und Überleben den Kürzeren ziehen, wohl irgendwie selbst daran schuld seien. Sind das die Gründe, warum wir den Menschen nicht helfen, die verhungern oder im Mittelmeer ertrinken? Wie kommt es, dass uns ein jahrtausendealter Wald und ein intaktes Klima weniger wert scheinen als ein Arbeitsplatz, der ohnehin bald der Digitalisierung zum Opfer fallen wird? Sind wir Menschen einfach schlecht? Wir denken »Nein« und überlegen: Hat das nicht vielmehr mit dem Geschichtenerzählen zu tun, mit dem wir uns im Zusammenhang mit unseren Träumen (in Kapitel eins) schon so intensiv beschäftigt haben? Immerhin gibt es unzählige Beispiele dafür, dass wir Menschen an die komischsten Geschichten glauben: Was ist zum Beispiel mit der bereits erwähnten Vorstellung des Homo oeconomicus – also dem rein rational entscheidenden, stets auf seinen Vorteil bedachten Menschen? Nachweislich ein Mythos! Oder was ist mit der Idee, dass der aggressive, teils skrupellose Konkurrenzkampf ein von der Natur vorgegebenes Gesetz à la Darwins »Überleben des Fittesten« sei? Nichts als eine Erfindung der Menschen (was Darwin selbst noch nicht einmal so gemeint hat)! Wieso also glauben wir, dass es nicht genug für alle gibt, obwohl doch im Millisekundentakt Billiarden Dollar um die Welt kreisen? Wir sind davon überzeugt, dass wir das tun, weil wir uns diese Geschichte immer und immer wieder gegenseitig erzählen!

Das wollten wir genauer wissen. Und so forschten wir nach und stießen auf die Amerikanerin Lynn Twist. Sie hat sich als Fundraiserin jahrzehntelang für das Ende des Hungers in unserer Welt engagiert. Dazu hat sie nach eigenen Angaben über 150 Millionen Dollar zusammengetragen. Dieses Geld stammte nicht etwa von großen Stiftungen oder Unternehmen, sondern von Privatpersonen. Dadurch hatte sie auf der einen Seite mit sehr, sehr armen Menschen zu tun. Auf der anderen Seite aber auch mit sehr reichen. Doch egal, wo sie war, überall stieß sie auf die gleichen drei Mythen, die aus ihrer Sicht fundamental die Art und Weise beeinflussen, wie wir mit Geld umgehen, und grundlegend dafür waren, was für ein Geldsystem wir über die Jahrhunderte erschaffen haben. Die drei Mythen lauten: »Es ist nicht genug für alle da«, »Mehr ist besser« und »So ist das eben«. Diese drei Glaubenssätze stimmen zwar nicht. Dennoch haben sie höchst reale Folgen: »Wenn es nicht genug für alle gibt, dann scheint das Sorgen für uns und die Unsrigen, sogar auf Kosten von anderen, zwar bedauerlich, aber unvermeidbar und irgendwie gerechtfertigt«, schreibt sie in ihrem Buch ›Die Seele des Gel-

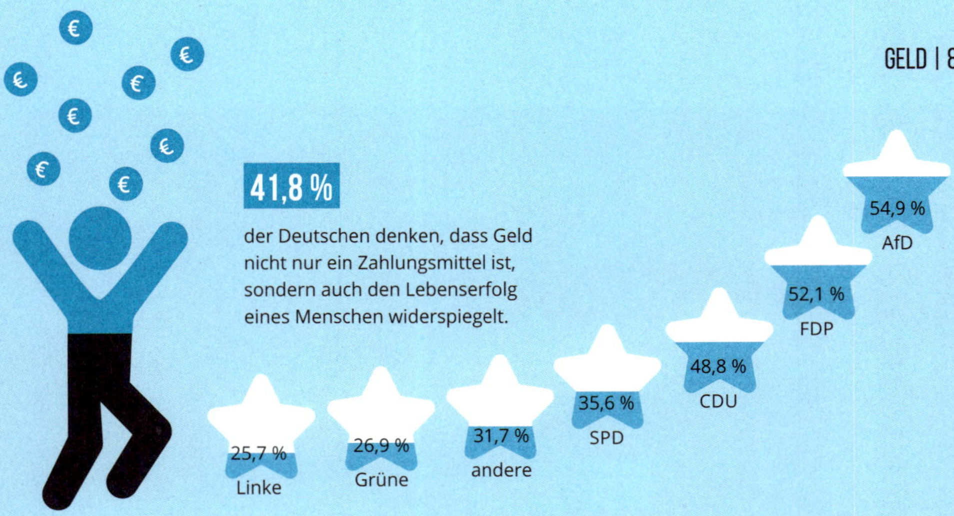

des‹. Also kämpfen wir – und zwar ganz egal, wie viel Geld (oder anderen Besitz) wir bereits haben. Denn immer scheint es uns, als sei noch mehr noch besser. Mit noch mehr Geld scheint das Leben noch ein bisschen sicherer, noch bequemer, noch glücklicher. Die Glücksforschung hat das zwar schon lange widerlegt und auch die großen Denker raten davon ab: »Alle großen geistigen Lehren empfehlen, nach innen zu schauen, um die Ganzheit zu erlangen, nach der wir uns sehnen, aber die Jagd lässt uns keine Zeit oder keinen Seelenraum für den Blick nach innen … Der Trieb, die äußeren Werte zu vergrößern, lenkt uns von der Entdeckung und Vertiefung unseres Selbstwertes ab«, so Lynn Twist weiter. Denn so ist das eben mit den Mythen: Sie halten sich hartnäckig. Wohl auch, weil der dritte Geldmythos die ersten beiden so hervorragend zementiert – so ist das eben. Dieses Credo finden wir überall. »Es gibt keine Alternative«, sagte schon die britische Premierministerin Margaret Thatcher, um die Debatte um ihre neoliberale Politik zu beenden. Auch die deutsche Bundeskanzlerin Angela Merkel begründete unpopuläre Entscheidungen damit, dass sie »alternativlos« seien. In beiden Fällen ging es letztlich um viel Geld.

Das Dumme an diesen Mythen ist, dass sie tief in uns verankert sind und wir sie selten hinterfragen. Die Mär von der Knappheit des Geldes hat etwa ganz viele Redensarten hervorgebracht. Wir als Kreative kennen zum Beispiel die Vorstellung vom »brotlosen Künstler«. Eltern raten ihren Kindern von diesem unsicheren Weg meist ab. Stillschweigend gehen wir davon aus, dass es okay ist, wenn Menschen, die mit ihrer Schöpfungskraft ihren Lebensunterhalt bestreiten wollen, nur mit einer ärmlichen Bezahlung rechnen dürfen. Im sozialen Bereich sieht es ähnlich aus – frag mal Pfleger und Pflegerinnen, Erzieher und Erzieherinnen oder Sozialarbeiter und Sozialarbeiterinnen. Doch: »Wenn man nicht von der Jagd lassen und die Hilflosigkeit und den Zynismus, den sie schließlich erzeugt, nicht abschütteln kann, so kommt man nicht weiter«, findet Lynn Twist.

Wir wandten uns wieder unseren Kontoauszügen zu und uns wurde klar, dass wir mit unseren bisherigen Überlegungen gerade mal an der Oberfläche dessen gekratzt hatten, was Geld eigentlich bedeutet. Unterm Strich zeigt sich also, die Mythen ums Geld sind ganz tief mit uns, unserem Selbstwert und unserer Sicht auf andere und die Welt verwoben. Unbewusst gehen wir nach dem Mini-Max-Prinzip vor: Möglichst wenig zu geben und dafür möglichst viel zu bekommen ist eine der Grundlehren der Betriebswirtschaft. Doch auf was für eine Welt läuft das hinaus? Auf eine feindliche oder zumindest wenig vertrauenswürdige Welt. Eine Welt, in der wir jederzeit befürchten müssen, Verlie-

PDF-Vorlage für diese Übung unter: www.faironomics.de

WAS BRAUCHST DU?

DAUER: 30–60 MINUTEN | **GRAD:** MITTEL

SEIN

Wer oder wie willst du in einem Jahr sein? Überlege dir, welche Eigenschaften und Fähigkeiten du gerne hättest. Was musst du dafür tun?

TUN

Was willst du im nächsten Jahr tun? Was kannst du tun, um den links beschriebenen Seinszustand zu erreichen? Was musst du dafür haben?

$\frac{\text{Kosten}}{12}$

HABEN

Was brauchst du die nächsten 12 Monate unbedingt? Zum Beispiel, um das links Beschriebene zu sein oder zu tun? Welche Alternativen zum Kaufen gibt es?

$\frac{\text{Kosten}}{12}$

KOSTEN/MONAT

Wie viel brauchst du tatsächlich? Rechne alle Kosten zusammen und multipliziere die Summe mit 130 Prozent, um einen Puffer zu haben.

Kosten

SCHULDEN

Wie viele Schulden inklusive Zinsen musst du monatlich bedienen?

Kosten

LUXUS

Willst du dir jeden Monat etwas Gutes tun? Sich etwas zu gönnen muss aber nicht automatisch viel Geld kosten.

Kosten

SPAREN

Welchen Betrag willst du pro Monat sparen, um etwa Sonderausgaben oder größere Vorhaben wie eine Reise oder ein Sabbatjahr zu finanzieren?

Kosten

LEBENSUNTERHALT

Wie hoch sind deine Fixkosten pro Monat, etwa Miete oder Versicherungen? Wie hoch sind die variablen Kosten, etwa für Essen, Kleidung, Sport oder Kultur? Gibt es geldfreie Alternativen?

rer zu sein. In der wir darum kämpfen müssen, zu den Gewinnern zu gehören. Eine Welt, in der Misstrauen, Konkurrenz und Angst unser Denken beherrschen. Wer will so leben? Wir jedenfalls nicht!

KEINE IDEE SCHEITERT AM GELD

»Wäre eine Welt ohne Geld die Lösung?«, fragten wir uns. Um das zu beantworten, wollten wir einen Mann treffen, der ohne Geld lebte. Der Aktivist Raphael Fellmer boykottierte seit etlichen Jahren Geld. Nun war er in Hamburg, um aus seinem Buch vorzulesen und interessierten Menschen zu erzählen, wie ein geldfreies Leben aussieht. Rund 30 Menschen saßen in dem lichtdurchfluteten Saal des Stadtteilzentrums in Eppendorf. Raphael hatte ein Bein lässig über das andere geschlagen: Turnschuhe, Jeans, T-Shirt. Er mochte wohl so um die dreißig sein. Immer wieder schüttelte er den kinnlangen Pony aus der Stirn. Er erzählte uns, wie er schon während des Studiums zusammen mit Freunden den Geldboykott beschlossen und sich auf eine geldfreie Reise nach Mexiko gemacht hatte. Sie waren getrampt, sogar per Jacht über den Atlantik, hatten für Kost und Logis gearbeitet. Ungeschminkt schilderte er, wie hart das hatte sein können: mitten im Nirgendwo, der Rucksack gestohlen, ein Knurren im Magen. Aber auch, wie befreiend. So befreiend, dass er auch nach seiner Reise hier in Deutschland bis 2017 weiterhin geldfrei lebte. Als er schon fast am Ende seines Vortrages angelangt war, bemerkte er beiläufig, wie froh er doch war, in einem Land zu leben, in dem er seine Träume ohne Geld verwirklichen konnte. Er erzählte von der Plattform Lebensmittelretten (heute Foodsharing), die er zusammen mit anderen gegründet hatte. Die Lebensmittelretter und -retterinnen gehen Kooperationen mit Supermärkten, Gemüsehändlern oder Bioläden ein. Sie holen noch verzehrbare Lebensmittel ab, die sonst im Müll landen würden, etwa weil ihr Mindesthaltbarkeitsdatum abgelaufen ist (was nicht bedeutet, dass sie schlecht wären), und teilen diese mit anderen. Tausende Menschen haben sich mittlerweile der Foodsharing-Bewegung angeschlossen. Sie und Raphael Fellmer haben so in den letzten Jahren unglaublich viel bewegt und das Problem der Lebensmittelverschwendung mit ins Bewusstsein einer breiteren Öffentlichkeit gerückt. Wie wir dasaßen und Fellmer dies sagen hörten, wurde uns eines schlagartig klar: Er konnte seine Projekte nicht trotz seines geldfreien Lebensstils machen, sondern gerade deswegen! Oder anders gesagt: Kein Projekt scheitert am Geld. Keines! Nun ja, wir denken oft, dass vieles nicht geht, weil wir uns das nicht leisten können: Wäre eine Weltreise nicht schön? Ach nein, es ist nicht genug Geld dafür da! Wäre es nicht fantastisch, wir könnten die Lebensmittel, die im Müll landen, an diejenigen geben, die sie brauchen? Ja, schon, aber das kostet zu viel. Zack – und hier saß nun jemand, der es einfach gemacht hat und damit bewies, dass es doch geht. Wenn man Geld mal außen vor lässt.

Sicher, so ein Leben ganz ohne Geld wäre für uns beide nichts. Und vielleicht geht es dir ja auch so. Aber darum geht es uns an dieser Stelle auch gar nicht. Uns geht es darum, dass wir uns gemeinsam von den Mythen rund ums Geld befreien. Dass da jemand ist, der mit seinem Lebensexperiment beweist, dass sie falsch sind: Es stimmt nicht, dass nicht genug für alle (und alles) da ist, dass mehr immer besser ist und dass das eben nun mal so ist. Wenn wir besser, fairer, umweltfreundlicher und angstbefreiter leben wollen, dann können – ja müssen – wir unsere Vorstellung davon verändern, was Geld ist, welchen Regeln es gehorcht und wie es uns und die Welt beeinflusst. Das geht aber nur, wenn wir unser Verhältnis zum Geld kennen. Wenn wir wissen, welche Ängste, Verletzungen, Unsicherheiten und Sorgen wir damit verbinden. Wenn wir unsere Hoffnungen, Wünsche, Bedürfnisse und Freuden kennen, die wir uns mithilfe von Geld erfüllen wollen. Wenn wir uns die Frage stellen: Wozu brauche ich das Geld tatsächlich? Um meine Lebensgrundlage zu sichern und echte Bedürfnisse zu stillen? Oder um die Anerkennung oder gar die Zuneigung meiner Freunde, Nachbarn und meiner Familie zu bekommen? Vieles davon hängt mit negativen Glaubenssätzen zusammen, die wir bereits in unserer Kindheit erlernen. Sich damit auseinanderzusetzen kann eine enorm positive Wirkung haben. Uns beide hat es zum Beispiel befreit, zu erkennen, dass wir mit viel weniger Geld viel glücklicher sein können – einfach, weil wir realisiert haben, dass sich viele unserer Wünsche und Bedürfnisse auf etwas beziehen, was sich auch ohne Geld verwirklichen lässt. Vielleicht sogar noch besser. Uns ist nun klar: Auf etwas zu verzichten, was du in Wahrheit gar nicht brauchst, macht dich nämlich nicht ärmer, sondern freier. Das soll nicht bedeuten, dass du als Faironomist auf alle Statussymbole pfeifen und in alten Klamotten herumlaufen musst. Und wir finden schon gar nicht, dass Menschen, die zu wenig haben, gefälligst damit glücklich sein sollten. Das wäre absurd und gemein angesichts der ungleichen Verteilung in unserer Welt. Aber wir beobachten, dass viele Leute viele Dinge konsumieren, die sie nicht bräuchten, würden sie sich in ihrem Leben wohl und glücklich fühlen. Sie betäuben zum Beispiel ihre Sehnsucht nach Zuwendung und Fürsorge durch Shopping.

Dich zu fragen, was Geld für dich bedeutet, wird früher oder später auch an schmerzhaften Wunden rühren, denn Geld hat viel mit Selbstwertgefühlen und sozialer Anerkennung zu tun. So musst du dich mit Teilen deiner selbst auseinandersetzen, die du vielleicht lieber nicht so gerne anschaust. Es lohnt sich aber. Denn wenn du dir eingestehst, was du dir tatsächlich wünschst, findest du auf einmal die Mittel und Wege, es dir zu erfüllen. Echte Anerkennung kann man zum Beispiel gar nicht mit Geld kaufen. Solche Erkenntnisse machen dich stärker, unabhängiger und freier, weiser, großzügiger, sorgloser und damit auch mutiger. Befreit von der Sorge, es könnte nicht genug für dich da sein, kannst du grundsätzlich ganz anders über Veränderungen nachdenken. Du kannst mit einem geweiteten Blick und mit mehr Selbstlosigkeit auf die Welt schauen und dich fragen: Was ist wirklich gerecht? Wo muss es mehr geben und wo weniger? Dann ist es leichter, auf Geld zugunsten von Umweltschutz und Gerechtigkeit zu verzichten – auch wenn du wenig hast. Allein die Tatsache, dass wir in einem reichen Industrieland leben, müsste eigentlich zu der Erkenntnis führen, dass es gerechter wäre, das Anspruchsdenken unserer imperialen Lebensweise zurückzuschrauben. Damit ist nun jedoch nicht gemeint, dass du dich mit einer prekären Lebenssituation und schlechten Honoraren zufriedengeben sollst! Nein, denn auch für dich ist genug da. Ohne schlechtes Gewissen oder Skrupel steht dir so viel zu, wie du zu einem glücklichen Leben brauchst (wenn du das wirklich verinnerlicht hast, gehst du übrigens viel gelassener in Honorarverhandlungen). Wir brauchen also gar keine Welt ohne Geld. Wir brauchen eine Welt, die Geld besser einsetzt.

GELD ANDERS DENKEN

Doch wie soll ein besserer Umgang mit Geld aussehen? Dazu gibt es jede Menge Ideen und Vorschläge. Zum Beispiel ist es kein Naturgesetz, dass es in einem Land wie Deutschland nur eine einzige Währung gibt. Verfechterinnen und Verfechter von Alternativ- und Parallelwährungen halten es für eine gute Idee, auch beim Geld auf Vielfalt zu setzen. Für unterschiedliche Zwecke könnte es verschiedene Zahlungsmittel geben. Eine Währung nur für den internationalen Finanzmarkt würde Spekulationen ganz automatisch von der Realwirtschaft entkoppeln, meinen die Befürworterinnen und Befürworter. Es könnte auch eine Währung nur für öko-faire Produkte und Dienstleistungen geben. Wer dieses Geld nutzen würde, wüsste somit automa-

REGELN ÄNDERN

COMMONS STATT KAPITALISMUS? EIN PLÄDOYER FÜR NEUE MUSTER

Wie sieht eigentlich die Gesellschaft aus, in der wir in Zukunft leben wollen? Meiner Meinung nach geht es künftig darum, die drei großen politischen Ideen der Fairness, der Freiheit und der Nachhaltigkeit, oder man könnte auch sagen Lebendigkeit, zusammenzubringen. Denn ohne den Erhalt des Lebens und der Lebensgrundlagen wird es auch mit der Fairness und der Freiheit nichts. Die Idee der Commons – oder auch Gemeingüter oder Allmende – kann die Geschichte liefern, die diese drei großen Denkstränge zusammenbindet. Das ist vielleicht die wichtigste Rolle der Commons gerade. Denn wir brauchen eine Idee davon, wo wir miteinander hinwollen, ohne dass wir uns weiterhin verbal die Köpfe einschlagen.

Bei den Commons geht es daher gar nicht so sehr um Güter oder um eine bestimmte Form von Eigentum. Es geht vielmehr um ein Verständnis davon, wie wir unsere Welt ganz praktisch gemeinsam gestalten wollen. Es geht darum, dass Menschen Ressourcen, die niemandem alleine gehören, gemeinsam nutzen und schützen. Dass sie gemeinsam entscheiden: Wer hat Zugang und wer nicht? Wer darf diese Ressourcen wann und wie nutzen und wer nicht? Wofür darf man sie nutzen und wofür nicht? Dafür müssen Menschen gemeinsame Regeln aufstellen, die im Übrigen auch der Staat respektieren muss. Es ist daher auch wichtig, dass wir die Commons oder das Commoning nicht einfach als irgendeine, unserer Kultur zugrunde liegende, nur weithin vergessene Selbstverständlichkeit ansehen. Wir müssen uns vielmehr bewusst machen, was es bedeutet, sich so zu anderen in Beziehung zu setzen, dass klar ist: Dass es dir gut geht, ist eine Voraussetzung dafür, dass es mir gut geht. Dazu müssen wir die Muster der Commons erkennen lernen. Wir müssen ihnen wieder einen Namen geben, sie aussprechen, umsetzen und in unsere Institutionen einschreiben.

Am Beispiel des Eigentums bedeutet das etwa: Können wir uns Eigentumsformen überlegen, die über die Idee von Privat- und Staatseigentum hinausgehen? Denn wenn wir uns das genau anschauen, dann sind ja auch verschiedene Formen von Gemeineigentum Privateigentum. »Privat« kommt von dem lateinischen Verb »privare«, was zu deutsch »berauben« oder »wegnehmen« bedeutet. Das heißt, man nimmt anderen etwas weg. Dann ist es entweder Individualeigentum – mit einem einzigen Eigentümer – oder Gemeineigentum mit eine Gruppe als Eigentümer. Aber das Grundprinzip ist in beiden Fällen, dass jemand etwas wegschließen kann, um andere außen vor zu halten. Die Frage ist nun: Können wir Formen des Habens schaffen, in denen die Verantwortung für das Ganze schon eingebettet ist.

SILKE HELFRICH

erforscht seit Jahren die Commons – also die Regeln und Formen von Gemeingütern – und schreibt darüber Bücher und hält Vorträge.

commons.blog

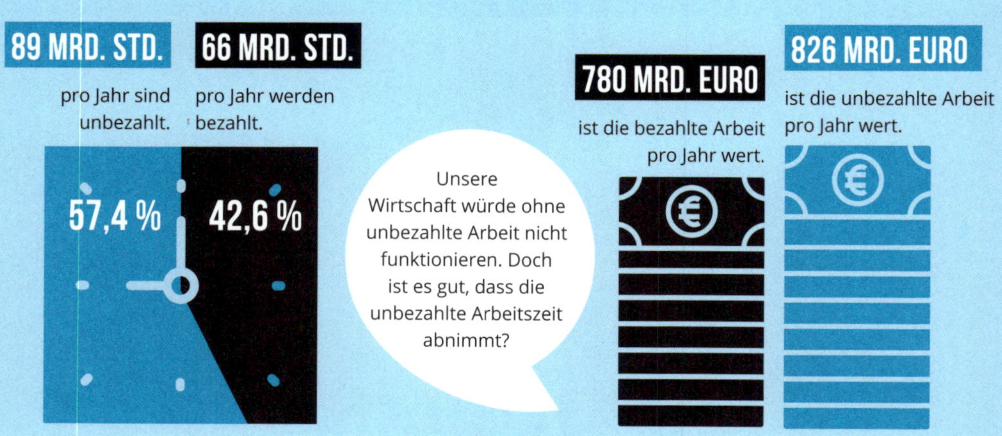

tisch, dass er die Umwelt und den sozialen Frieden schützt. Während diese Ideen noch reine Theorie sind, wurden andere bereits in die Praxis umgesetzt. So gibt es etwa Währungen, die nur in einer bestimmten Stadt oder Region gültig sind und so lokale Wirtschaftskreisläufe anregen: das Regionalgeld. Auch Tauschringe oder Zeitbanken können Teil so eines Währungsökosystems sein. Der belgische Finanzexperte und Mitentwickler des Euro Bernard A. Litaer ist interessanterweise ein Verfechter der Währungs-Ökotope. Er sagt: »Das Verschwinden der Lohnarbeit, die fundamentale Unsicherheit der Finanzsysteme, die Überalterung der Gesellschaften und die Klimakatastrophe mit dem Aussterben der Arten … sind Probleme, die mit unterschiedlichen Währungen mit voneinander grundverschiedenen Funktionsweisen beantwortet werden müssen.«

Doch unterschiedliche Währungen alleine würden wahrscheinlich nicht reichen. Wenn wir tatsächlich eine Faironomics wollen, müssen wir auch fragen, wie wir Geldflüsse umlenken können. Ein Beispiel dafür ist die Idee der öko-sozialen Banken. In den 1970er-Jahren kam es kirchlichen Aktionären erstmals in den Sinn, dass sie mit ihrem Geld etwas Gutes bewirken könnten. Sie setzten einen amerikanischen Automobilkonzern unter Druck: Er sollte sich aus Südafrika zurückziehen, um ein Zeichen gegen die Apartheid zu setzen. Das war der Startpunkt für die Vorstellung, dass Menschen ihr Geld nur noch ethisch vertretbar investieren könnten. Heute gibt es eine ganze Reihe von Banken, die ihr Geld nur noch denjenigen geben, die sich für den Schutz von Umwelt und Menschenrechten starkmachen. In Deutschland sind das die anthroposophische Gemeinschaftsbank für Leihen und Schenken (GLS), die EthikBank, die UmweltBank und die aus den Niederlanden stammende Triodos Bank. In der Schweiz sind es die Alternative Bank Schweiz (ABS) und die WIR Bank. In die gleiche Richtung zielt die Divestment-Kampagne »Go Fossil Free«. Sie ruft alle privaten und institutionellen Anlegerinnen und Anleger dazu auf, ihre Investitionen aus Kohle-, Öl- und Gaskonzernen abzuziehen. Und auch für die private Rentenvorsorge und Versicherungen wie Kranken-, Haftpflicht- oder Unfallversicherungen gibt es immer mehr öko-soziale Anbieter, die dein Geld nach klaren ethischen Richtlinien investieren.

Dass sich Geld zudem durch andere Formen von Eigentumserwerb umlenken lässt, zeigt der digitale Secondhand-Marktplatz Fairmondo. Das Gründerteam hatte erkannt, wie unsinnig und ungerecht die Besitzverhältnisse von Plattformen wie Facebook, AirBnB oder Uber sind. Ihr Wert entsteht ja nur dadurch, dass viele Menschen – wir – hier aktiv sind. Dennoch fließen die Gewinne aus die-

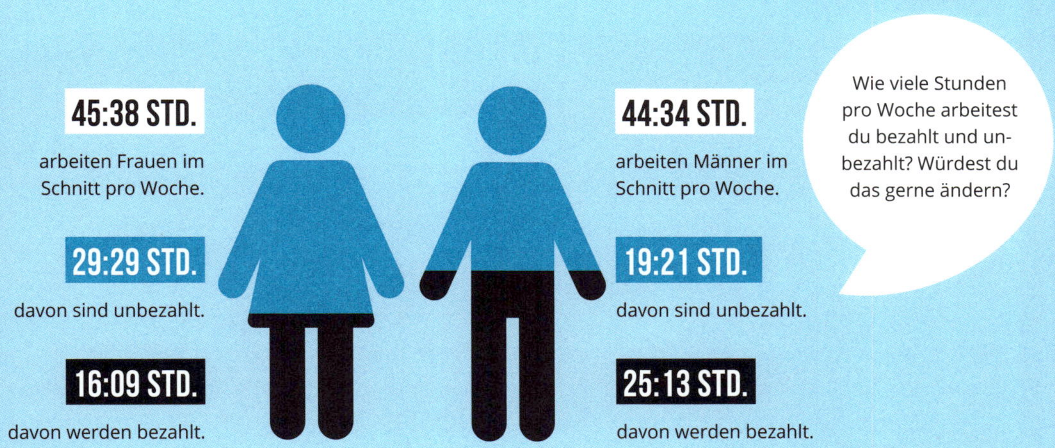

sem Wert in nur wenige Hände. Dazu kommt, dass diese wenigen Personen auch noch über die Köpfe der Nutzerinnen und Nutzer hinweg entscheiden. Etwa welche Werbung diese sehen müssen oder was mit ihren Daten geschieht. Ganz zu schweigen von den Arbeitsbedingungen und Konditionen, die die Mitarbeiter oder Partner zum Teil hinnehmen müssen. Fairmondo hat also eine Collaborative Commons als Alternative zu eBay und Amazon gestartet. Nur, dass das Unternehmen den Nutzerinnen und Nutzern gehört! Denn die Plattform ist eine Genossenschaft. Für zehn Euro kannst du Genossin oder Genosse werden und somit mitbestimmen. Jede Stimme zählt dabei gleich, egal wie viele Anteile jemand hat. Damit wird gewährleistet, dass Eigentümerschaft, demokratische Unternehmensstruktur, Umverteilung von Macht, Selbsthilfe, Selbstverwaltung, Community-Building und Mitgliedsförderung Hand in Hand gehen. Das klingt nicht nur gut. Seit Jahrzehnten sind etliche Unternehmen der Solidarischen Ökonomie nach diesem Prinzip höchst erfolgreich. Leider hat sich Fairmondo für sein Experiment einen Bereich ausgesucht, der extrem schwierig zu besetzen ist. Deshalb lässt der große Durchbruch noch auf sich warten. Zu viele Menschen sind lieber auf den klassischen Plattformen unterwegs, statt die kleinen groß zu machen. Dennoch: Wir brauchen mehr mutige Menschen, die Modelle entwickeln, die zeigen, wie es anders besser gehen könnte. Denn wir brauchen die Vorbilder, die unsere Vorstellungskraft anregen, unsere Ideen um Alternativen erweitern und zum Kopieren einladen.

Deshalb suchen wir weiter. Und finden noch ein Konzept, das – wie die Genossenschaft – eigentlich gar nicht neu ist, aber in den letzten Jahren von immer mehr Menschen wiederentdeckt wurde: die Commons, Gemeingüter oder auch Allmende. Hier gehört etwas weder einem Unternehmer oder Investoren noch dem Staat. Es ist also weder in Privat- noch in Staatsbesitz. Vielmehr handelt es sich um eine dritte Form von Eigentümerschaft. Die Gemeinschaft bestimmt über die Rechte und Pflichten aller Nutznießerinnen und Nutznießer. Über Jahrhunderte ging das gut. Zum Beispiel, wenn sich Menschen eine Weide teilten oder einen Wald. Irgendwann jedoch kam jemand mit der Geschichte daher, dass das nicht funktionieren würde. Man sprach von der »Tragik der Allmende« und davon, dass die Menschen das Gemeingut nur übernutzen und damit zerstören würden, weil jede und jeder versuchen würde, das meiste für sich herauszuschlagen. So würde ein Allmende-See angeblich automatisch leergefischt oder ein Gemeingut-Wald zwangsläufig kahl geschlagen. Doch wie so viele Geschichten rund um Geld, Besitz und Macht entpuppte sich auch dies als eine Er-

PDF-Vorlage für diese Übung unter: www.faironomics.de

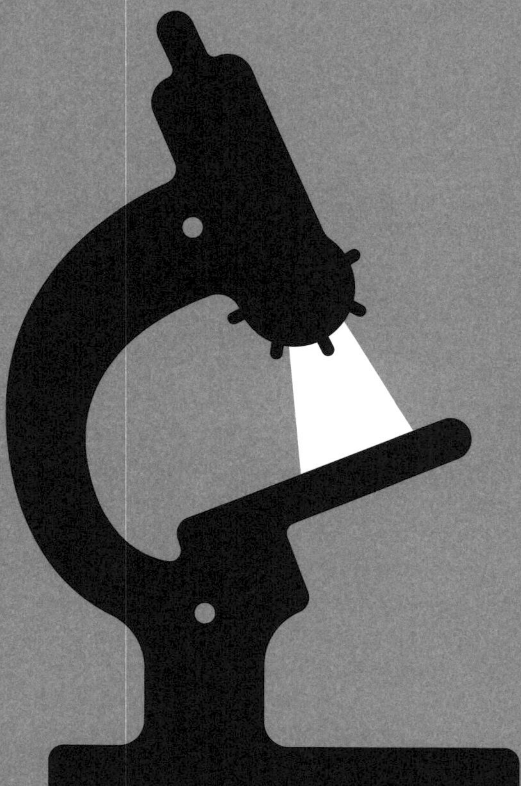

DEIN GELD-EXPERIMENT

DAUER: 1–4 WOCHEN | **GRAD:** SCHWIERIG

Hinterfrage dich und verändere dein Verhältnis zu Geld, indem du gezielt Experimente in deinen Alltag einbaust.

1. DEINE NEGATIVEN GLAUBENSSÄTZE

Wenn es ums Geld geht, hat jede und jeder von uns eine Reihe von Glaubenssätzen, die wir oft schon in der Kindheit durch unsere Familie gelernt haben und nicht hinterfragen. Finde heraus, welche deine sind: Etwa »Ich brauche Geld zum Überleben« oder »Geld stinkt nicht« oder »Geld bestimmt meinen Wert«. Liste alle auf und wähle drei Sätze aus, die dich am meisten behindern. Nimm dir davon den einen Glaubenssatz vor, den du am besten verändern kannst.

2. DEINE POSITIVE AFFIRMATION

Formuliere anschließend eine positive Umkehrung dieses negativen Glaubenssatzes (etwa »Ich kann auch ohne Geld gut leben«) und schreibe ihn auf. Hänge dir den Zettel irgendwohin, wo du ihn täglich siehst.

3. DEIN EXPERIMENT

Überlege dir nun eine Versuchsanordnung, mit der du dir selbst deine positive Affirmation beweisen kannst. Zum Beispiel könntest du eine Woche lang ausprobieren, wie es ist, ohne Geld zu leben (Miete und andere Fixkosten ausgenommen). Oder du machst für dein Projekt eine Liste mit benötigten Sachspenden und schaust, was du geldfrei bekommen kannst. Dokumentiere dein Experiment in Form eines Tagebuchs.

4. DEINE AUSWERTUNG

Nimm dir am Ende deiner Versuchsperiode eine Stunde Zeit. Gehe dein Tagebuch durch und ziehe dein Fazit: Was hat gut geklappt? Was möchtest du in deinen Alltag übernehmen? Was hat dir Schwierigkeiten bereitet? Was lernst du aus deinem Experiment – auch über dein Verhältnis zu Geld?

zählung, um den Bäuerinnen und Bauern ihre Allmenden wegnehmen und sie in den Besitz einiger weniger bringen zu können. Dass Menschen sehr wohl auf lange Zeit friedlich, gewinnbringend und nachhaltig mit Gemeingut umgehen können, hat die amerikanische Wissenschaftlerin Elinor Ostrom nachgewiesen. Anhand realer Allmenden erforschte sie die Regeln, die notwendig sind, um Freiheit und Eigentum zusammenzudenken – und dabei auch noch die gesellschaftliche und ökologische Verantwortung im Blick zu behalten. 2009 erhielt sie dafür sogar als erste und bisher einzige Frau den Alfred-Nobel-Gedächtnispreis für Wirtschaftswissenschaften.

Dass sich das Konzept der Gemeingüter sehr gut in unsere Zeit übersetzen lässt, zeigen die vielen freien OpenSource-Projekte im Internet: Das Online-Nachschlagewerk Wikipedia ist wohl das populärste Beispiel einer neuen Form von Allmende, heute eher Commons genannt. Bei Dingen, die nicht weniger werden, wenn man sie teilt, ist das natürlich besonders einfach: Wenn du zum Beispiel deine digitalen Texte oder Bilder, an denen du die Urheberrechte hast, zu Creative Commons erklärst, können sie alle nutzen (unter Bedingungen, die du bestimmen kannst). Ähnlich ist es mit digitaler Musik, mit Computerprogrammen oder Bauanleitungen für alles Mögliche – von Möbeln über Schnittmuster bis zu Handys. Die Menschen haben die Idee der Commons schon längst auf Dinge wie Gemeinschaftsgärten inklusive Geräte, Fahrräder oder sogar Häuser übertragen. Wieso sollte sich das Konzept also nicht auch viel umfassender in unserer Gesellschaft anwenden lassen – zum Beispiel, um den öffentlichen Nahverkehr, Autos, Energienetze oder wissenschaftliche Forschungsergebnisse gemeinsam besser zu nutzen?

Die Historikerin und Ökonomin Friederike Habermann hat dieses Gedankenspiel zu einer kompletten Wirtschaftstheorie weiterentwickelt. Sie nennt sie die »Ecommony«. In ihr trägt jeder Mensch einfach das bei, was er oder sie kann und will. Dafür bekommen alle, was sie brauchen. Das klingt aus heutiger Sicht vielleicht total verrückt. Wären dann nicht alle Menschen einfach nur faul und würden gar nichts mehr tun? Wir glauben das nicht. Und es gibt auch schon Praxisbeispiele, die uns in dieser Vorstellung bestärken. Zum Beispiel stellte der Pappelhof in einer sogenannten »bedürfnisorientierten Produktion« (BOP) Kartoffeln tauschlogikfrei her. Das bedeutet, dass alle so viele Kartoffeln bekamen, wie sie wollten – umsonst! Außerdem können alle auf dem Hof mithelfen, so viel oder wenig, wie sie wollen. All das brachte uns beide zum Nachdenken: »Was wäre wohl, wenn wir als Gesellschaft die Mythen rund ums Geld einfach umschreiben würden? Wäre dann nicht eine sehr, sehr verlockende Form von Freiheit und Glück möglich? Sicher müssten dazu die meisten Menschen ihre Einstellung und Sichtweisen gründlich ändern. Das fällt niemandem leicht. Doch wäre es nicht vielleicht am Ende die Mühe wert, bequeme Gewohnheiten aufzugeben?«

GELDSORGEN ADE

Ein leeres Bankkonto hat uns dazu gebracht, über die globale Gerechtigkeit ebenso nachzudenken wie über die geheimsten Verletzungen, die Geld – für andere unsichtbar – in unseren Herzen hinterlassen hat. Seit damals haben wir viel dazugelernt. Und wir haben einen Weg gefunden, der für uns funktioniert: Wir haben uns bewusst dafür entschieden, kein geldfreies Leben zu führen. Denn wir sehen in Geld an sich kein Übel. Richtig angewendet kannst du damit sehr viel Gutes bewirken – wenn deine innere Haltung stimmt, du also genug Mitgefühl, Großzügigkeit und innere Freiheit besitzt. Um an unserer inneren Haltung zu arbeiten, haben wir uns überlegt, was wir tun könnten, um die drei Mythen zu widerlegen. Dazu haben wir sie in Experimenten in ihr Gegenteil verkehrt und entsprechend Neues ausprobiert. Wenn sich das Ergebnis gut anfühlte, haben wir die neuen Verhaltensweisen und Strategien beibehalten. Wenn nicht, haben wir uns anderen Dingen zugewendet. Ein paar Beispiele:

1. Es ist genug für alle da: Diesen Satz mit Leben zu füllen ist nicht ganz leicht. Wir versuchen es, indem wir bei allem zunächst immer die Idee und ihre Sinnhaftigkeit betrachten. Es braucht zwar Mut und Selbstvertrauen, aber die Frage nach der Finanzierung stellen wir an den Schluss. Unser Motto: Kein Projekt scheitert am Geld! Darüber hinaus praktizieren wir das Schenken (Schenken ist eine der subversivsten Praktiken in einem System der unendlichen Kapitalakkumulation). Zum Beispiel indem wir uns regelmäßig an Crowdfunding-Projekten beteiligen oder spenden. Oder indem wir mit manchen Kunden eine Schenkökonomie vereinbaren: Wir schenken ihnen das, was sie brauchen – und sie schenken uns zurück, was sie für angebracht und möglich halten. Das hatte in der Mehrzahl der Fälle einen positiven Ausgang für beide Seiten und hat wesentlich mehr Vertrauen und Gelassenheit in die Zusammenarbeit gebracht. Gleichzeitig sagen wir aber auch klar, was unsere Arbeit in unseren Augen wert ist. Das bedeutet nicht, dass wir in jedem Fall so viel Geld bekommen, wie wir für angemessen halten. Doch zumindest ist der Wert unserer Arbeit allen klar. Daher schreiben wir zum Beispiel grundsätzlich den eigentlichen Betrag in unsere Rechnung und ziehen dann die Differenz, die ein Kunde nicht zahlen kann, in Form eines Bessere-Welt-Rabattes oder Ähnlichem ab.

2. Weniger ist mehr: Wir haben unsere Kosten reduziert und damit enorm viel Druck von uns genommen. Immer wieder fragen wir uns, was wir wirklich zum Leben brauchen, kaufen weitaus weniger als früher und gehen mit dem, was wir haben, sorgsamer um. Wichtig dabei: Das ist kein einmaliger Schritt, sondern ein Weg. Mit den Jahren kann man sich, wenn man das möchte, nach und nach reduzieren. Du wirst sehen, dass du auf diese Weise viele Menschen kennenlernst. Denn auf einmal sind nicht Geld und Besitz der Schlüssel zu dem, was du brauchst, sondern deine Verbindungen, Freundschaften und Beziehungen. Das kann eine Herausforderung sein, aber es macht auch sehr viel Spaß.

3. Es gibt viele Alternativen: Eins haben wir klar erkannt: Ganz viele Menschen gehen schon heute in Geldfragen andere tolle Wege. Zum Beispiel kannst du deine geldfreien Lebensbereiche vergrößern, indem du etwa Lebensmittel von Foodsharing holst statt aus dem Laden, Dinge vom Nachbarn zu leihen, statt sie neu zu kaufen, oder Fähigkeiten, wie etwa das Reparieren von Dingen, in Gemeinschaften lernst. Und natürlich solltest du deine Kröten zu einer öko-sozialen Bank und Versicherung wandern lassen.

Die vielen Geschichten all der Menschen, die Geld anders handhaben, zeigen uns eines ganz klar: Es gibt keine Patentlösung. Jede und jeder muss für sich den richtigen Weg und das passende Maß finden. Du wirst wahrscheinlich ein wenig experimentieren müssen, um herauszufinden, was zu dir und deinen Projekten passt. Wichtig ist zu erkennen, dass ein anderer Umgang mit Geld ein Prozess ist. Ja vielleicht sogar ein lebenslanger Weg des inneren Wachstums. Der ist nicht immer einfach. Doch wenn du dich dem Thema Geld stellst, lernst du eine ganze Menge – über die Welt, die anderen Menschen, Machtverhältnisse, aber vor allem über dich selbst. Und je mehr du weißt, desto weniger lässt du dich verbiegen. Du gewinnst die innere Freiheit, wirklich nach deinen Prinzipien zu leben und deinen Weg zu gehen. Denn vergiss nicht: Kein Projekt scheitert am Geld. Das ist unsere entscheidende Erkenntnis – auch und gerade beim nächsten Thema und fünften Schritt: deinem öko-fairen Büro und deinem Besitz.

5 REGELN FÜRS GELD

1
TU SO, ALS WÜRDE GELD KEINE ROLLE SPIELEN!

Stelle die Finanzierung immer ans Ende deiner Überlegungen. Sorge erst dafür, dass dein Traumprojekt für jeden einzelnen Stakeholder, die Gemeinschaft und die Welt eine Bereicherung ist.

2
KENNE DEINEN BEDARF!

Finde heraus, wie viel Geld du brauchst: Wie viel Geld verlangt dein Projekt und wie viel benötigen du und deine Mitstreiter zum Leben? Geh nach Bedarf und nicht nach Leistung.

3
SEI FAIR!

Wie viel wünschst du dir? Und wie viel gestehst du anderen zu? Prüfe, ob du Geld gerecht verteilst. Willst du zum Beispiel fair bezahlt werden? Dann solltest du auch selbst immer faire Preise zahlen …

4
SEI FLEXIBEL UND SUCHE PARTNER!

Finde so viele verschiedene Geldquellen wie möglich. Je breiter deine Finanzierungsbasis, desto sicherer dein Erfolg. Suche dir Partner und prüfe, ob du geldfreie Möglichkeiten hast.

5
GLAUBE AN KEINE MYTHEN!

Finde deine negativen Glaubenssätze in Sachen Geld und hinterfrage sie. Mache dies regelmäßig und stelle die Verbindung zwischen den Geldmythen und deiner Arbeitsweise her.

SCHRITT 5

BÜRO

PRODUZIEREN STATT KONSUMIEREN: WIE DU MIT WENIGER MEHR ERREICHST

Es begann mit einem lauten »Knack«. Wir saßen in unserer kleinen Büromansarde unterm Dach und waren in ein Brainstorming zu einem Projekt vertieft, als sich Marek offenbar ein kleines Stückchen zu weit nach hinten lehnte – und die Lehne seines Bürostuhls nachgab. Eine Inspektion zeigte schnell, dass ausgerechnet das Verbindungsteil zwischen Lehne und Sitzfläche, das die meiste Last zu tragen hatte, aus Plastik statt aus Metall bestand. Es war einfach auseinandergebrochen und unsere Nachforschungen ergaben: Es gab kein Ersatzteil. Das ließ sich nicht reparieren. Ein Zufall? Wir fragten uns: »Müssen wir also wirklich den gesamten Stuhl wegschmeißen und einen neuen kaufen, obwohl er bis auf diese rund zehn mal zehn Zentimeter kleine Verbindung noch heil ist?« Es gibt Menschen, die glauben, dass Unternehmen bewusst und mit voller Absicht solche Sollbruchstellen einbauen. Nachweisen lässt sich das natürlich nur schwer und daher selten. Aber manchmal gelingt es doch, wie beispielsweise im spektakulären Fall des Phoebus-Kartells, das 1924 in einem Genfer Hinterzimmer einen Deal aushandelte: Die Hersteller von Glühlampen einigten sich nicht nur auf kundenfreundliche Standards wie eine einheitliche Fassung. Sie beschlossen auch, dass sie die Lebensdauer von Glühbirnen auf 1000 Stunden begrenzen würden. Nur zum Vergleich: In den USA gibt es in einer Feuerwache eine Birne, die bereits seit über 115 Jahren brennt. Technisch wäre so etwas auch heute problemlos machbar. Doch was sollten die Glühbirnenfabrikanten verkaufen, wenn ihre Produkte nicht nach spätestens zwei oder drei Jahren kaputtgehen?

Wie dem auch sei: Wir waren empört. Keine zwei Jahre hatte der Stuhl gehalten. Nie wieder würden wir diese Marke kaufen! »Mit uns können sie das nicht machen«, sagten wir uns. Wir suchten nach Alternativen und wurden schnell fündig: Stilbruch nennt sich in Hamburg ein Secondhand-Kaufhaus. Die Stadtreinigung betreibt es und verkauft dort Möbel, Geschirr und andere Haushaltswaren, die noch gut in Schuss, aber auf dem Sperrmüll gelandet sind. Beim Kauf achteten wir – wir waren ja nun klüger – genau darauf, woraus der Stuhl gemacht war: Eine gebogene Holzfläche zum Sitzen und Anlehnen, der Rest aus Metall, bis auf die Rollfüße. Sehr bequem und stabil. Wir waren richtig stolz auf unseren guten Fang. Dass uns dieser Stuhl noch zu einer echt steilen Lernkurve verhelfen würde, ahnten wir nicht, als wir ihn zur Erheiterung der anderen Fahrgäste in der U-Bahn mit nach Hause nahmen. Denn die Geschichte ging mit einem zweiten »Knack« weiter. Keine zwei Wochen nach unserem Einkauf brach eine der Rollen ab. Genauer gesagt, bekam die kleine Plastikhalterung einen Riss, die den Metallstift umfasst, an dem die Rolle befestigt ist. Wir dachten natürlich sofort an den kaputten Stuhl im Keller und daran, einfach einen dieser Rollfüße als Ersatz zu verwenden. Allerdings wurden wir enttäuscht, denn die Rollen des alten Stuhls passten nicht zu denen des neuen (auch wenn sie von außen haargenau gleich aussahen). Wieder ein Anruf beim Hersteller. Und wieder das gleiche Ergebnis: Wir sollten den Stuhl am besten entsorgen und uns einen neuen kaufen. Ersatzteile gebe es keine. Schon wieder neu kaufen? Schon wieder wegschmeißen? »Was für eine Verschwendung«, ärgerten wir uns und rollten den Stuhl erst mal beiseite.

Ein paar Tage später ging auch noch einer unserer beiden Computer kaputt. Von heute auf morgen gab er einfach seinen Geist auf. Blackscreen. Alle Wiederbelebungsversuche schlugen fehl. Und wieder riet uns ein Händler zum Neukauf: »Das Gerät hat schon sechs Jahre auf dem Buckel? Dann wird das Betriebssystem sowieso bald nicht mehr vom Support abgedeckt und für die neue Version ist der Rechner zu langsam.« Na toll. Noch so ein Fall von schnellem Verschleiß: Nicht nur, dass die Materialien so verbaut sind, dass Computer einfach nicht mehr lange halten. Die Soft- und Hardware-Hersteller schaukeln sich zudem durch entsprechende Upgrades gegenseitig hoch. Als Nutzer sind wir dadurch früher oder später gezwungen, uns neue Geräte zu kaufen, wenn wir weiterhin eine sichere Software verwenden wollen. Technisch gibt es dafür keinen Grund. Wirtschaftlich schon. Denn jedes Mal, wenn wir ein neues Möbel oder Gerät kaufen, steigen die Umsätze der Unternehmen. Dass gleichzeitig auch die Müllberge wachsen und die Ausbeutung von Menschen und Umwelt zunimmt, scheint niemanden zu stören. Auf jeden Fall nicht so sehr, dass man sich die Mühe machen und dagegen etwas unternehmen würde. Wir selbst waren da nicht besser. Und so standen nun Stuhl und Laptop in der Ecke und zwangen uns förmlich, uns weiter mit dem Thema zu beschäftigen.

HINTER DEN MÜLLBERGEN

»Wieso dieser ganze Wahnsinn?«, kamen wir ins Grübeln. Warum handeln wir so, wenn doch offensichtlich ist, dass es nicht gut ist – weder für uns noch für die Gemeinschaft noch für den Planeten? Langsam, aber sicher dämmerte uns, dass es hier einen gewaltigen Grundkonflikt gibt, der sich heimlich, still und leise zu einem globalen Desaster ausweitet. Einen Konflikt, der dir erst bewusst wird, wenn du dich selbst hinterfragst. Er entsteht aus dem gefährlichen Zusammenhang von Effizienz und Zerstörung. In einer Leistungsgesellschaft wirst du an Resultaten gemessen. Und egal was du tust, du willst erfolgreich sein. Doch die Welt da draußen scheint dir kaum Zeit zu lassen. Alles muss schnell gehen. Und so bist du stets getrieben und verlierst dich in den kleinen Dingen des Alltags. In den Herausforderungen, die dein Unternehmen, dein Projekt, deine Initiative mit sich bringen. So läufst du Gefahr, deine Überzeugungen aus dem Blick zu verlieren.

Wenn du andere fragst, warum sie beruflich oder privat trotz besseren Wissens so wenig Rücksicht auf die Umwelt nehmen, dann brüskiert sie das. Logisch. Und immer gibt es die zwei Gründe, die alles entschuldigen sollen: keine Zeit und kein Geld. Keine Zeit, um nach Alternativen zu suchen oder Abläufe zu ändern. Kein Geld, um immer die teuren Öko- und Fairtrade-Produkte zu kaufen. Irgendwann, irgendwo, irgendwie könne man beides der Welt ja wieder zurückgeben: Indem man der Familie, den Kindern, Freunden und Kollegen Zeit schenkt und sich den wirklich wichtigen Dingen widmet. Indem man ökologischen und sozialen Organisationen und Anbietern Geld zukommen lässt. Doch parallel dazu – das ahnen die meisten – schlagen sie eine breite Schneise der Zerstörung in unsere Welt. Besonders bei der Arbeit, wo Effizienz einen hohen Stellenwert hat, ertappen wir uns selbst. »Warum es nicht gleich anders machen?«, überlegten wir. Und diesmal wollten wir die Sache eben nicht so einfach

SOLLBRUCHSTELLEN

WIE UNTERNEHMEN DEN VORZEITIGEN VERSCHLEISS PLANEN

Geplante Obsoleszenz hat mehrere Formen, die sich oft auch vermischen. Es gibt die rein technische; ein bekanntes Beispiel ist die Glühbirne, die früher als nötig den Geist aufgibt. Das wurde mit Labortests knallhart geplant, das kann man in internen Dokumenten nachlesen. Dann ist da die psychologische Obsoleszenz: Uns wird eingeredet, man könne sich mit einem Produkt einfach nicht mehr sehen lassen. Auf einmal ist etwas veraltet, weil es die Farbe vom letzten Jahr hat oder ein anderes Design, als derzeit angesagt gilt. Es funktioniert technisch noch, aber man will es nicht mehr benutzen. Und schließlich gibt es noch Grauzonen. Zum Beispiel, wenn Bauteile billig gemacht und nicht belastbar sind, wenn Ersatzteile vom Markt genommen werden oder ein neues Betriebssystem ein älteres Gerät nicht mehr annimmt. Der Effekt ist immer der gleiche: Es wird schneller neu gekauft, als man das eigentlich vorhatte. Die Schuld dafür dürfen wir aber nicht nur den Firmen geben, weil wir selbst uns oft viel zu leicht zum Neukauf überreden lassen.

Wir nutzen immer mehr Elektronik. Dort lässt sich die geplante Obsoleszenz viel leichter verstecken. Wenn mir etwa ein Möbelstück im Büro kaputtgeht, dann sehe ich, wo etwas gebrochen ist, und kann versuchen, es zu reparieren. Bei einem Mikrochip kann ich dagegen persönlich oft nichts mehr machen. Ich weiß nicht einmal, was genau das Problem ist. Vor allem kleine Geräte haben sich enorm multipliziert, veralten schneller und der Müll ist viel giftiger. Doch wir alle können etwas tun. Der erste Schritt ist zu erkennen, dass unser Bewusstsein nicht von all diesen Objekten abhängt. Wenn wir das verstehen, sind wir viel weniger anfällig für Neukauf und Aktualisierungen. Dann kann ich leichter entscheiden: Nützt mir das etwas? Hat es einen konkreten Zweck? Oder kaufe ich das aus anderen Gründen? Ich glaube, dass sich da eine Grundhaltung ändern muss. Wir müssen einsehen, dass die Geplante Obsoleszenz ein ernsthaftes Problem ist, dass sie nicht nur ein Umweltdelikt ist, sondern der Wirtschaft schadet. Dass dadurch Rohstoffe verschwinden, die dann woanders fehlen, und uns Lebenszeit verloren geht, wenn wir ständig neu kaufen müssen. Wem macht es schon Spaß, einen neuen Drucker zu installieren? Alles müsste viel transparenter werden: Man könnte ein Etikett auf die Produkte machen, auf dem steht, wie lange es wirklich hält und wie das Recycling funktioniert. Dann habe ich eine Vergleichsmöglichkeit. Dazu müssten wir die Reparaturfähigkeit stärker einfordern und fördern. Und wir könnten viel mehr gemeinsam nutzen. Warum haben wir Angst davor, Sachen zu teilen? Man hat lieber alles für sich allein und denkt sich: Dann kann mir nichts passieren. Aber dadurch geht der Kontakt zu den Menschen verloren. Denn immer steht die Technik dazwischen.

COSIMA DANNORITZER

ist Dokumentarfilmerin. Ihr Film ›Kaufen für die Müllhalde‹ über die geplante Obsoleszenz war ein internationaler Erfolg und erhielt zahlreiche Preise.
http://bit.ly/dannoritzer

POLYETHYLEN-TEREPHTHALAT
findest du in Folien, Verpackungen und Einwegflaschen. Es kann hormonell wirksame Stoffe an Flüssigkeiten abgeben.

POLYETHYLEN MIT HOHER DICHTE
wird in Flaschen oder Müllbeuteln verwendet. Es enthält keine Weichmacher, aber womöglich östrogenartig wirkende Chemikalien.

1 MIO. PLASTIKFLASCHEN
kaufen die Menschen weltweit pro Minute. Noch nicht mal die Hälfte wird recycelt.

1,5 MRD. SMARTPHONES
haben die Menschen 2017 rund um den Globus gekauft.

POLYVINYLCHLORID (PVC)
Ist das PVC von Technik, Kabeln, Kunstleder oder Verpackungen geschmeidig, sind Weichmacher darin. Sie können die Gesundheit gefährden und bei einem Brand giftige Dioxine erzeugen.

aus Bequemlichkeit auf sich beruhen lassen. Wir würden in Zukunft nur noch Dinge kaufen und nutzen, die nicht auf Kosten anderer Menschen und der Natur entstanden sind.

IN EINEM MEER AUS PLASTIK

Um beurteilen zu können, was nun gut und was schlecht ist, wollten wir uns zunächst einmal mit den Folgen unseres bisherigen Konsums konfrontieren. Als Erstes schauten wir uns um. Auf die Sachen, die nun mal jedes Büro braucht: Regale, Schränke, Stühle, Schreibtische, Ablagen, Schreibwaren, Verbrauchsmaterialien. Wie wir schon geahnt hatten, ging es hier um gewaltige Mengen. Wir fanden zwar keine Zahlen speziell dazu, wie viele Büromöbel und -materialien verkauft werden oder wie viel Büromüll anfällt. Doch was insgesamt an Müll entsteht, zeigt, dass wir auch im Büro viel stärker auf unseren Materialverbrauch achten müssen. Laut Bundesumweltamt ist der sogenannte Siedlungsabfall – zu dem auch der Büromüll gehört – beachtlich. Knapp 47 Millionen Tonnen sind in Deutschland allein im Jahr 2016 zusammengekommen. Hiervon sind 5,5 Prozent Sperrmüll – also auch Dinge wie Büromöbel. Papiere, Pappen und Kartonagen liegen bei 16,8 Prozent, gemischte Verpackungen bei 12,7 Prozent. 220,5 Kilogramm Verpackungsmüll produzieren wir Deutschen pro Kopf und Jahr im Durchschnitt. Das ist knapp fünfmal so viel wie der globale Durchschnitt. Wir schauten uns in unserem Büro um und stellten fest: Nicht nur, dass wir unglaublich viel Zeug hatten. Das meiste davon war auch noch aus Plastik: Verlängerungskabel, CD- und DVD-Hüllen, Software-Boxen, Mappen und Klarsichtfolien, Stifte, Anspitzer, Tacker, Füllerpatronen und Radiergummis. Und natürlich war fast alles mal in aufwendige Plastikverpackungen eingeschweißt gewesen. Sogar die vielen Karten in unserer Geldbörse, mit denen wir diese ganze Plastikflut bezahlten, bestanden aus Kunststoff.

Überall ist dieses fiese Zeug, das Jahrhunderte braucht, um sich zu zersetzen, in Mikroplastik zerfällt und bislang unbekannte Auswirkungen auf uns und alles andere Leben auf diesem Planeten hat. 1907 wurden zum ersten Mal Kunststoffe hergestellt. 1950 bereits 1,5 Millionen Tonnen pro Jahr verbraucht. Heute sind wir bei mehr als 300 Millionen Tonnen jährlich. Das ist in etwa so viel, wie alle Menschen auf dieser Erde zusammen wiegen. Bis zu 12,7 Millionen Tonnen davon landen schätzungsweise jedes Jahr im Meer. Das sind bisher insgesamt geschätzt bis zu 150 Millionen Tonnen! Bis 62 Prozent des europäischen Verpackungsmülls sind Einwegverpackungen. Wer in eine der Elektronik- oder Büroketten geht, sieht so gut wie nur Plastik in den Regalen. »Ein wirklich guter

29 PLASTIKTÜTEN
verbraucht ein Deutscher pro Jahr. Weltweit sind es 2,4 Mrd. Plastiktüten jährlich.

POLYETHYLEN NIEDRIGER DICHTE
kann chemische Substanzen freisetzen, die den Stoffwechsel stören.

POLYPROPYLEN
ist biologisch nicht abbaubar und wird zu Mikroplastik.

CDS UND DVDS
bestehen vor allem aus Polycarbonat, einem recht teuren Kunststoff, und lassen sich gut recyceln.

OTHER
Diese Plastikarten findest du z. B. in CD-Hüllen und Koffern. Manche setzen die hormonell wirksame Substanz Bisphenol A (BPA) frei, die mit Störungen der Sexual- und Gehirnentwicklung in Zusammenhang gebracht wird.

Grund, um endlich entsprechende Gesetze zu erlassen«, fanden wir. Denn so wie die Dinge standen – und derzeit ja immer noch stehen –, waren wir beide – trotz unseres guten Willens – echt überfordert, als wir uns in den einschlägigen Läden nach besseren Produkten umsehen wollten. Ein wenig halfen uns die Recycling-Codes, die du auch oben in der Grafik findest. Besonders vor Polyvinylchlorid (PVC) und Polystyrol (PS) warnen Verbraucher- und Umweltschutzorganisationen. Doch so langsam verwandelten sich die Geschäfte für uns in echte Gefahrengebiete. Wo waren hier bitte schön die Alternativen?

GEPLANTER VERSCHLEISS?

Noch schwieriger und unübersichtlicher als bei den Büromaterialien ist es bei der Elektrotechnik. Nach nur knapp 40 Jahren Informationszeitalter bestimmen digitale Geräte bei vielen Menschen den Arbeitsalltag. In etlichen Bereichen gibt es heute kaum noch einen Arbeitsablauf, der nicht digitalisiert ist. 2,5 Trillionen Bytes an Daten erzeugen wir jeden Tag! Um das zu bewältigen, brauchen wir nicht nur immer neue Software, sondern auch immer leistungsstärkere Geräte. Was gestern der neueste Schrei war, ist morgen schon veraltet. Dann nennen wir es Elektroschrott, auch wenn es noch tadellos in Schuss ist. Ein Beispiel: Unser alter DVB-T-Receiver zum Fernsehen, der einwandfrei funktionierte. Doch dann war er plötzlich nutzlos, weil der Fernsehempfang nun nur noch über einen neuen Standard, DVB-T2, lief. Millionen Haushalte mussten sich ein neues Gerät anschaffen. Wir auch. Die Hersteller freute es. Uns ärgerte es. Denn über die sozialen und ökologischen Folgen des permanenten Neukaufs sprechen wir in unserer Gesellschaft eher selten. Im Vordergrund stehen für viele von uns Anwenderinnen und Anwendern die Bequemlichkeit und der Status. Und für die Unternehmen ihre Umsatzmilliarden.

Doch die digitale Revolution verändert nicht nur unsere Sicht auf die Welt, auf kulturelle Entwicklungen und soziale Strukturen. Sie beschleunigt und vervielfacht nicht nur unsere Kommunikation in einer Weise, dass immer mehr Menschen an Semi-Somnia leiden – einer Krankheit, bei der das Gehirn selbst im Schlaf nicht mehr richtig abschalten kann, sodass die Leute irgendwann vor blanker Erschöpfung schwer krank werden (mehr dazu im Kapitel acht). Nein, all die schicke Hardware – die uns suggeriert, sie mache unser Leben so viel leichter – ist vor allem eines leider gar nicht: fair. Die immer neuen Smartphones, Tablets, Computer, Flatscreens, Kameras, Scanner, Drucker, Konsolen und Smartwatches erzeugen gewaltige soziale und ökologische Probleme. Und bislang trägt die Allgemeinheit die Konsequenzen. Die Pro-

VERSTEHEN LERNEN

DAUER: 30 MINUTEN | **GRAD:** LEICHT

Was steckt hinter den Dingen? Mach dir bewusst, was dein Büro für dich und diese Welt bedeutet:

SCHRITT 1: WÄHLE EINEN GEGENSTAND

Sorge dafür, dass du 30 Minuten ungestört Zeit hast. Setze dich an deinen Schreibtisch und wähle irgendeinen Gegenstand aus, den du täglich siehst.

SCHRITT 2: GENAU WAHRNEHMEN

Nimm den Gegenstand in die Hand. Fühle ihn, spüre sein Gewicht, seine Oberfläche und Beschaffenheit. Schau ihn dir genau an: die Farben, die Struktur, die kleinen Details. Rieche daran.

SCHRITT 3: DEN WEG ERKENNEN

Male dir nun aus, woher dieses Produkt kommt. Woraus besteht es? Was war dafür an Ressourcen und Energie notwendig? Wer waren die Menschen, die dafür sorgten, dass es heute bei dir ist? Was haben sie getan und wie ist es ihnen dabei ergangen? Waren Tiere beteiligt und mussten sie womöglich sterben?

SCHRITT 4: DANKBARKEIT ÜBEN

Mach dir bewusst, wie viel andere getan haben, damit du diesen Gegenstand nutzen kannst. Macht das dieses Ding für dich wertvoller? Spürst du Dankbarkeit dafür?

duzenten stecken sich derweil die Gewinne in die Tasche.

Wie wenig sich die Elektronikkonzerne um Dinge wie Umweltschutz kümmern, zeigt eine Studie der Umweltschutzorganisation Greenpeace aus dem Jahr 2017. Sie beschäftigt sich mit grüner Elektronik, die größten Hersteller wurden unter die Lupe genommen. Es wurde unter anderem untersucht, ob diese erneuerbare Energien nutzen, Ressourcen durch nachhaltiges Design und Recycling einsparen und ob sie gefährliche Chemikalien aus den Produkten und der Herstellung verbannt haben. Das Ergebnis ist wirklich niederschmetternd: Von 17 untersuchten Anbietern publizierten nur sechs eine knappe Liste an Chemikalien, die sie bei ihrer Herstellung vermieden. Nur zwei Firmen boten Produkte vollkommen ohne umwelt- und gesundheitsschädliche Chemie an – also etwa ohne PVC, Weichmacher wie Phthalaten oder bromierte Flammschutzmittel (BFR). Nur drei der Unternehmen verkauften Geräte, die sich reparieren und aufrüsten ließen. Dazu kommt, dass in die Herstellung und den Betrieb von Elektronikartikeln, Streamingdiensten und Suchmaschinen zumeist klimaschädlicher Kohlestrom fließt.

Im Jahr 2018 fielen weltweit rund 50 Millionen Tonnen Elektroschrott an, so das Bundesministerium für wirtschaftliche Zusammenarbeit und Entwicklung (BMZ). Darunter jede Menge IT. Versuch dir nur mal einen Augenblick lang diese Menge vorzustellen (und erinnere dich daran, dass alle Menschen zusammen in etwa 300 Millionen Tonnen wiegen). Doch trotz dieser gewaltigen Mengen und der wertvollen Metalle und Erden, die in den Geräten begraben liegen, recyceln wir weltweit schätzungsweise weniger als 16 Prozent unseres Elektronikschrotts! Und das sind lediglich die ökologischen Aspekte unseres unbedachten Konsums. Dazu kommen die großteils menschenunwürdigen Arbeitsbedingungen, die bei der Rohstoffgewinnung herrschen, wie ein Blick in eine Studie des Umweltbundesamtes aus dem 2017 mit dem etwas holprigen Namen »Ansätze zur Reduzierung von Umweltbelastung und negativen sozialen Auswirkungen bei der Gewinnung von Metallrohstoffen (UmSoRess)« zeigt.

MAKE IT FAIR

Unsere Recherche machte uns ziemlich wütend. Zwar haben die wichtigsten Hersteller 2004 vollmundig Selbstverpflichtungen verabschiedet, wie etwa den Electronic Industry Citizenship Coalition Code of Conduct (EICC Code). Doch von ernsthaft sozialer und umweltfreundlicher Elektronik sind die allermeisten Produkte weit entfernt. Selten gehen die Maßnahmen der gängigen Produzenten über das hinaus, was die Gesetzgebung der Länder ohnehin vorsieht, in denen sie die Geräte produzieren lassen. Und das ist meistens nicht gerade viel. Deshalb schauten wir uns die Green-IT-Zertifikate näher an, die wir häufiger auf den Geräten sahen. Da gibt es immerhin ein paar. Bereits 1994 hat sich das Global Ecolabelling Network (GEN) gegründet, eine gemeinnützige Vereinigung von Organisationen, die die Umweltkennzeichnung von Produkten und Dienstleistungen verbessern, fördern und entwickeln will. Daneben empfiehlt die Website siegelklarheit.de als Gerätesiegel den TCO Certified Notebooks 5.0, den Blauen Engel, das EU Ecolabel und den TÜV Rheinland Green Product Mark. »Das hört sich doch schon mal gut an«, denken wir und suchen weiter. Doch auf der gleichen Website entdecken wir: Nur wenige »Laptops & Co.« dürfen diese Siegel überhaupt tragen. Und »die Arbeitsbedingungen bei der Fertigung der Einzelteile werden bislang von keinem Siegel adressiert«, heißt es. Echt düster.

Dass die soziale und ökologische Bilanz der Unternehmen so schlecht ist, liegt nicht (nur) daran, dass es den konventionellen Herstellern egal ist, ob sie Natur und Menschen ausbeuten. Es kommt (auch) daher, dass diese Produkte einfach wahnsinnig komplex sind. »In einem Smartphone sind um die 1200 Komponenten enthalten, die von Hunderten von Fabriken hergestellt werden, die aus Hunderten von Minen ihre Rohstoffe beziehen«, erklärt uns Bas van Abel. Er hat zusammen mit anderen das Fairphone entwickelt – das erste Smartphone, das so fair wie möglich hergestellt wird und so gestaltet ist, dass es sich leicht reparieren und »upgraden« lässt. Wir haben uns mit ihm per Skype verabredet, um mehr über die Entwicklung in der Elektronikbranche zu erfahren. Und was er erzählt, klingt einleuchtend.

Ein Smartphone, Computer oder Tablet ist eben keine Banane. Um so komplexe Dinge wirklich fair und umweltfreundlich zu erzeugen, braucht es viele Jahre der Entwicklung, der Kooperationen in aller Welt, der Überzeugung und Experimente. Das ist ein Weg, erklärt uns Bas van Abel. Und deshalb gibt es faire und grüne IT heute eben noch ziemlich selten. Immerhin finden wir eine faire Computermaus von Nager IT. Von Prime Computer gibt es einen lüfterlosen Desktop-PC und Server, die wenig Strom verbrauchen und sich recyceln lassen sollen. Das Unternehmen iameco verbaut Holz und recyceltes Aluminium zu Computern, die laut Hersteller rund dreimal so lange halten wie herkömmliche Vergleichsprodukte. Außerdem gibt es mittlerweile immer mehr Anbieter von Secondhand-IT. Darüber hinaus finden wir internationale Organisationen wie GoodElectronics oder die WEED-Initiative PC Global, die sich für faire Arbeitsbedingungen und Umweltschutz in den globalen Wertschöpfungsketten der Computerindustrie einsetzen. Übrigens: Wenn du ein Faironomics-IT-Unternehmen gründen willst, findest du beim FairLötet e. V. interessierte Mitstreiter.

Bas van Abel hat das Gefühl, dass sich etwas in der Branche tut. Es geht seiner Ansicht nach nur nicht schnell genug. Und warum? »Ich glaube, der Grund, warum so viele Organisationen und Menschen, die die Veränderungen voranbringen wollen, auf Schwierigkeiten stoßen, ist tatsächlich das Konsumentenverhalten. Denn unsere Umwelt zu schützen wäre wirklich so einfach: Kauf einfach kein neues Smartphone. Behalte das, das du hast, und nutze es länger«, erklärt er. Doch die gesamte Logik unserer Wirtschaft funktioniert anders. Wir sollen immer mehr und mehr kaufen, damit die Umsätze wachsen. Die Werbung spielt dabei keine unwesentliche Rolle, wie du im Kapitel sieben lesen kannst. »In gewisser Hinsicht müssen wir also erst die ganze Welt verändern, bevor wir ein absolut faires Smartphone herstellen können. So ist das. Leider«, meint Bas.

Doch auch hier ist er mit seinem Unternehmen auf der Suche nach Alternativen. Zum Beispiel erproben sie gerade ein Modell: Sie wollen nicht mehr das Produkt Fairphone verkaufen, sondern die Dienstleistung mobile Telefonverbindung. Warum dieser Perspektivwechsel einiges bringen könnte, erklärt Bas van Abel so: »Wenn wir ein Telefon verkaufen, ist der Service ein Kostenfaktor – sei es eine Garantie oder der Support. Das bedeutet, dass sich alles darauf konzentriert, viele Telefone zu verkaufen.« Doch wenn die Sache umgekehrt läuft, wie dies bei dem Pilotprojekt mit der Stadt Amsterdam geschieht, dann verkauft Fairphone den Service. »Dann ist die Herstellung eines neuen Telefons auf einmal der Kostenfaktor und es ist für uns ein Vorteil, ein Telefon so lange wie möglich beim Kunden zu lassen.« Auf diese Weise muss das Unternehmen niemanden mehr dazu bringen, so viele neue Telefone wie möglich zu kaufen. Es bewegt sich also schon etwas. Wir Konsumentinnen und Konsumenten können dazu viel beitragen. Und das wird auch höchste Zeit. Denn alles in allem reden wir hier von gewaltigen Mengen an Geräten, die andere Menschen ins Unglück stürzen und unsere Erde vergiften. Auch wenn Bas optimistisch klingt, ärgern wir beide uns. Denn mit dem, was derzeitig an guten Projekten vorangeht, hätten die weltweiten Elektronikkonzerne doch schon vor Jahrzehnten anfangen

FAIRER STATT FAIR

WIESO EIN FAIRES SMARTPHONE ZIEMLICH KOMPLIZIERT IST

In einem Smartphone sind rund 1200 Komponenten enthalten, die von hunderten von Fabriken hergestellt werden. Die Rohstoffe bekommen sie aus Hunderten von Minen. Ein Smartphone ist daher ein sehr komplexes Produkt. Als wir Fairphone gegründet haben, haben wir deshalb gut überlegt, wo wir ansetzen könnten. Wir kamen auf die vier großen Konfliktmineralien: Zinn, Wolfram, Tantal und Gold. Diese sind im Fairphone zwar enthalten. Denn wir haben entschieden, dass wir die Konfliktgegenden nicht meiden, die Menschen dort brauchen ja schließlich Arbeit. Doch wir haben im Kongo Projekte ins Leben gerufen, im Rahmen derer Mineralien konfliktfrei und fair gefördert werden. Wir arbeiten mit Gewerkschaften, Menschenrechtsorganisationen, großen Unternehmen und Fairtrade-Initiativen zusammen.

Um die Arbeitsbedingungen in der Produktions- und Fertigungsindustrie zu verbessern – vor allem in China –, haben wir Fonds mit besonderen Prämien und Boni aufgesetzt. Dadurch erhalten auch die Mitarbeiter mehr Gehalt. Darüber hinaus investieren wir in bessere Gesundheits- und Sicherheitsbedingungen. Ein zweiter wichtiger Punkt ist für uns das Recycling. Wir bekommen eine Menge alter Smartphones aus Ghana und verwerten die darin enthaltenen Mineralien und Metalle wieder. Der dritte wichtige Bereich des Fairphones ist das Design. Das ist der Teil, wo die ökologische Nachhaltigkeit ins Spiel kommt. Bei der Lieferkette geht es um Menschenrechte, beim Design vor allem darum, ein Smartphone zu bauen, das nachhaltig ist. Und der Schlüssel hierzu ist, dass der Endverbraucher das Gerät länger nutzt. Deshalb haben wir das Fairphone so gestaltet, dass Nutzer es selbst reparieren können. Wenn sie ihr Telefon doppelt so lange behalten wie üblich, brauchen wir nur halb so viele Handys zu produzieren. Das ist der Dreh, mit dem wir den Fußabdruck des Gerätes am besten verkleinern können.

Ich bin davon überzeugt, dass es so etwas wie perfekt fair nicht gibt. Wir leben in einer leider nicht vollkommen fairen Welt und es geht darum, wie wir uns darin umeinander kümmern. Das betrifft die Elektronik, aber im Grunde auch alle anderen Produkte, die wir nutzen. Heute produzieren wir komplexe Dinge auf so phantastische Weise, dass wir sie nutzen können, ohne sie zu verstehen – einfach, weil wir global vernetzt zusammenarbeiten. Diese globale Arbeitsteilung führt dazu, dass wir die Menschen, die hinter den Kulissen dafür sorgen, dass es diese Produkte gibt, nicht mehr sehen. Wir müssen es schaffen, die Verbindung zwischen uns Verbrauchern und ihnen wieder herzustellen. Das können sehr starke Marken leisten. Dann machen wir einen riesigen Schritt vorwärts, was die Nachhaltigkeit und Fairness von Produkten angeht.

Foto: Frank Bauer

BAS VAN ABEL

ist Designer und hat Fairphone gegründet. Nach vielen Jahren als Geschäftsführer ist er heute Mitglied des Leitungsgremiums. **fairphone.com**

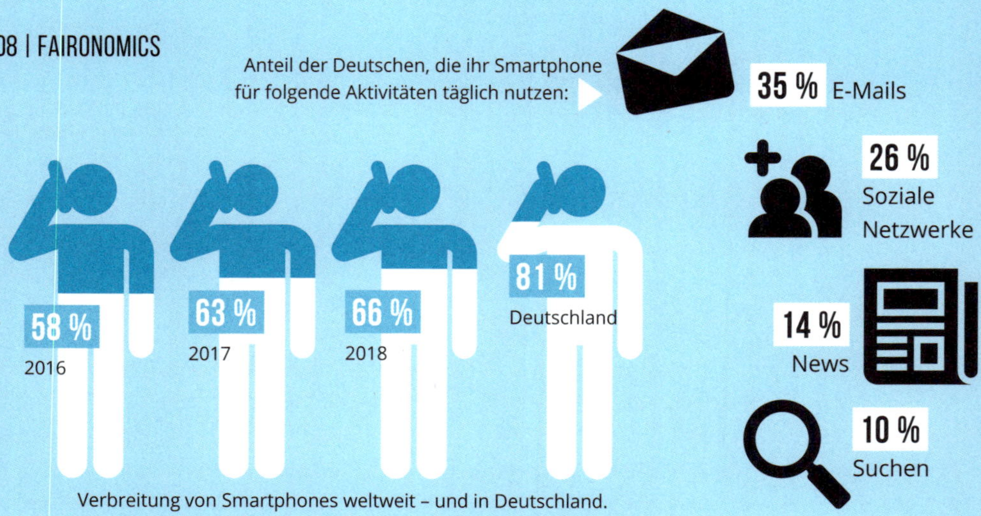

Verbreitung von Smartphones weltweit – und in Deutschland.

können. Ja, anfangen müssen. Stattdessen sind wir Verbraucherinnen und Verbraucher bis heute auf Produkte angewiesen, die sich eigentlich überhaupt nicht vertreten lassen. Momentan können wir diese nur boykottieren oder die wenigen Alternativen nutzen, die unermüdliche Unternehmerinnen und Unternehmer wie Bas van Abel voranbringen.

Da saßen wir also nun in unserem vollgestopften Büro und sahen uns um. Und uns wurde schlagartig klar: »Verdammt noch mal – wir sind Teil des Problems!« Wir musterten kritisch unseren Bürostuhl und den Laptop in der Ecke und wollten eines ganz klar nicht mehr: einfach so weiter mitmachen wie bisher. Doch was konnten wir tun? Wie konnten wir unseren inneren Schweinehund überwinden und endlich etwas anders machen? Wir kamen ins Grübeln.

PLAN B WIE BEWUSSTSEIN

Wir brauchten damals eine ganze Zeit, um uns zu berappeln, unser eigenes Zutun zu der ganzen Misere anzuerkennen und uns einzugestehen: Wir mussten uns ändern. Ja, wir würden zwar noch eine ganze Weile weit davon entfernt sein, echte Büro-Faironomisten zu sein (und wir sind heute immer noch nicht perfekt). Doch wurde uns langsam, aber sicher bewusst, dass die Lösung nur zu einem kleinen Teil damit zu tun hatte, was wir kauften. Es ging vor allem darum, dass wir unsere Verhaltensweisen und Gewohnheiten veränderten.

Wir sagten uns: »Es gibt keinen Grund, irgendetwas aufzuschieben. Das Problem liegt doch im wahrsten Sinne des Wortes vor unserer Nase.« Stimmt, es ist ein echt schwieriges Thema. Ja, und ein hundertprozentig öko-faires Büro gibt es vielleicht nicht – zumindest noch nicht so bald. Denn es gibt bisher nicht genug öko-faire Angebote. Das kann ganz schön frustrieren, heißt aber nicht, dass du nicht irgendwo beginnen kannst. Zum Beispiel genau dort, wo du dich jetzt befindest. Anfangen ist Einstellungssache. Wir Menschen neigen dazu, uns jede Menge Ausreden einfallen zu lassen oder anderen die Schuld zu geben, warum etwas nicht geht. Oder einfach abzuwarten. Irgendwann wird uns der Misserfolg schon recht geben. Doch wenn du genauer hinschaust, dann entdeckst du, dass all das Schlimme zugleich auch die Chance bietet, dass du ganz viel besser machen kannst. Aber das wird nur gelingen, wenn du es wirklich willst und durchziehst. Wie häufig nimmt man sich etwas vor, um es dann auf halber Strecke wieder einschlafen zu lassen. Deshalb haben wir die Veränderung unseres Büros in kleine Phasen aufgeteilt und als konkrete Projekte geplant und umgesetzt. Um uns daran zu erinnern, dranzubleiben und durchzuhalten, schrieben wir auf einen

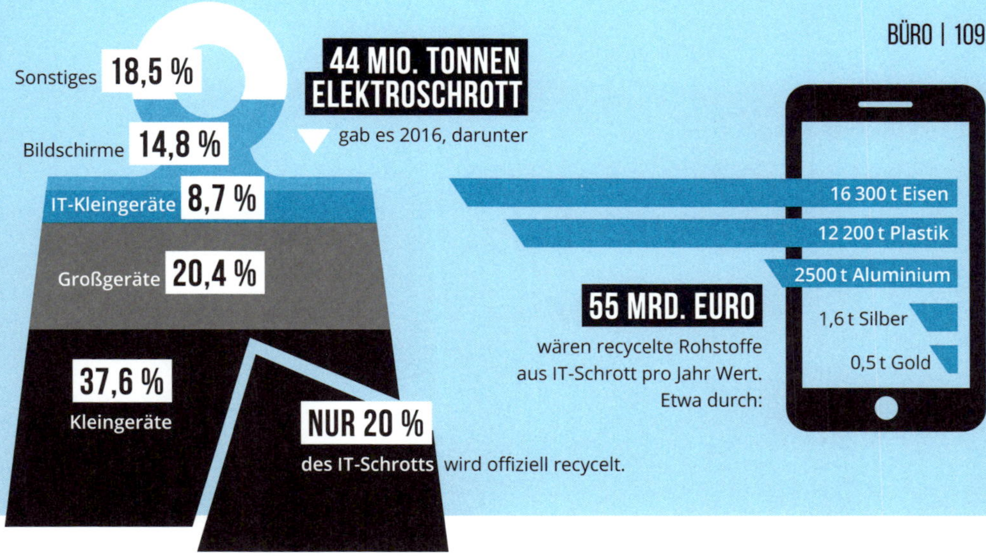

hübschen Zettel in großen Buchstaben und Signalfarben »Starte durch!« und hängten ihn im Büro dort auf, wo wir ihn immer sehen konnten.

Denn die Veränderungen, die uns nun bevorstanden, hatten nicht nur mit unserem Büro zu tun – nicht nur mit den materiellen Gegenständen um uns herum –, sondern mit uns selbst. Wir mussten unsere Gewohnheiten, Blickwinkel und Verhaltensweisen verändern. Statt immer einfach nur einzukaufen, wenn etwas kaputtging oder fehlte, wollten wir nun neue Handlungsspielräume schaffen: Wir wollten unser Büro von den Dingen befreien, die wir im Grunde gar nicht brauchten. Wir wollten den Stuhl eigenhändig reparieren und für künftige Anschaffungen Konsumalternativen finden. Das ist anfangs etwas aufwendig. Aber sobald du dich dran gewöhnt hast, ist es genauso einfach und selbstverständlich wie das, was du vorher getan hast: neu kaufen. Es hilft dir für den Übergang, wenn du dir einen Rahmen, Regeln und Routinen schaffst, an die du dich immer halten kannst. Vergiss dabei nicht, dich zu hinterfragen. Am besten mit einem Notizbuch, in das du alle deine tollen Ideen und Lösungen einträgst. Bunt und im Ton zuversichtlich, damit es dich immer wieder aufs Neue motiviert. Und – ganz wichtig – habe Freude an der Veränderung und halte dir immer wieder deine Fortschritte vor Augen. Sei nicht zu hart mit dir. Klar, Ausflüchte und Ausnahmen von der Regel gibt es immer. Und vielleicht sind manche auch unvermeidbar. Mach dir aber immer wieder bewusst, dass das Ganze ein Weg ist. Es ist nicht schlimm, wenn du nicht perfekt bist. Doch andererseits solltest du auch nicht unnötig Zeit verlieren. Wir beide haben uns als Allerererstes gefragt, wie unser Faironomics-Traumbüro eigentlich aussehen soll. Wir haben uns ein Bild davon auf die erste Seite unseres neuen Notizbuches gezeichnet, um es uns so gut wie möglich vorstellen zu können. Je mehr wir darüber nachdachten, desto größer wurde unsere Lust, all das Realität werden zu lassen. Seitdem arbeiten wir daran. Es dauert, aber es wird. Glaube an die Kraft der Veränderung und deine Haltung wird sich wandeln – insgesamt. Sei inspiriert und fange einfach an! Es lohnt sich.

Aber zunächst informierten wir uns, wie andere Menschen unter dem Stichwort »Minimalismus« ihr Leben entrümpeln. Zunächst einmal mussten wir bewusster mit den Dingen umgehen, die wir bereits besaßen. Und die waren einfach viel zu viel! »Das ist nicht nur öko-sozialer Wahnsinn. Es ist auch noch teuer und zeitaufwendig, sich um all den Kram zu kümmern«, erkannten wir. Das wollten wir nicht mehr. Uns hatte es gepackt. Wir beschlossen, eine Büro-Diät zu machen. Dabei geht es darum, wie der Name schon sagt, das ganze Büro auszumisten.

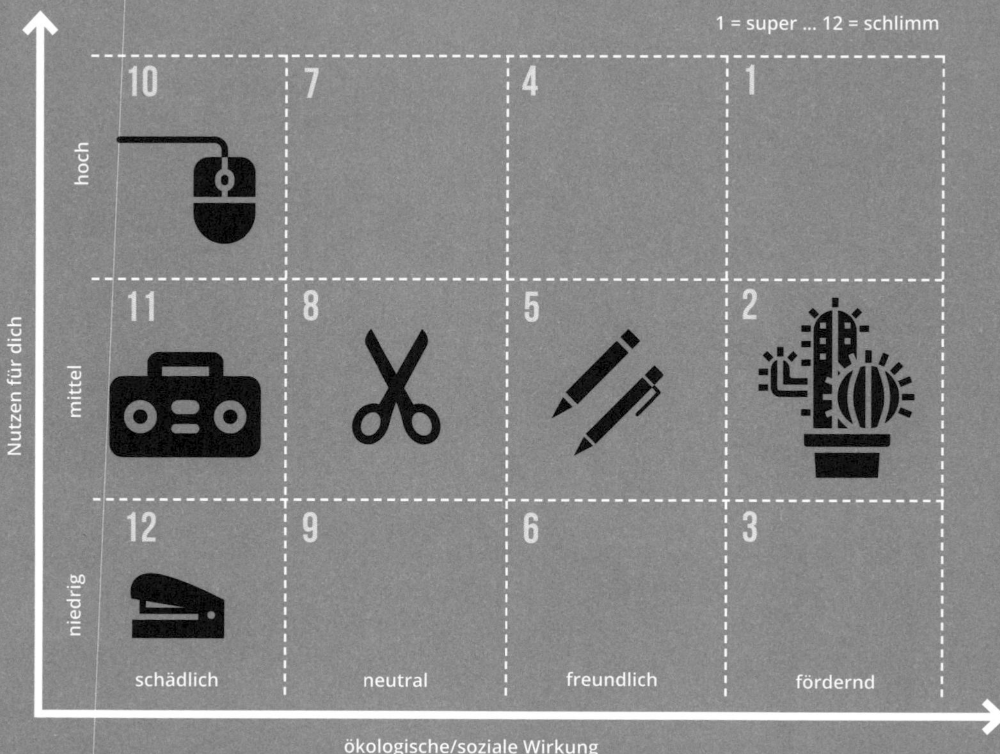

PDF-Vorlage für diese Übung unter: www.faironomics.de

DIE NUTZEN-MATRIX

DAUER: 8 STUNDEN | **GRAD:** SCHWIERIG

Die Dinge in deinem Büro sind dir wichtig. Doch weißt du auch, welche öko-sozialen Folgen ihre Nutzung hat? Mit dieser Matrix findest du es heraus.

1. MATERIAL ANALYSIEREN

Teile deine Sachen in Themengruppen auf. Etwa in Möbel, Technik, Verbrauchsmaterialien, Werkzeuge, Papiere und so weiter.

2. MATRIX ANLEGEN

Übertrage die Matrix oben auf ein DIN-A-3-Blatt und ordne jeden Gegenstand ein: Wie nützlich ist er für deine Arbeit? Und wie schätzt du seine ökologische und soziale Wirkung ein? Untersuche dazu, aus welchem Material er ist, wie langlebig oder haltbar und ob er sich reparieren, recyceln oder sonst irgendwie anders weiterverwenden lässt.

3. MATRIX AUSWERTEN

Werte deine Matrix aus und mach dir eine Liste: Was brauchst du wirklich? Wo kannst du Alternativen nutzen? Behalte deine Matrix bei Neuanschaffungen im Hinterkopf.

UNSER BÜRO MACHT DIÄT

Wie wollten wir also vorgehen? Zunächst einmal wollten wir bewusster mit den Dingen umgehen, die wir bereits besaßen. Und das waren einfach viel zu viele! »Das ist nicht nur öko-sozialer Wahnsinn. Das wollten wir nicht mehr. Uns hatte es gepackt. Wir beschlossen, eine Büro-Diät zu machen. Dabei geht es darum, wie der Name schon sagt, das ganze Büro auszumisten. Gezielt auszusortieren. Für unsere Büro-Diät schnappten wir uns einige Umzugskartons, in die wir die Dinge sortierten, die wir nicht mehr brauchten. An die Gegenstände, die wir kritisch hinterfragen wollten, klebten wir entsprechende Zettel. Und so waren wir die nächsten Tage damit beschäftigt, eine gründliche Bestandsaufnahme zu machen. Außerdem nutzten wir unser Veränderungstagebuch und fragten uns: Worum geht es? Welche ökologischen und sozialen Veränderungspotenziale stecken darin? Wie groß wäre die Wirkung, wenn wir hier etwas anders machen – für uns, die Gemeinschaft und den Planeten? Dabei fiel uns auf, dass es um mehr ging als nur das äußere Arbeitsumfeld. Die Analyse sagte auch viel über uns selbst aus. Die Kardinalfrage war für uns immer: »Warum mache ich das eigentlich genau so, wie ich es mache? Und warum benutze ich dieses oder jenes eigentlich? Wieso meine ich, nicht darauf verzichten zu können? Und fördert es meine Arbeits- und Lebensqualität wirklich – oder bilde ich mir das nur ein?«

Indem wir unser Büro ausmisteten, konnten wir uns auch innerlich sortieren und Prioritäten setzen. Probiere das doch auch mal. Frage dich, wie sich deine tägliche Arbeit auswirken soll. Im Kleinen und Großen. Du kannst dafür eine Nutzen-Matrix einsetzen (siehe Übung links), in die du alle Lösungen und Maßnahmen einträgst. Sie zeigt dir die Bedeutung einer Handlung, eines Produktes oder einer Dienstleistung und welche öko-soziale Wirkungen sie haben. Ist etwas für deinen Büroalltag wichtig oder nicht? Richtest du damit Schaden an oder ist es nützlich?

Auf diese Weise konnten wir gut herausfinden, welche Bürosachen einfach nicht mehr zu uns passten. Wir haben seitdem viel dazugelernt, unseren Blick für das wirklich Wichtige geschult und uns immer weiter reduziert. So ein von Überfluss befreites Büro tut unheimlich gut, denn es ist klar strukturiert und übersichtlich. Es hilft dir, dich von deinem Fokus aufs Äußere zu lösen und dich zu fragen, wie du dich organisieren willst. Verbinde dabei das Außen mit dem Innen. Überlege dir, welche Berührungspunkte du mit den Gegenständen um dich herum hast. Welche Beziehung. Viele Arbeitsabläufe lenken nur ab. Nimm dir etwas Zeit und gehe mal deinen typischen Arbeitstag oder besser noch eine ganze Woche durch. Schreibe dir die wichtigsten Abläufe und Tätigkeiten in dein Veränderungsnotizbuch und ergänze, welche Dinge du dafür verwendest. Überlege dann, was du vereinfachen kannst. Dein Ziel ist es, so viele Arbeitsschritte wie möglich zusammenzulegen oder zu streichen, um Zeit zum Reflektieren zu bekommen.

Alle Aufgaben, die übrig bleiben, solltest du mit der größtmöglichen Aufmerksamkeit erledigen. Wie das genau geht, erfährst du im achten Kapitel. Diese Sensibilisierung ist wichtig, denn sie lässt dich erkennen, was du wirklich tun willst und musst. Du wirst sehen, wie häufig du bereits von äußeren Dingen, von Gegenständen, von Technik und Maschinen abhängig bist und dich selbst zurücknimmst. Je häufiger du dich diesen Fragen widmest, desto größer wird der Raum, in dem du wieder du selbst sein und wirklich inspiriert arbeiten kannst. In dem deine Ideen, dein Projekt, deine Vision im Zentrum deines Handelns stehen. Je mehr du dich sensibilisierst und etwas im Jetzt tust, desto mehr wird es auch in anderen Situationen zur Gewohnheit. Hört sich simpel an – ist es aber nicht. Doch die Mühe zahlt sich aus. Wir haben jedenfalls gemerkt, dass unsere Büro-Diät eine große Schubkraft für unsere Kreativität und Geistesgegenwart geworden ist.

DIE NULL-MÜLL-TOLERANZ

Am Ende unserer Entrümpelungswochen standen wir mit acht Kartons und vielen Zetteln da – und mit der Frage, was wir nun mit all dem Zeug tun sollten. »Ist es nicht selten dämlich, einfach alles nur wegzuschmeißen?«, fragten wir uns. Aus der Welt waren die Dinge damit ja noch lange nicht, wie wir nun nur zu gut wussten. Als wir mit unserem Fahrradanhänger voller ausrangierter Sachen zum Recyclinghof fuhren und sahen, welche Mengen allein in dieser einen Sammelstelle zusammenkamen, war uns klar: Wir konnten und wollten die Sachen in den Kartons nicht einfach wegwerfen und damit den globalen Müllberg noch größer machen. Nein, wir wollten das, was unter dem Motto »Zero Waste« mittlerweile eine weltweite Bewegung mit Tausenden von Menschen möchte: so wenig Müll wie möglich erzeugen. Am besten gar keinen. Losgetreten hat dies die in Kalifornien lebende Französin Bea Johnson. Sie und ihre Familie haben ihren Müll auf sage und schreibe ein Marmeladenglas pro Jahr reduziert. Inklusive Büro. Das schien uns ganz erstaunlich. Wir wollten mehr darüber erfahren und verabredeten uns mit Bea zu einem Gespräch.

Wenige Tage später war es so weit. Wir saßen an unserem Küchentisch. Vor uns der Laptop und Bea Johnson via Skype zugeschaltet. Sie erzählte uns, dass ihr Büro komplett papierlos sei. Das konnten wir uns kaum vorstellen. Wir dachten an die Papierberge in unserem Arbeitszimmer und fragten uns: »Wie kommt man da bloß hin?« Wenn es nach Bea Johnson geht, dann reicht es, die fünf von ihr entwickelten »Rs« zu befolgen – und zwar in dieser Reihenfolge: refuse, reduce, reuse, recycle und rot. Im ersten Schritt sollen wir alles ablehnen, was wir nicht wirklich brauchen und was nur als Müll enden wird. Bea Johnson hat einen Laptop, ein Smartphone (beides aus zweiter Hand) und einen auffüllbaren Kugelschreiber. Das war's. Visitenkarten? Nimmt sie nicht entgegen. Sie fotografiert sie ab. Verträge? Laufen – wie auch die gesamte Korrespondenz – digital. »Mein Verlag musste für mich das erste Mal einen Buchvertrag rein digital machen«, erklärt sie. Den Mut, unbequem zu sein, braucht so ein konsequenter Lebens- und Arbeitsstil also schon.

Was sich nicht vermeiden lässt, sollten wir einschränken (reduce). Zum Beispiel kannst du, wenn so ein papierloses Büro wie das von Bea nicht dein Fall ist, Papier einsparen, indem du es beidseitig bedruckst. Was sich nicht verringern lässt, sollten wir versuchen wiederzuverwenden (reuse). Dafür gibt es – um bei diesem Beispiel zu bleiben – das Papierrecycling. Das bedeutet, dass wir, wo immer möglich, Papierprodukte aus Recyclingpapier kaufen. Und was sich nicht wiederverwenden lässt, sollte sich kompostieren lassen (rot). Übrigens ist das genau das Konzept hinter den Cradle-to-Cradle-Produkten: Diese sollten immer so hergestellt sein, dass sie sich einfach in die Natur werfen lassen, weil ihre Bestandteile dieser zumindest nicht schaden, im Idealfall sie sogar bereichern und nähren. Der Gründer des Konzepts, Michael Braungardt, kann sich zum Beispiel Eisverpackungen vorstellen, die kleine Samen enthalten. Wer diese in die Botanik wirft, sorgt nicht für ärgerlichen Müll, sondern liefert eine kompostierbare Samenbombe. Keine Frage, dass wir als Gesellschaft, aber auch in unserem kleinen Büro noch weit davon entfernt sind, solche Cradle-to-Cradle-Produkte im großen Stil zu nutzen.

Wir gingen nach unserem Gespräch mit Bea Johnson unsere Sachen noch einmal durch. Zunächst einmal wollten wir uns vor allem in Bezug auf die IT in Zivilcourage üben und den ständigen Wettlauf um das Neueste und Schickste konsequent boykottieren (refuse): Der geringschätzige Blick auf unseren dicken, weil alten Laptop? Uns egal. Die mitleidige Miene, wenn wir ein Smartphone aus der Tasche ziehen, das mittlerweile acht Jahre alt ist? Was soll's! Ja, in manchen Kreisen und Situationen gehört schon ein bisschen

EINFACH FREI!

EIN PAPIERLOSES BÜRO UND EIN MARMELADENGLAS MÜLL PRO JAHR

In unserer Konsumgesellschaft ist es das Ziel vieler Unternehmen, uns immer wieder dazu zu bringen, neue Produkte zu kaufen. Aber jedes Mal, wenn wir dem nachgeben, erschaffen wir weitere Nachfrage. Deshalb ist es wirklich wichtig, dass wir lernen, »Nein« zu all diesen Dingen zu sagen. Dadurch kannst du nicht nur die Nachfrage stoppen. Du kannst auch verhindern, dass diese Produkte in deine vier Wände gelangen und zu deinem Müllproblem werden. In meinem Büro gibt es zum Beispiel nur einen Computer, einen Arbeitstisch, einen wiederbefüllbaren Stift, eine Fernbedienung, um mit meinem Rechner Präsentationen geben zu können, und einen USB-Stick aus Bambus. Das ist wirklich auch schon alles, was ich für meine Arbeit brauche. Außerdem arbeite ich komplett papierlos. Das geht natürlich nicht über Nacht. Man braucht eine ganze Weile, da hinzukommen, und muss einiges in seinen Arbeitsgewohnheiten anpassen, sich selbst und seine Aufgaben anders organisieren. Dazu kommt, dass es gar nicht so leicht ist, andere dazu zu bringen, ebenfalls papierlos zu arbeiten.

Für den müllfreien Lebensstil haben wir fünf Regeln: refuse, reduce, reuse, recycle und rot. Und diese Regeln wenden wir in allen Aspekten unseres Lebens an. Deshalb haben wir viele Geräte, die die meisten Leute in ihren Büros haben, einfach nicht. Außerdem nutzen wir Elektronik aus zweiter Hand. Wenn zum Beispiel mein Smartphone kaputtgeht, dann versuchen wir zunächst, es zu reparieren. Wenn das nicht geht, kauft uns unser Händler das Gerät ab, um die Bestandteile für andere Reparaturen weiterzuverwenden. Dafür kaufen wir dann ein anderes Secondhand-Gerät von ihm.

Teil des Zero-Waste-Lebensstils ist es jedoch, sich nicht nur über die physischen Dinge Gedanken zu machen, sondern auch über den digitalen Müll. Das heißt, ich bin auch auf dem Computer eine Minimalistin. Zum Beispiel habe ich keine Datei auf meinem Desktop. Ich nutze zwar Dropbox, um Daten in der Cloud zu speichern und meinen Rechner mit meinem Smartphone zu synchronisieren. Aber ich limitiere mich selbst, indem ich nur die kostenfreie Version nutze. Dadurch muss ich achtsam sein, was ich auf meinem Computer speichere.

Wenn man so Schritt für Schritt lernt, »Nein« zu den Dingen zu sagen, die man nicht braucht – dann entdeckt man das einfache Leben. Dieses Leben macht Platz für das, was einem am wichtigsten ist. Es erleichtert es einem, sich darauf zu konzentrieren und zu fokussieren: auf die Familie, die Freunde, die Arbeit. Man sieht auf einmal die eigenen Prioritäten viel klarer. Ja, das ist der eigentliche Grund, ein einfaches und minimalistisches Leben zu führen.

Foto: Jacqui J. Sze

BEA JOHNSON

ist die Autorin des Buches ›Glücklich leben ohne Müll‹ und zusammen mit ihrer vierköpfigen Familie erzeugt sie seit 2008 nur ein Marmeladenglas voller Müll pro Jahr. **zerowastehome.com**

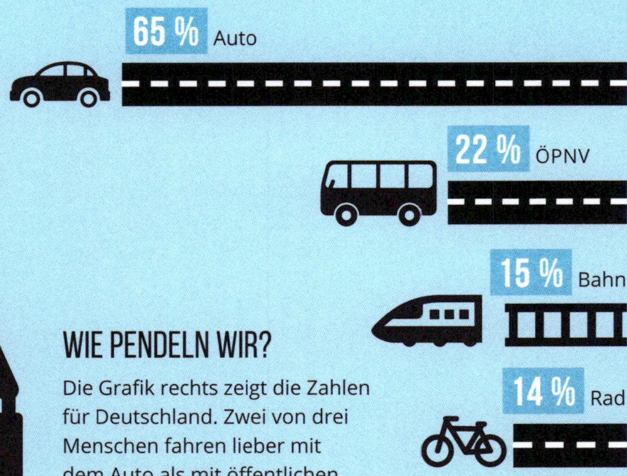

WIE PENDELN WIR?

Die Grafik rechts zeigt die Zahlen für Deutschland. Zwei von drei Menschen fahren lieber mit dem Auto als mit öffentlichen Verkehrsmitteln (ÖPNV).

Standfestigkeit dazu. Aber wir wissen ja, warum wir bei dem ganzen Budenzauber nicht mitmachen, und es macht einen souveräner, in solchen Situationen nicht allzu viel auf die Meinung der anderen zu geben.

REPARIEREN STATT KONSUMIEREN

Am Ende unserer Büro-Diät schauten wir uns nach den Sachen um, die wir verkaufen oder verschenken konnten (reuse). Denn warum sollten diese Dinge auf dem Müll landen, nur weil wir sie nicht weiter verwenden konnten? Und so gaben wir den alten, kaputten Laptop an ein Maker-Lab, in dem passionierte Bastler mit den Einzelteilen aus dem Inneren des Geräts noch einiges anfangen können (recycle). Für unseren Bürostuhl fügten wir zu Beas fünf »Rs« noch ein weiteres hinzu: repair. Denn wir hatten ein Repair-Café in Hamburg-Altona ausfindig gemacht, das zwei Wochen später stattfand. Bei so einer Reparaturinitiative treffen sich Menschen zum Kaffeetrinken, Kuchenessen und Dingereparieren. Dazu kommen Leute mit bestimmten handwerklichen Fähigkeiten, die den unbedarften Besucherinnen und Besuchern (wie uns) beim Reparieren helfen können, etwa dabei, ein Fahrrad zu flicken, eine Hose auszubessern oder eben eine Stuhlrolle zu ersetzen. Also unternahmen wir mit unserem Bürostuhl die zweite U-Bahn-Fahrt. Mit dabei eine Ersatzrolle des zerbrochenen Plastikstuhls. Beim Repair-Café angekommen nahm sich unser gleich der »Unruheständler« Joachim an. In seinem Berufsleben war er Werkzeugmacher gewesen. Nun führte er uns in die Metallwerkstatt des Stadtteilzentrums, in dem das Repair-Café stattfand. Und während wir gemeinsam über vergangene Zeiten plauschten, hatte er ruck, zuck in die Ersatzrolle ein Gewinde gefräst. Noch ein paarmal ausprobieren und nachbessern – und schon rollte unser Bürostuhl wieder wie eine Eins über den Werkstattboden. Wir waren überglücklich, zahlten eine kleine Spende in den Spendentopf und gingen stolz nach Hause. Das Ganze hatte auf keinen Fall länger gedauert, als einen neuen Bürostuhl zu finden. Es war günstiger und es hatte definitiv mehr Spaß gemacht.

Wie wir Tage und Wochen später mit Freude auf unserem Bürostuhl saßen (der bis heute übrigens heil ist), wurde uns klar, dass unsere Reduktion auf das Wesentliche und unser Wunsch zum Selbermachen (oder in diesem Fall Reparieren) noch eine weitere, sehr positive und bereichernde Wirkung auf unseren Arbeitsalltag hatte: Wir konnten auf einmal viel mehr Wertschätzung für die Dinge in unserem Büroalltag entwickeln. Auf einmal war der Stuhl eben nicht mehr einfach nur irgendein Teil unter vielen. Er war nicht mehr austauschbar. Ja, er war noch nicht mal

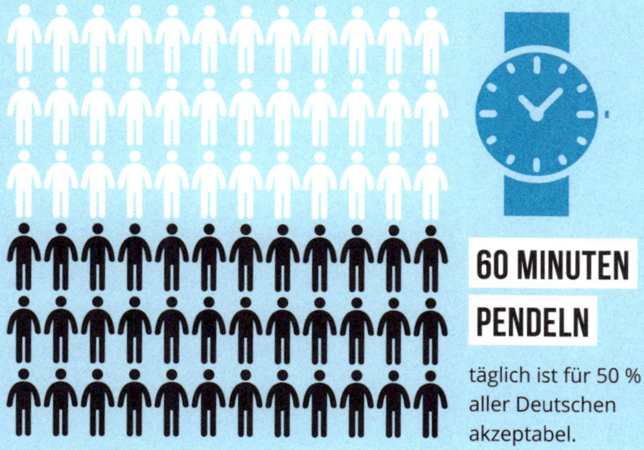

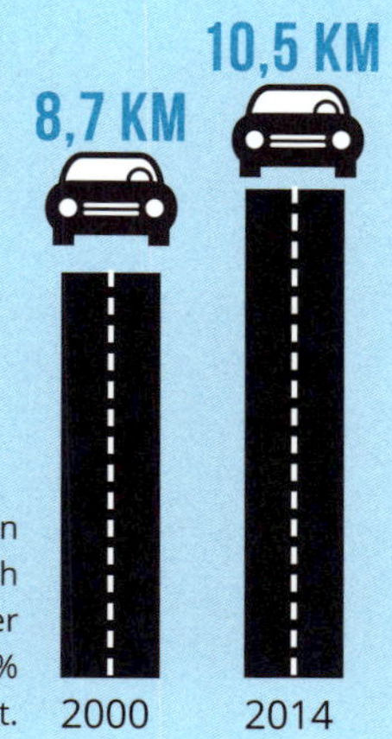

ein Ärgernis, weil er kaputtgegangen war. Er war ein Unikat mit einer Geschichte. Wir fühlten uns ein bisschen in unsere Kindheit zurückversetzt, als bestimmte Dinge für uns so wichtig waren, dass wir besonders liebevoll mit ihnen umgingen. War das nicht viel schöner? Dieses Gefühl kannst du jetzt wieder haben. Sobald etwas kaputtgeht, kümmere dich darum. Versuche es zu reparieren. Und gehe mit allem so sorgsam wie möglich um. Kaufe am besten nur noch Dinge, die lange halten und sich auch reparieren lassen. Erhalte und pflege die Sachen, so gut es geht. Und versuche ruhig mal, etwas selber zu bauen. Einen Schreibtisch vielleicht, ein Regal oder eine Sammelbox. In vielen Städten gibt es sogenannte Offene Werkstätten mit netten und talentierten Menschen, deren Geräte und Ausstattung du nutzen kannst und die dir helfend zur Hand gehen. Für uns geht es mittlerweile darum, das Bestehende zu bewahren. Wenn du die Dinge um dich herum beschützt, beschützt du dadurch auch dich selbst. Du machst die Idee des Bewahrens zu einem deiner Charakterzüge. Bisher waren deine Bürogegenstände nichts anderes als Hilfsmittel, zu denen du keinen besonderen Bezug haben musstest. Nun begleiten sie dich vielleicht durch dein Leben und du verbindest viele Geschichten und Erinnerungen mit ihnen. Entdecke die Liebe zu den Dingen neu, dann ist weniger wirklich mehr.

ALLES FRISST ENERGIE

Verweigern, vermeiden und verringern – das geht nicht nur bei materiellen Dingen wie einem Bürostuhl, einem Laptop oder Plastikverpackungen. Das ist auch bei so wichtigen Ressourcen wie zum Beispiel der Energie wichtig. Natürlich verbraucht jedes Büro so einiges davon. Bei Werkstätten oder Ladengeschäften ist das Thema sicherlich noch relevanter. Der größte Teil der Energie geht üblicherweise für die Beleuchtung drauf, erfuhren wir, als wir uns schlaumachten. Zum Beispiel verbraucht sie 50 Prozent des Stroms in einem Büro, lasen wir auf der Website des kommunalen Energieversorgungs- und Dienstleistungsunternehmens enercity-Fonds proKlima aus Hannover. Dem folgen die Kopierer mit 17 Prozent, die PC-Monitoren mit elf Prozent und der PC mit immerhin acht Prozent. Laptops verbrauchen hingegen nur rund zwei Prozent, Faxgeräte in etwa drei Prozent.

Interessanterweise kannst du dir für dein Büro eine sogenannte Energiekennzahl (KEI) ausrechnen. Hierzu musst du einfach nur herausfinden, was dein gesamter jährlicher Stromverbrauch in Kilowattstunden ist. Diese Summe teilst du anschließend durch deine Bürofläche in Quadratmetern. Das Ergebnis ist die Kilowattstunde pro Quadratmeter und Jahr, also deine Energiekennzahl. Wenn

1 WAS IST DEIN ZIEL?

Was willst du bis zum Ende deiner Büro-Diät erreichen? Willst du die Anzahl der Dinge darin um 25, 50 oder 75 Prozent reduzieren? Oder willst du dich auf einen bestimmten Bereich wie Papier, Plastik, Elektronikgeräte oder Möbel fokussieren? Setze dir ein konkretes, messbares Ziel, wie: »In vier Wochen will ich das Plastik in meinem Büro um 50 Prozent reduzieren.«

DIE BÜRO-DIÄT

DAUER: 14 TAGE | **GRAD:** SCHWIERIG

In einem Büro sammeln sich viele Dinge an. Das lenkt von der Arbeit ab und macht die Atmosphäre ungemütlich. Bringe mit einer Büro-Diät Klarheit und Ordnung in Büro und Kopf!

2 WOHIN DAMIT?

Überlege dir grob, bevor es losgeht, was mit den Sachen geschehen soll, die du aussortierst: verschenken, verkaufen oder auf den Recyclinghof damit? Bestimme für jeden der drei Bereiche einen Stapelplatz in deinem Büro.

3 WAS KANN WEG?

Nun geht es ans Eingemachte. Besorge dir eine ausreichende Zahl an Kartons und lege los: Packe alles weg, was du nicht mehr brauchst. Beginne mit dem, was du bereits seit einem Jahr nicht mehr verwendet hast. Arbeite dich zu dem vor, worauf du verzichten kannst, wenn du deine Arbeitsweise änderst. Packe alles so ein, dass du defintiv weißt, was zum Recyclinghof kommt und was du verschenken und verkaufen willst.

4 WAS GIBT ES FÜR ALTERNATIVEN?

Finde nun Alternativen. Besonders praktisch sind Gegenstände, die sich mehrfach (wieder-)verwenden lassen. Eine Schere kannst du etwa auch nutzen, um Heftklammern zu entfernen. Dein Klammerentferner kann also weg. Oder vielleicht nutzt du künftig einen wiederbefüllbaren Füller und entsorgst die Sammlung an Werbekulis?

5 WAS KOMMT DANACH?

Vor der Büro-Diät ist nach der Büro-Diät. Daher gilt für dich ab heute: Für jede Sache, die du kaufst, müssen zwei alte Dinge weichen. Wiederhole die Büro-Diät außerdem regelmäßig. Du wirst sehen, dass du immer weniger brauchst und freier wirst.

du unter 30 Kilowattstunden liegst, stehst du sehr gut da. Bei 80 Kilowattstunden hast du noch große Einsparpotenziale. Der Mittelwert liegt in Deutschland bei 55 Kilowattstunden. Zum Stromverbrauch kommt natürlich noch dein Bedarf an Heizenergie hinzu – entweder durch Gas oder Nachtspeicher. Führ doch einmal eine Zeit lang ein Protokoll darüber, wie lange du wodurch Energie verbrauchst – zum Beispiel eine Woche oder auch einen Monat lang. Wenn du alles zusammengezählt hast, dann überlege, ob es wirklich in jeder Situation nötig war, das jeweilige Gerät zu nutzen. Ja, und natürlich kannst du zu einem der öko-sozialen Stromanbieter wechseln, wenn du nicht schon bei einem bist.

AUF ZUR MOBILITÄTSWENDE

Eng verbunden mit dem Thema Energie ist auch unsere Mobilität. Also etwa die Frage, wie weit und wie wir zu unserer Arbeit fahren. Noch im Jahr »1900 hat nur jeder zehnte Erwerbstätige auf dem Weg zur Arbeit seinen Wohnort verlassen, vor 60 Jahren war das immerhin schon jeder vierte«, schreibt der Journalist Claas Tatje in seinem ›Fahrtenbuch des Wahnsinns‹. 2014 verließen bereits 60 Prozent der sozialversicherungspflichtig Beschäftigten ihre Gemeindegrenzen. Das waren damals mehr als 17 Millionen Menschen in Deutschland. Für den Weg zur Arbeit nutzen gut 65 Prozent der Pendlerinnen und Pendler ein Auto. Im Schnitt sitzen in diesen Fahrzeugen gerade mal 1,2 Personen. Und die zurückgelegte Strecke wächst: Während die Anzahl der kurzen Strecken zurückgeht, nimmt die der Arbeitswege mit bis zu 50 Kilometer langen Fahrten zu.

Ein Grund sind die steigenden Mieten in den Städten, die die Menschen in die Speckgürtel oder raus aufs Land drängen. Insgesamt ist das keine besonders positive Entwicklung. Denn jedes der Millionen Pendlerfahrzeuge belastet die Umwelt. Natürlich haben nicht alle eine Wahl. Doch wenn es mehrere Möglichkeiten gibt, deinen Weg zur Arbeit zurückzulegen, stelle dir folgende Fragen: Brauchst du für die Fahrt wirklich ein Auto – oder kannst du dein Rad oder öffentliche Verkehrsmittel nehmen? Und wenn das nicht geht: Kannst du dich zumindest mit anderen Pendlerinnen und Pendlern zusammentun? Oder gar: Gibt es einen Arbeitsraum, der näher bei deiner Wohnung liegt?

Ähnlich sieht es bei den Geschäftsreisen aus. Was wir beide auf jeden Fall vermeiden, sind Flugreisen. Wir versuchen, alles mit Bus oder Bahn zu erreichen. Anfragen aus entfernteren Ländern lehnen wir meistens ab: Wieso sollten wir nach Spanien oder Portugal reisen? Dort gibt es mit Sicherheit Menschen, die genauso gute Workshops anbieten wie wir. Das heißt nicht, dass wir keine Kunden haben, die ihren Sitz weiter weg haben – teilweise liegt der sogar Hunderte von Kilometern von unserem Büro entfernt. Doch dank Internet gibt es viele Arbeiten, die wir dezentral erledigen können.

Sicher gibt es viele Berufe, die ohne Mobilität auf Straße, Schiene oder sogar per Luft nicht möglich wären. Doch unser Ziel ist es, unser umweltschädliches Verhalten so weit wie möglich zu reduzieren. Eine Arbeit, die nur mit dem Auto möglich ist, käme für uns daher nicht infrage. Im Moment haben wir das Glück, dass das funktioniert. Das heißt nicht, dass wir nicht auch manchmal mit dem Auto mitgenommen werden, uns Pakete liefern lassen oder uns hin und wieder ein Taxi nehmen. Der Punkt ist, dass wir extra überlegt haben, welcher Tätigkeit wir nachgehen können, ohne pendeln zu müssen. Und dass wir uns entschlossen haben, auch längere Zugreisen und Übernachtungen in Kauf zu nehmen, um nicht fliegen zu müssen. Zum Glück funktioniert das bei uns gut. Sicher ein kleiner Luxus. Aber eben basierend auf dem Willen, kleine individuelle Bequemlichkeiten zugunsten einer größeren Sache aufzugeben: des Schutzes unserer Umwelt für unsere Kinder und Enkel.

TUE GUTES UND REDE DARÜBER

Was zwei kleine Knackse doch für Folgen haben können. Unsere Büro-Expedition, die diese beiden Stühle angestoßen haben, hat länger gedauert, als wir zunächst gedacht hatten. Und sie ist etwas anders verlaufen, als wir erwartet hatten. Die Kartons sind mittlerweile fort, wir haben die erste Büro-Diät hinter uns gebracht (die zweite folgt demnächst). Und obwohl wir durch ein Jammertal gegangen sind, fühlen wir uns nun viel besser. Denn wir haben herausgefunden, dass ein öko-soziales Büro nicht nur eine Frage von Technik, Plastik oder Energie ist. Es geht nicht nur darum, was wir kaufen (das auch). Viel wichtiger – und das ist ein kleiner Quantensprung für unseren Faironomics-Plan – ist die richtige Haltung.

Wir wissen jetzt, dass das perfekt öko-soziale Büro ein Ideal ist. Es ist möglich, sich diesem anzunähern, aber ob wir es jemals erreichen, wissen wir nicht. Wichtig ist zudem die Erkenntnis, dass das ideale Büro nicht allein materiell gedacht werden kann. Der Weg dahin führt über Sensibilität und Achtsamkeit in Bezug auf die eigene Arbeit und die Dinge, die wir dazu tagtäglich verwenden. Das zu erkennen und entsprechend zu handeln kann sehr befreiend sein. Es ist ein Prozess, der für uns noch längst nicht abgeschlossen ist. Auch in den nächsten Monaten werden wir unsere Arbeitsabläufe immer weiter verbessern und nach Lösungen suchen, die zu uns und unserer Arbeitsweise passen. Vor allem aber werden wir versuchen, die neu gewonnene Sensibilität zu bewahren oder sogar zu erweitern. Denn sie ist es, die uns viel mehr inspiriert als effiziente Arbeitsprozesse oder schnelle, smarte und neue Technik.

Eine weitere wichtige Sache haben wir gelernt: Ein öko-faires Büro gibt es nur in Gemeinschaft. Ohne die Hilfe beim Repair-Café, die vielen Mitarbeiterinnen und Mitarbeiter im Secondhand-Kaufhaus und die wertvollen Tipps von Bea Johnson oder Bas van Abel wären wir vielleicht nie so weit gekommen. Womöglich hätten wir vorher aufgegeben. Deshalb unser Rat: Wenn es bei dir an irgendeiner Stelle hakt, du die Motivation oder Lust verloren hast, dann tausche dich mit anderen aus. Nutze die Gemeinschaft mit anderen Menschen, die ähnliche Erfahrungen gemacht haben wie du. Menschen, die Lösungen gefunden haben oder in einem bestimmten Bereich besondere Fähigkeiten und Kenntnisse besitzen. Du fragst dich vielleicht, welches der beste grüne Stromanbieter ist, wie andere mit ihrem Minimalismusbüro klarkommen oder wie sie an ein ganz spezielles Alternativprodukt herangekommen sind. Dann suche dir Verbündete in den sozialen Medien, in Netzwerken, bei den Verbraucherberatungen oder auch unter den professionellen Anbietern. Wir haben uns mit den Jahren ein kleines Netzwerk aus Personen aufgebaut, in dem wir Wissen und Fähigkeiten miteinander teilen. Das ist ungemein wertvoll.

Ebenso wichtig ist, dass du deine Gedanken, Erfahrungen und Antworten teilst und weitergibst. Viele Menschen fragen uns, wie wir Leute, die nicht über Umweltschutz und globale Gerechtigkeit nachdenken, dafür gewinnen könnten, sich ebenfalls mit diesen Themen zu beschäftigen. Diese Frage stellen wir uns natürlich auch. Deshalb schreiben wir zum Beispiel Bücher. Doch mit das Wichtigste, so haben wir mit der Zeit erkannt, ist, dass wir einfach durch das, was wir tun, zu einem inspirierenden Vorbild oder zumindest zu Ideengebern werden. Wenn du etwas anders machst und dabei fröhlicher, zufriedener und glücklicher bist, dann ist das die beste Art, den Menschen zu zeigen, dass es tatsächlich sinnvolle und befriedigende Alternativen zu unserem derzeitigen Konsumwahnsinn gibt. Allein schon die Tatsache, dass du etwas tust, woran viele andere nicht einmal gedacht oder das die meisten nicht für möglich gehalten hätten, regt dein Umfeld zum Nachdenken an. Und wer weiß: Vielleicht sind ja ein oder zwei Leute mit dabei, die sich tatsächlich anstecken lassen …

5 REGELN FÜRS BÜRO

1
HINTERFRAGE DEINE GEWOHNHEITEN

Du kannst nur etwas verändern, wenn du deine Gewohnheiten änderst. Stelle daher regelmäßig deine Arbeitsroutinen infrage: Ist das, was du tust und wie du es tust, wirklich ökologisch und sozial sinnvoll?

2
ÜBE DEN KLAREN BLICK

In einem Büro sammeln sich mit der Zeit meist unbemerkt immer mehr Dinge an. Mache daher regelmäßig eine Büro-Diät, denn: Auf etwas zu verzichten, was du nicht brauchst, macht dich nicht ärmer, sondern freier!

3
BLEIB DRAN

Versuche nicht, mehrere Dinge auf einmal zu tun. Konzentriere dich jeweils immer nur auf ein Projekt, eine Aufgabe, ein Problem. Sollten dich die Dinge überrennen, dann lege Themen zusammen und streiche, was möglich ist.

4
KONSUMIERE WENIGER

Kaum etwas ist so ökologisch, wie etwas nicht zu kaufen. Gehe also gut mit deinen Sachen um, laufe nicht jedem Trend hinterher und repariere Dinge. Spare Energie, indem du dich auf wenige Geräte beschränkst.

5
MEIDE DIE EFFIZIENZ-FALLE

Dein Erfolg hängt nicht von der Geschwindigkeit deiner Geräte und deiner Effizienz ab. Lass vielmehr deiner Fantasie Spielraum und nutze die Kraft der Inspiration. Das geht nur mit Pausen zum Krafttanken!

SCHRITT 6

KOOPERATION

MENSCHEN ALLER LÄNDER – ORGANISIERT EUCH NEU! WIE ZUSAMMENARBEIT EFFIZIENT UND GLÜCKLICH MACHT

Wir ließen uns erschöpft in die Sitze des ICE fallen. Wir waren geschafft. Morgens erst waren wir von Hamburg nach Berlin gereist, um uns mit einer Truppe von rund 20 Journalisten und Journalistinnen zu treffen. Wir alle hatten große Lust, ein neues, eigenes Medium zu gründen. Es sollte sich den Themen widmen, die wir sonst in den Medien vermissen: Mehr Lebensqualität statt mehr Wirtschaftswachstum. Mehr Sinn statt mehr Druck. Mehr Zeit statt mehr Konsum. Auf der Hinfahrt waren wir total aufgekratzt. Wir fragten uns gespannt, ob wir hier womöglich Teil einer großen Sache werden würden. War es möglich, mit einer Gruppe von Menschen, die sich zufällig bei einer Konferenz getroffen hatten, etwas Neues, Außergewöhnliches aus der Taufe zu heben? Etwas, das vielleicht mal journalistisch, ökonomisch, sozial und ökologisch Geschichte schreiben würde? Wir waren uns der Größe der Herausforderung durchaus bewusst. Denn wir hatten die gesamte Digitalisierung der Medienbranche mitgemacht. Wir hatten die Desktop-Publishing-Revolution der 1980er miterlebt. Wir waren in den 1990er-Jahren dabei gewesen, als das Internet zu einem wahren Rausch von Möglichkeiten führte – neue Geschäftsmodelle, Arbeitsformen, Kommunikationswege, Lebenskonzepte. Wir waren vom Platzen der Dot-Com-Blase geschüttelt worden und hatten die Zeit der Ich-AGs und Freiberufler durchlebt. Eine digitale Boheme war entstanden. Menschen lehnten die Festanstellung dankend ab und trafen sich lieber in schicken Kachelcafés mit kostenfreiem WLAN, um Ideen von einem selbstbestimmten Leben auszutauschen. Und irgendwo dazwischen wir.

Nicht, dass wir das Arbeitsleben in Unternehmen nicht kennen würden. Es gab durchaus Zeiten in unserem Berufsleben, in denen wir als sogenannte Festfreie zum Beispiel für Verlagshäuser arbeiteten. Zeiten, in denen wir die Bequemlichkeit eines regelmäßig befüllten Bankkontos genossen. Zeiten, in denen wir uns aber auch mit einer internen Hackordnung und machtpolitischen Grabenkämpfen abmühen mussten. Wir kamen aus der Welt der Projektteams und wunderten uns nicht schlecht über Entscheidungen, die absolut unsinnig für das Unternehmen, seine Kundinnen und Kunden waren – aber eben Vorgesetzten einen persönlichen Vorteil bei ihren Machtspielchen einbrachten. Wir beobachteten, wie sich die Menschen in diesen Unternehmen unendlich lange und hochemotional darüber austauschen konnten, wer woran schuld war, wer wann was gesagt und was er damit in Wahrheit gemeint hatte, wie sehr sie unter wem litten und wieso wer mal wieder total unmöglich gewesen war. Worüber selten jemand mit vergleichbarem Engagement sprach, war das, was man gemeinsam auf die Beine stellen wollte. Selten gab es den Mut zu Neuem. Lieber wollte man an Bewährtem festhalten. Doch als ob das alles nicht schon schlimm genug gewesen wäre – das Schrecklichste war: Irgendwann machten wir selbst mit! Es war, als ob die Räume dieser Unternehmen irgendeine geruchslose Chemikalie verströmten, die uns zu diesen unsinnigen, freudlosen, ja verletzenden und abträglichen Verhaltensweisen zwang.

DAS ENDE DER PYRAMIDE

Schon damals überlegten wir, ob es nicht möglich war, dem Ganzen aus dem Weg zu gehen. Wir fragten uns: Können wir uns Unternehmen vorstellen, die ohne politische Schlammschlachten, Machtspielchen, Konkurrenz, Stress, Bürokratie und Kontrolle auskommen? Wo das Klima nicht von Misstrauen, Angst, innerer Kündigung, Burn-out und nachtragenden Gedanken geprägt ist? Können sich Menschen tatsächlich so organisieren, dass sie friedlich, kooperativ und somit auch kreativ und fröhlich zusammenarbeiten? Ja, dass sie sich am Ende vielleicht gegenseitig bestärken, anstatt sich fertigzumachen? Könnten wir schon in den Schulen und Universitäten damit anfangen? Und dann alle Unternehmen, Krankenhäuser, öffentliche Einrichtungen und Ämter, Vereine und gemeinnützige Organisationen so entwerfen, dass die Menschen gemeinsam über sich hinauswachsen – anstatt zu resignieren und abzustumpfen? Könnte die Art unserer Organisationen dazu führen, dass wir unsere Gemeinschaft stärken und die Natur schützen, ja sogar verlorene Ökosysteme wiederherstellen?

Wir waren zwar ratlos, aber elektrisiert. Denn eines war und ist für uns klar: Die alten hierarchischen, pyramidenförmigen Organisationsstrukturen werden von Mechanismen gesteuert, die sie zwar sehr stabil, aber für den notwendigen Wandel in unserer Welt viel zu schwerfällig und langsam machen. Denn dadurch, dass wir die Macht an ihrer Spitze platzieren und Menschen in Mächtige und Machtlose aufteilen, stellen wir uns selbst vor Probleme: Auf der einen Seite sollen die einzelnen Vorgesetzten aus irgendeinem Grund viel schlauer, weitsichtiger und selbstloser sein als ihre Untergebenen. Ja, sie sollen sogar die Verantwortung für das übernehmen, was die anderen tun (oder nicht tun). Und auf der anderen Seite denken wir unverständlicherweise immer noch, dass die, die in der Hierarchie unter jemandem stehen, trotz all ihrer Machtlosigkeit und der erfahrenen Demütigungen engagiert und ambitioniert ihrer Arbeit nachgehen sollten. Ja, dass sie eigene Ideen freudig nach oben durchreichen müssten, egal wie oft das schon nichts brachte. Die oben treffen dann Entscheidungen, die unten auf Ablehnung prallen und deshalb auch nicht richtig durchgezogen werden. Dann schimpfen die oben über die unten und die unten sind frustriert, wütend und kündigen zumindest innerlich. Dann heißt es, die Führungskräfte müssten einen partizipativen Führungsstil entwickeln und die unter ihnen mehr coachen als anweisen. Doch solange dieselben Führungskräfte denen über ihnen immer noch Rechenschaft für das Ergebnis ihres Teams schuldig sind, ist es kein Wunder, dass sie die Kontrolle ungern abgeben. Zumindest wenn es wirtschaftlich eng wird. Dann herrschen überall nur noch Misstrauen, Angst und das Gerangel um noch so kleine Krümel der Macht und Anerkennung. Am Ende haben sich alle gegenseitig schachmatt gesetzt und mit dem Wandel der Organisation geht es nicht voran. Egal, ob es sich um ein Unternehmen, eine Schule oder eine politische Partei handelt: Konkurrenz belebt in diesem Fall eben nicht das Geschäft. Es vergiftet die Beziehung zwischen den Menschen. Natürlich ist das überspitzt gezeichnet. Doch es zeigt sich, dass immer mehr Menschen genau das nicht mehr wollen. Auch für uns war der Fall irgendwann klar: Wir kündigten und machten uns auf die Suche nach befriedigenderen Formen menschlicher Kooperation.

WIE DU MIR …

WIE KONSENSDEMOKRATIE IN ORGANISATIONEN FUNKTIONIERT

Für eine echte gemeinschaftliche Zusammenarbeit braucht es vor allem zwei Dinge. Das eine sind gemeinsame Ziele, die aber nicht hundertprozentig identisch sein müssen. Beim Premium-Kollektiv wollen manche Leute zum Beispiel einfach nur in einem Unternehmen arbeiten, das fair ist und Menschen gleichwertig behandelt. Andere wollen ein cooles Getränk machen. Und wieder andere wollen die Weltwirtschaft grundlegend verändern. Oder im Falle meines Wohnprojekts: Die einen wollen weiter schön und günstig in St. Pauli wohnen können. Die anderen suchen eine Gemeinschaft, in der sie regelmäßig was mit Gleichgesinnten machen können. Und wieder andere wollen die Häuser dem Markt entziehen. Das Projekt funktioniert, weil diese Visionen kompatibel sind. Nur wenn sie sich widersprächen, wäre es schwierig. Die zweite Voraussetzung ist, dass die Menschen dazu bereit sind, an sich selbst und ihrer Teamfähigkeit zu arbeiten. Das ist heute leider etwas, was wir sehr selten wirklich lernen. Auch an Schulen. Sehr schnell werden die Kinder auf Konkurrenz und Sichdurchsetzen getrimmt und nicht darauf, dass sie Dinge gemeinsam lösen können. Doch wenn Menschen erkennen, dass sich viele ihrer Ziele nur gemeinsam erreichen lassen, also nur wenn sie alle anderen mitnehmen, dann sind sie auch bereit, an sich zu arbeiten. Das ist ja gerade der Witz bei Premium, wo wir alle im Konsens entscheiden: Den erreicht man nämlich nur, wenn es einen Vorschlag gibt, der auch wirklich die Bedürfnisse aller am Projekt beteiligten Menschen mit berücksichtigt. Nur dann sind gute konsensdemokratische Entscheidungen möglich. Wenn du die Bedürfnisse nicht mitdenkst, wirst du immer nur Dinge vorschlagen, die die anderen abblocken. Dann bist du frustriert und die anderen auch. Doch wenn es dir gelingt, alle mit einzubeziehen in deine Vorschläge, dann kannst du zu guten Entscheidungen gelangen und wirst damit zufrieden sein. So kommt es zu viel langfristigeren und umsichtigeren Entscheidungen, als einer allein hätte treffen können. Nur dadurch kommt man am Ende dorthin, wo man hinmöchte. Es hilft, wenn Leute in Gruppenprozessen verschiedene Moderationstechniken anwenden. Die meisten sind super einfach, jeder kann sie verstehen. Und trotzdem lassen viele sie immer wieder außer Acht. Wichtig ist, dass man sich wirklich ausreden lässt und aufeinander hört. Das verlangt Selbstreflexion: Bist du eine Person, die eher laut und dominant ist, dann solltest du dich ganz aktiv zurücknehmen, um niemanden zu überfahren. Gehörst du zu den Leiseren, dann solltest du lernen, Mut zu fassen und dich einzubringen. Denn nur so kannst du den Gruppenprozess mitgestalten. Auf solche Dinge zu achten und da bewusster zu werden kann sehr, sehr viel Spaß machen.

Foto: Deborah Abelser

ELENA TZARA

ist eine der Gründerinnen der Foodsharing-Community, arbeitet beim Premium-Kollektiv und wohnt in einem Wohnprojekt auf St. Pauli in Hamburg. **elenatzara.com**

ARBEITEN IN NETZWERKEN

Natürlich waren und sind wir nicht die Einzigen, die sich fragen, ob wir Menschen nicht viel sinnstiftender und glücklicher mit anderen zusammenarbeiten könnten, als heute zu beobachten ist. Seit Jahrzehnten stellen immer mehr Leute nicht nur diese Frage, sie experimentieren auch fleißig mit Alternativen und finden praktische Antworten. Da gibt es die Freiberufler, Selbstständigen oder Solo-Preneure wie wir, die sich projektweise mit anderen zusammenschließen. Genauso wie die vielen Aktivistinnen und Aktivisten, engagierten Bürgerinnen und Bürger oder Künstlerinnen und Künstler, die sich für einzelne Aktionen zusammentun. Überall sind Menschen und Organisationen in Bewegung auf der Suche nach etwas Neuem. Und so waren auch wir an diesem regnerischen Tag nach Berlin aufgebrochen, um uns mit Gleichgesinnten zu treffen. Kreativen, die das gleiche Debakel hinter sich und vielleicht ähnliche Ziele vor sich hatten. Wir wollten nicht nur ein tolles Medium ins Leben rufen – das war natürlich der vorrangige Sinn und Zweck unserer Zusammenkunft. Wir wollten neue Formen finden, wie so eine Organisation besser funktionieren konnte: »Wie könnten wir uns eine Struktur geben, die uns genug Sicherheit, Stabilität und Ordnung, aber keine Hierarchien, Machtkämpfe und Konkurrenz bringen würde? Mit welchen Methoden, Regeln und Verfahren könnten wir alte, tief sitzende Verhaltensmuster abbauen? Und wie könnte ein Unternehmen aussehen, dem es vor allem anderen um den größtmöglichen Sinn seiner Aktivitäten geht und nicht um den größtmöglichen Profit?« Das fragten wir uns.

Acht Stunden später fuhren wir wieder zurück nach Hamburg. Wir waren hundemüde und deprimiert. Gemeinsam gingen wir noch einmal alle Gespräche durch, alle Ideen, alle Vorschläge – und auch alle Konflikte des Tages. Die Gruppe hatte zwar alles darangesetzt, es richtig zu machen. Wir hatten im Kreis gesprochen, sodass niemand eine Sonderposition hatte. Wir hatten einen Redestein benutzt, der herumging, sodass niemand darum kämpfen musste, sich Gehör zu verschaffen. Wir hatten versucht, alle Entscheidungen im Konsens zu fällen, damit niemand ausgeschlossen war. Und dennoch hatte sich in der Gruppe bereits nach kurzer Zeit eine unausgesprochene und undurchsichtige Machtstruktur gebildet: Da kannten sich manche schon von früheren Projekten und hatten vorab Verabredungen getroffen. Einige hatten mehr Erfahrung und damit mehr Sachkenntnisse als andere. Und manche waren auch einfach nur selbstbewusster und dominanter veranlagt. So kam es, dass die Angelegenheiten einer einzelnen Person fast die Hälfte der Zeit einnahmen. Da-

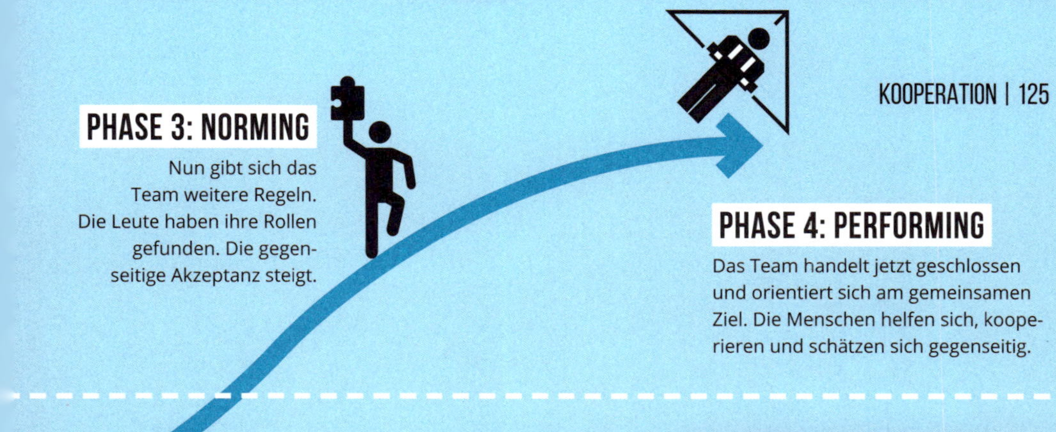

WIE GEMEINSCHAFT ENTSTEHT

Der US-amerikanische Psychologe Bruce Tuckman entwickelte 1965 ein Modell, das die vier Entstehungsphasen eines Teams zeigt.

gegen regte sich natürlich Widerstand, den dann wiederum einige wenige anführten. Die Gruppe spaltete sich immer mehr, bis wir zur Wiederherstellung der Harmonie beschlossen, der Sache ein eigenes klärendes Kreisgespräch zu widmen. Irgendwann war die Zeit um. Die meisten fühlten sich wieder besser. Alle hatten Zeit gehabt, um offen ihre Sichtweise zum Besten zu geben. Das an sich war schon gut und wesentlich mehr, als in den meisten Unternehmenspyramiden möglich ist. Nur in der Sache waren wir nicht wirklich weitergekommen. Wir hatten viel Zeit damit verbracht, Konflikte aufzubauen, die ohne unser Treffen überhaupt nicht existiert hätten, um sie dann während des Treffens auch wieder zu lösen – und das nur oberflächlich und keineswegs zufriedenstellend für alle.

»Verflixt noch mal: Steht uns denn immerzu unser Ego im Weg?«, fragten wir uns, wie wir da so in unseren ICE-Sitzen lümmelten und einen Kaffee schlürften. »Reicht noch nicht mal ein gemeinsames, vielversprechendes und verheißungsvolles Anliegen, um die ganzen persönlichen Gefühlsverfilzungen wenigstens eine Zeit lang beiseitezulassen? Können wir denn nicht unsere Angst davor, wir könnten zu kurz kommen, einfach mal seinlassen – um der guten und wirklich bedeutungsvollen Sache willen?« Als wir unsere Blicke auf der vorbeiflitzenden Landschaft ausruhten, hatten wir unsere Zweifel. Am Ende stimmte es vielleicht doch, was all diejenigen sagen, die geringschätzig von den unverbesserlichen Idealisten und Sozialromantikern denken: Nämlich dass wir Menschen nun mal egoistisch seien und nicht anders könnten, als immer nur auf unseren persönlichen Vorteil zu lauern. Zum Glück sollten wir bald herausfinden, dass sich die Zyniker und Pessimisten unserer Welt täuschen. Und zwar gewaltig.

VOM NETZ ZUM KREIS

Als wir endlich mit Sack und Pack zu Hause ankamen, waren wir mit unseren Gedankengängen bei einer entscheidenden Frage angelangt: Schaffen wir Menschen es, unsere Grundhaltung zu verändern? Uns war und ist klar, dass wir irgendwie gemeinsam dahin kommen müssen, uns nicht mehr andauernd mit unserem Ego zu beschäftigen. Stattdessen müssen wir lernen, uns selbst mit mehr Abstand zu betrachten. Wir müssen verstehen, dass wir in Wahrheit Teil einer Gemeinschaft, eines lebendigen, großen Ganzen sind. Sei das die Familie, die Projektgemeinschaft, das Unternehmen, der Verein, die Nachbarschaft, das Dorf, die Stadt, das Land oder der Planet, endlos kreisend im unendlichen schwarzen Universum. Irgendwie müssen wir doch mal mitbekommen, dass wir Ziele von Bedeutung nur erreichen können, wenn andere mitmachen. Und dass die aber nur dann

ZEIGE DIE MACHT

DAUER: 30 MINUTEN | **GRAD:** MITTEL

Machthierarchien gibt es in allen Gruppen. Immer. Denn manche Mitglieder sind laut, die anderen leise. Die einen tun viel, die anderen wenig. Die einen bringen Erfahrung mit und die anderen nicht. Wer so tut, als gebe es diese Hierarchien nicht, macht sie oft nur stärker. Du solltest in deiner Gruppe, Gemeinschaft oder deinem Netzwerk der Sache auf den Grund gehen. Etwa mit dieser Übung von trainingforchange.org:

1. KOMMT ZUSAMMEN

Erkläre den anderen, worum es dir geht, und lade sie zu dem Experiment ein. Es kann sein, dass dabei Befürchtungen und Zweifel aufkommen. Immerhin muss jede und jeder damit rechnen, ein bisschen entblößt zu werden. Mache klar, dass es nicht um Bewertungen geht und dass der Lohn für den Mut ein besserer Gruppenzusammenhalt ist. Wählt für das Treffen einen Raum, in dem ihr viel Platz habt, und nehmt euch etwa eine halbe Stunde Zeit.

2. SCHRITT VOR UND ZURÜCK

Alle Teilnehmenden stellen sich nebeneinander in einer Reihe in der Mitte des Raumes auf. Dann kannst du die folgenden Fragen stellen – oder besser noch eigene entwickeln, die für eure Gruppe gut passen (diese hier sind nur Vorschläge). Als Antwort gehen die Leute jeweils einen Schritt nach vorne oder nach hinten.

★ Hast du Abitur gemacht und studiert? Dann gehe einen Schritt nach vorne.

★ Bist du ein eher stiller, introvertierter Typ? Dann gehe einen Schritt zurück.

★ Bist du unter 20 oder über 60? Dann gehe einen Schritt zurück.

★ Hast du besonders hilfreiche Fähigkeiten und Kenntnisse? Gehe einen Schritt vor.

★ Bekommst du für deine Arbeit weniger Geld und/oder Anerkennung als der Durchschnitt? Dann gehe einen Schritt zurück.

★ Ist Deutsch deine Muttersprache? Dann gehe einen Schritt vor.

★ Fragen dich die anderen oft nach deiner Meinung? Dann gehe einen Schritt vor.

3. FEEDBACK-RUNDE

Bleibt nach jeder Frage stehen und blickt euch um. Was seht ihr? Deckt sich das mit euren Erfahrungen in der Gruppe? Überlegt gemeinsam, wieso die Leute aus eurem Team dort stehen, wo sie stehen, und findet heraus, was das für sie bedeutet. Seid behutsam und vorsichtig mit den Gefühlen der anderen.

Lust dazu haben, wenn ihnen die Sache Spaß macht, wenn sie Anerkennung kriegen und sich gut in einer Gemeinschaft aufgehoben fühlen. Was wiederum nur dann der Fall ist, wenn es der gesamten Gruppe gut geht. Das Ganze erschien uns wie ein auswegloses Dilemma: Wir bräuchten Menschen mit einer komplett anderen Sichtweise auf sich, auf die Gemeinschaft und die Welt, um solch neue Organisationsformen zu entwickeln. Aber wo sollen solche Leute herkommen, wo doch die hierarchischen Strukturen von Schulen, Universitäten, Kirchen, Unternehmen, Behörden oder Vereinen solche Perspektivwechsel doch geradezu verhindern?

Natürlich wollten wir uns damit nicht abfinden. Wir suchten weiter und trafen kurz darauf auf eine Frau, die Antworten auf zumindest einige dieser Fragen gefunden zu haben schien: Elena Tzara hat einen großen Teil ihres Lebens Gemeinschaftsprojekte organisiert. Wir treffen uns mit ihr in dem Wohnprojekt auf St. Pauli, das sie zusammen mit rund 40 anderen geplant, finanziert und gebaut hat. Drei neue große Mehrfamilienhäuser stehen gleich hinter der Großen Freiheit. Schön ruhig ist es hier. Es gibt sogar Grün. Nichts erinnert an die Partymeile. Wir setzen uns mit ihr in den Gemeinschaftsraum, in dem Partys, das Plenum und anderes stattfinden. Dann sprechen wir über sie. Darüber, wie sie in Berlin die Bewegung der Lebensmittelretterinnen und -retter Foodsharing mitgegründet hat (bei denen sie heute noch im Vorstand ist). Wie sie im Geldstreik gelebt hat und irgendwann wieder nach Hamburg zurückkam. Und wie sie schließlich beim Premium-Kollektiv anfing, einem überaus spannenden Unternehmen, das von sich behauptet, dass es den Wirtschaftswandel schon großteils vollzogen hat. Und das vor gut 17 Jahren. Angefangen hatte alles mit ein paar Anhängern einer Colamarke. Die waren stinkig, weil der Getränkehersteller einfach sein Rezept änderte, ohne sie zu fragen. Sie wollten das Unternehmen umstimmen (was nicht gelang) und fanden dabei einen Abfüller, der ihnen Flaschen mit Cola nach der alten Machart abfüllte. Alle hatten Geld zusammengelegt und auf einmal gab es ein Produkt. Dann waren die Flaschen alle, es mussten neue produziert werden. Und plötzlich war da ein Unternehmen. Entscheidungen mussten getroffen werden: Wie teuer sollte eine Flasche sein und wie sollte sie aussehen? Wie wollte man die Leute bezahlen, die dafür arbeiteten? Und wie wollten sie das alles überhaupt entscheiden?

»Von Anfang an gab es die Absicht, es ganz anders zu machen als das, wogegen alle zuvor gekämpft hatten. So entstand die Idee, dass alle Entscheidungen im Konsens getroffen werden sollten und dass das Ganze auch als Projekt auf die Spitze getrieben werden sollte. Mitentscheiden sollten nicht nur alle innerhalb des Unternehmens, sondern auch alle, die irgendwie anders an Premium beteiligt waren«, erklärt uns Elena Tzara. Heute gibt es bei Premium elf bezahlte Mitarbeiterinnen und Mitarbeiter. Dazu kommen rund 30 Sprecherinnen und Sprecher für die lokalen Kontakte, noch mal 1700 gewerbliche Partnerinnen und Partner und mehrere Zehntausend Endkundinnen und -kunden, die alle eingeladen sind, sich an allen Entscheidungen zu beteiligen, die das Unternehmen betreffen. Organisiert wird das über ein Online-Forum, wo jede und jeder Vorschläge einbringen beziehungsweise darüber abstimmen kann. »Aktuell sind es etwa 240 Leute, die von ihrem Recht, mitzureden, Gebrauch machen«, erklärt uns Elena Tzara.

Das Unglaubliche daran ist, dass es nicht nur nicht ins Chaos geführt hat, alle miteinzubeziehen. Es bringt – das haben schon mehrere wissenschaftliche Studien erwiesen, die das Premium-Kollektiv untersucht haben – sogar stabilere und langfristigere Entscheidungen. »Ich glaube, dass es vielen ein Gefühl von Sicherheit gibt«, meint Elena. Außerdem ist auf diese Weise ein System entstanden, in dem sich alle wohlfühlen können. Denn alle wissen: Sobald sich irgendetwas ändert, kann jede und jeder eine getroffene Entscheidung wieder infrage stellen und neue Vorschläge machen. Dann wird darüber so lange neu diskutiert, bis der nächste Konsens steht. So gibt es bei Premium heute einen einheitlichen Stundensatz. Alle Mitarbeitenden können sich ihren Aufgabenbereich frei aussuchen, genauso wie den Ort oder die Zeit ihrer Arbeit. So haben sich manche einen Bereich mit regelmäßigen Arbeitszeiten und einem ebenso regelmäßigen Gehalt ausgesucht. Andere, wie zum Beispiel Elena, arbeiten lieber an befristeten Projekten. Am Ende des Monats zählt man seine Stunden selbst zusammen. Nachkontrollieren tut das niemand. Die Premium-Kollektivistinnen und -Kollektivisten vertrauen sich.

»Wenn wir unsere Entscheidungs-, Besitz- und Machtverhältnisse verändern, entsteht fast automatisch ein System, bei dem alle das bekommen, was sie brauchen, ohne dass sie andere oder die Natur ausbeuten müssen«, meint Elena. Und uns wird klar: Wenn du dich selbst als einen Teil von etwas Größerem erfährst, merkst du, dass dir das Wohl der anderen, ja der Welt genauso am Herzen liegt wie du selbst (und dass es bei den anderen genauso ist). Du spürst am eigenen Leib, dass du gemeinsam Ziele erreichen kannst, die du alleine niemals hättest verwirklichen können – für alle. »Deshalb muss das Gemeinschaftliche auch wieder zurück in die Wirtschaft«, sagt uns Elena. Wir machen uns auf den Heimweg. Und wie wir so die Clemens-Schultz-Straße zur U-Bahn zurückgehen, keimt in uns wieder etwas Hoffnung. Darauf, dass wir eben doch nicht erst den selbstlosen Menschen brauchen, um bessere Organisationen zu schaffen. Wir sehen, es funktioniert auch umgekehrt: Wenn sich Menschen anders organisieren, können sie dadurch solidarischer und empathischer werden. Weil sie sich sicher genug fühlen. Weil sie nicht mehr befürchten müssen, es sei nicht genug für alle da, müssen sie auch nicht mehr gegen andere kämpfen.

DIE INTEGRALE ZEITENWENDE

Der ehemalige Unternehmensberater und McKinsey-Partner Frederic Laloux ist der Ansicht, dass wir Menschen vor einem neuen Evolutionsschritt stehen: »Eine große Zahl von Forschern – darunter Psychologen, Philosophen und Anthropologen – haben die Reise des menschlichen Bewusstseins genau untersucht. Sie haben herausgefunden, dass wir uns in der etwa 100 000 Jahre langen Geschichte der Menschheit durch eine Reihe aufeinanderfolgender Stufen entwickelt haben«, meint er. »Wir sind nicht wie Bäume, die kontinuierlich wachsen. Wir entwickeln uns durch plötzliche Transformationen, wie eine Raupe, die zum Schmetterling wird, oder eine Kaulquappe, die sich zum Frosch entwickelt«, erklärt er.

Insgesamt haben diese Forscher bis zum heutigen Tage sieben verschiedene Entwicklungsstufen der Menschheit ausgemacht, die zwar nacheinander entstanden sind, aber praktisch gesehen heute alle gleichzeitig vorhanden sind. Auf jeder dieser Stufen hat sich das Verhältnis unserer Vorfahren untereinander ebenso verändert wie die Ökonomie und die Form der Organisationen. Zum Beispiel haben wir uns zunächst in Familienclans zusammengeschlossen, dann in Stämmen, später in Imperien und schließlich in Nationalstaaten. Zu Beginn waren wir Jäger und Sammler, dann Bauern und schließlich ein Rädchen in der Maschinerie einer zunehmend globalisierten Industrie. Damit veränderten sich natürlich auch die Machtstrukturen, die Rolle der Religion, der Kunst und der Wissenschaft. Es entstanden weltweite Organisationen mit bis dahin undenkbar mächtigen und stabilen Machtpyramiden – wie etwa die katholische Kirche oder die britische Ostindien-Kompanie als eine der ersten globalen Wirtschaftsunternehmungen. In dieser Zeit erkannten die Menschen, dass die Welt weitaus komplexer ist als zunächst gedacht. Sir Isaac Newton entdeckte das Gesetz der Schwerkraft, die Epoche der Aufklä-

DIGITALE HELFER

WIE DU DIE RICHTIGEN (ONLINE-) WERKZEUGE FINDEST UND NUTZT

Nicht jeder hat Lust, die gemeinsame Arbeit über den Rechner zu organisieren. Und das ist auch nicht immer notwendig. Wenn ich zum Beispiel in einem Gemeinschaftsgarten aktiv sein möchte, kann ich die Arbeitspläne auch vor Ort auf eine Tafel schreiben und brauche kein Online-Werkzeug. Wenn man aber doch auf eine Online-Lösung zurückgreift, kann es sein, dass Menschen diese ablehnen, auch wenn so ein Hilfsmittel für eine Projektgruppe relevant ist und Mehrwert bietet. Das Wichtigste ist dann, dass man das ernst nimmt und sich fragt: Kennen die Leute das Werkzeug nicht? Können sie es nicht nutzen, etwa weil es nicht barrierefrei ist? Oder fehlt die Motivation? Wenn das der Fall ist, sollte man erstens prüfen, ob eine Lösung normal ist – sie also schon viele Menschen nutzen. Zweitens muss die Eingewöhnung leicht sein. Und drittens sollten möglichst keine zusätzlichen Kosten anfallen. Bei der Auswahl der richtigen Online-Lösungen spielen aber noch zwei weitere Aspekte eine wichtige Rolle: Das eine ist »Sicherheit und Datenschutz«. Und das andere ist das Thema »Freie Software«. Die Sicherheit ist natürlich vor allem dann relevant, wenn ich Dinge tue, die anderen Gruppen möglicherweise nicht gefallen könnten – also wenn ich beispielsweise als Whistleblower auf Missstände hinweise –, oder wenn ich mit sensiblen Themen wie Krankheiten, Missbrauch und Ähnlichem zu tun habe. Bei Plattformen, die ihre Daten auf amerikanischen Servern ablegen, darf das FBI legal mitlesen. Und wie wir seit Snowden wissen, wissen die meisten Geheimdienste auch Bescheid. Zudem stehen hinter vielen Angeboten profitorientierte Unternehmen. Meist sind deren Nutzungsbedingungen so gestaltet, dass sie Nutzerdaten beliebig weiterverwenden dürfen – etwa für Werbung oder auch zur Optimierung von Wahlkampfstrategien, wie das bei Cambridge Analytica geschehen ist. Eine Lösung ist, möglichst viel zu verschlüsseln – etwa PGP für E-Mails zu verwenden. Und statt kommerzieller Angebote lässt sich »Freie Software« verwenden. Das sind Programme, deren Quellcode man verändern und so gegebenenfalls Sicherheitslücken schließen kann. Zudem lassen sich die Lösungen für eigene Anwendungsfälle anpassen. Recht bedenkenlos kann ich die Plattform wechange.de empfehlen. Sie ist genossenschaftlich organisiert, wertet die ihr anvertrauten Daten nicht aus und betreibt Server in Deutschland. Dazu bietet sie einfache Funktionen für die Projektarbeit, etwa für die Kommunikation im Team: einen Kalender, eine Aufgaben- und Dokumentverwaltung sowie Abstimmungsfunktionen. Weitere Lösungen sind etwa Sandstorm Apps oder Nextcloud. Die gibt's online bei fairkom oder Windcloud. Wer die Fähigkeiten hat, kann sie auch auf dem eigenen Server hosten.

MARKUS KOLLOTZEK

ist Informatiker und engagiert sich bei green net project. Ziel der Organisation ist es, die Arbeitsprozesse gemeinnütziger Initiativen zu optimieren und Synergien zu fördern. **greennetproject.org**

ORGANISATION IM WANDEL

Der Berater Frederic Laloux hat fünf grundlegende Organisationsformen ausgemacht:

1. TRIBAL

Einzelne dominieren hier Untergebene. Angst hält die Organisationen zusammen. Beispiele: Familienclans oder Gangs.

2. TRADITIONELL

Stark autoritäre Organisationen mit formalisierten Rollen und strikten Prozessen. Beispiele: Armee, manche Schulen oder Behörden.

rung begann und die Menschen betrachteten alles im Universum auf einmal als einen Teil eines komplexen Uhrwerks. Sie dachten, dass sie alles verstehen könnten, wenn sie es nur lang und gründlich genug untersuchten. Dabei erkannten sie, dass es oft kein absolutes Richtig oder Falsch gab. Und dass in Zukunft Dinge möglich sein würden, die sie sich damals höchstens vorstellen konnten. So entwickelte sich das, was Laloux die moderne, leistungsorientierte Bewusstseinsstufe nennt. Die Menschen begannen, die herkömmlichen Normen und Autoritäten zu hinterfragen. Zwar behielten sie die Pyramide als Organisationsprinzip bei, aber die Leute konnten nun kraft ihrer Leistung aufsteigen. Deshalb bedeutete Erfolg für sie vor allem, besser zu sein als andere.

Dieser Entwicklungsschritt muss für unsere Vorfahren unheimlich befreiend gewesen sein. Doch spätestens heute zeigen sich auch die dunklen Seiten dieser Weltsicht: die Sucht nach materiellem Erfolg, der Konkurrenzkampf, die soziale Ungerechtigkeit, der Verlust von Gemeinschaft und der Raubbau an der Natur. Aus dieser Einsicht heraus hat sich eine weitere Bewusstseinsstufe entwickelt: die postmoderne, pluralistische. Die Menschen sehnten sich nach Fairness, Gleichheit, Harmonie, Gemeinschaft, Kooperation und Konsens. Sie setzten sich zum Beispiel für die Abschaffung der Sklaverei und die Gleichstellung der Frau ein. Die 68er revoltierten aus diesem Grund gegen das Establishment. Und auch heute fußt die Kultur vieler gemeinnütziger Organisationen auf dieser Einstellung. Sie würden Macht und Hierarchien am liebsten abschaffen. Doch leider zeigt sich: »Das postmoderne Paradigma ist wirkungsvoll beim Einreißen alter Strukturen, aber oft weniger effektiv beim Formulieren praktikabler Alternativen«, wie es Frederic Laloux auf den Punkt bringt. Stimmt. Auch wir hatten schon öfter erlebt, dass die Alternativen im Gegensatz zu den Machtpyramiden viel zu instabil sind.

Glücklicherweise haben Wissenschaftler noch eine weitere, neuere Denkweise aufgespürt, die Laloux und die anderen Forscher »integral evolutionär« nennen. Sie alle halten sie für so bedeutsam, dass sie darin einen Sprung in einen sogenannten zweiten Rang sehen – während alle zuvor genannten Stufen noch zum ersten Rang gehörten. »Der Übergang zur integralen evolutionären Stufe geschieht, wenn wir die Identifikation mit unserem eigenen Ego überwinden. Indem wir unser Ego aus der Distanz betrachten, sehen wir plötzlich, wie seine Ängste, Ziele und Wünsche oft unser Leben bestimmen«, meint Laloux. Wer diesen Schritt gehe, treffe seine Entscheidungen nicht mehr aufgrund von (unbewussten) Ängsten, sondern weil er oder sie sich frage: Stimmt das, was ich tue,

mit dem überein, was ich als die Richtung meiner Entwicklung sehe? Bin ich von Nutzen für die Welt? »Das letztendliche Ziel im Leben besteht nicht darin, erfolgreich und geliebt zu sein, sondern der wahrhaftigste Ausdruck unseres tiefsten Selbst zu werden«, so Laloux. »Wenn wir uns in das Integrale hinein entwickeln, dann setzen wir uns keine Lebensziele mehr, die bestimmen, in welche Richtung wir gehen. Stattdessen lernen wir loszulassen und auf das Leben zu hören, das durch uns gelebt werden will.«

DEZENTRAL LÄUFT'S BESSER

Das alles klingt eher nach Zen-Kloster als nach Wirtschaft. Und doch gibt es bereits einige Unternehmen und Organisationen, die nach dem integralen Prinzip organisiert sind. Ein tolles, wenn auch junges Beispiel ist die niederländische Organisation für häusliche Pflege Buurtzorg. Buurtzorg heißt so viel wie Nachbarschaftspflege – und die hat in Holland eine lange Tradition. Denn seit dem 19. Jahrhundert gab es dort in jeder Nachbarschaft eine Krankenschwester, die die häusliche Pflege übernahm und mit den Ärzten und Krankenhäusern zusammenarbeitete. Doch dann kamen die Krankenkassen in den 1990er-Jahren auf die Idee, dass man das System wesentlich effizienter gestalten müsste: Die bis dahin selbstständigen Pflegekräfte sollten sich in Organisationen zusammenschließen und sich die Arbeit teilen. Das hatte den Vorteil, dass ein Ersatz da war, wenn eine Pflegerin oder ein Pfleger selbst mal krank oder in Urlaub war. Zwischen 1990 und 1995 wurden aus den 286 unterschiedlichen Organisationen 86. Die Effizienz stieg. Es gab nun genaue Vorgaben, wie lange es dauern durfte, eine Spritze zu setzen (zehn Minuten), einen Menschen zu baden (15 Minuten) oder einen Stützstrumpf zu wechseln (zweieinhalb Minuten). Um das so festzulegen, gab es in den Organisationen nun Menschen, die genaue Pläne für die Pflegerinnen und Pfleger austüftelten. Sie entdeckten auch, dass es Kosten sparen würde, wenn sich die Pflegenden auf bestimmte Tätigkeiten spezialisierten. Also kam nun eine Pflegekraft, um eine Spritze zu setzen, die nächste wechselte den Verband und die dritte badete den Patienten oder die Patientin. All das kontrollierte die Zentrale über ein digitales Barcode-System.

Sowohl die zu Pflegenden als auch die Pflegekräfte empfanden dieses System zunehmend als entwürdigend. Zwischen den beiden Parteien konnte bei so einem straffen Zeitplan und den vielen Wechseln überhaupt keine persönliche Verbindung mehr entstehen. Die Pflegerinnen und Pfleger verloren den Überblick über die Zusammenhänge von Symptomen, Krankheiten und notwendigen Maßnahmen. Und sie konnten im Grunde

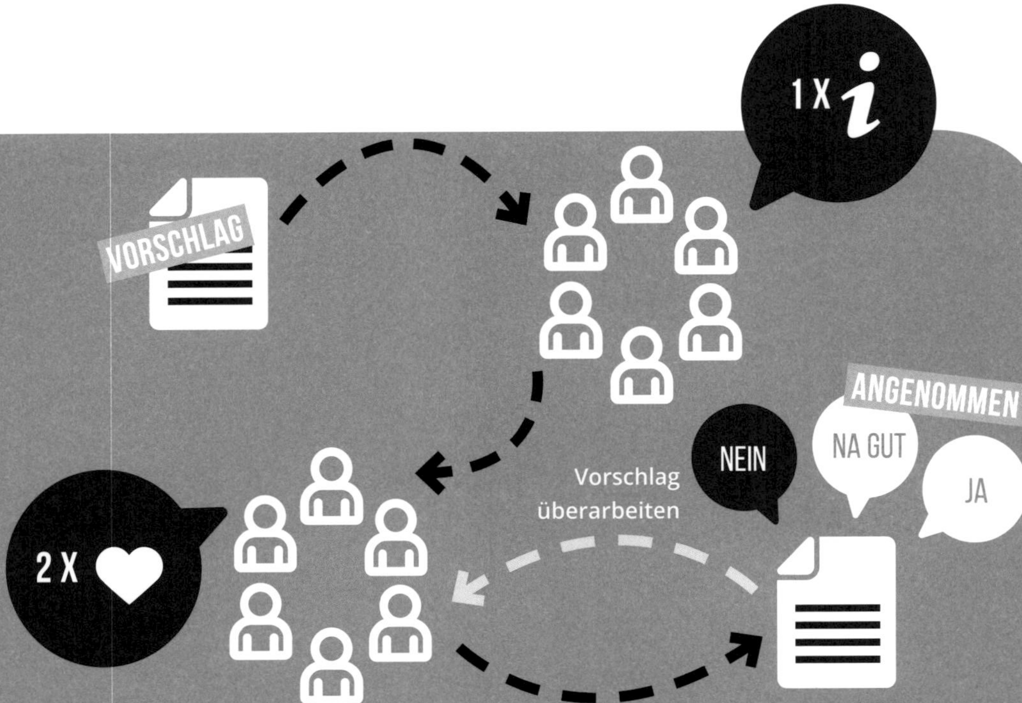

FINDE DEN KONSENT

DAUER: 10 MINUTEN – MEHRERE STUNDEN
GRAD: MITTEL

Beim Konsent gilt ein Vorschlag als angenommen, wenn es keinen schwerwiegenden Einwand dagegen gibt. Alle sind gleichwertig an der Beschlussfassung beteiligt. Niemand wird übergangen. Das geschieht üblicherweise in Kreisgesprächen und drei Phasen:

PHASE 1: INFORMATION

In dieser Informationsphase stellen ein oder mehrere Menschen den Vorschlag, das Problem oder die Frage vor. Die Moderatorin oder der Moderator fragt alle Versammelten der Reihe nach, ob sie noch Informationen brauchen, um sich eine Meinung bilden zu können.

PHASE 2: MEINUNG

Nun gibt es zwei Runden. In der ersten sagen alle nacheinander, was sie über das Thema denken. Eine erste, gefühlsmäßige Reaktion ist gefragt. Danach erzählen alle, wie sich ihre Sichtweise durch die erste Meinungsrunde verändert hat. Die Moderation macht Notizen auf einem Flipchart.

PHASE 3: BESCHLUSS

Jetzt formuliert die Moderation einen Vorschlag und stellt ihn zum Konsent. Dazu fragt sie reihum, ob es zu diesem Vorschlag einen schwerwiegenden und begründeten Einwand gibt. Gibt es keinen, gilt der Vorschlag als angenommen. Gibt es einen leichten Einwand, leitet die Moderation daraus einen verbesserten Vorschlag ab und stellt diesen wiederum zum Konsent. Gibt es einen schwerwiegenden Einwand, gibt es noch mal ein oder zwei Meinungsrunden und die Moderation stellt einen neuen, meist besseren Vorschlag zum Konsent. Das geht so lange, bis es keinen Einwand mehr gibt und ein Konsent da ist. Ob ein Einwand schwerwiegend ist, entscheidet die Person, die ihn vorgebracht hat.

Weitere Methoden für die Entscheidungsfindung unter: www.faironomics.de

gar nicht mehr den Beruf ausüben, den sie sich ursprünglich ausgesucht hatten: alten und kranken Menschen zu helfen. »Als die Organisation, für die ich arbeitete, verlangte, dass wir den Patienten Medikamente verkaufen sollten, war für mich Schluss. Es ging um Produkte der betriebseigenen Apotheke. Für uns war das schrecklich, weil unser Fachwissen und unsere Integrität missbraucht wurden. ... Für mich und viele Kolleginnen war dies ein Wendepunkt in unserer Loyalität gegenüber unserem Arbeitgeber«, schildert eine der Krankenschwestern. So gründete der Krankenpfleger Jos de Blok zusammen mit zehn Kolleginnen und Kollegen 2006 Buurtzorg. Sie dachten sich eine vollkommen andere Art der Organisation aus – und wurden damit extrem erfolgreich.

Bei Buurtzorg tun sich alle Pflegerinnen und Pfleger in kleinen Teams von maximal zwölf Menschen zusammen. Sie sind für eine genau abgesteckte Nachbarschaft zuständig. Die Teams entscheiden vollkommen autonom über alles, was ihre Arbeit angeht. Sie bestimmen, wie sie die Arbeit unter sich aufteilen. Sie beschließen, wie und wo sie sich treffen, mit welchen Ärzten, Krankenhäusern und Apotheken sie zusammenarbeiten oder wer wann welche Fortbildung macht. Sie legen fest, wie sie mit komplizierten Fällen umgehen, wann sie welche neuen Patienten aufnehmen und ob sie ein neues Teammitglied einstellen oder ihr Team aufteilen wollen, weil es sonst zu groß wäre. Und natürlich sind sie auch für die Wirtschaftlichkeit verantwortlich. Niemand kann ihnen dabei hineinreden. Auch nicht Jos de Blok. Denn es gibt weder ein mittleres noch ein Topmanagement. Es gibt auch keine Personalabteilung und kein Callcenter. Es gibt aber Beraterinnen und Berater – solange die Teams sich diese wünschen. Das können entweder erfahrene Pflegerinnen und Pfleger aus anderen Teams sein oder spezialisierte Fachkräfte (etwa wenn es um sehr spezielle juristische, wirtschaftliche, wissenschaftliche oder strategische Fragen geht). Aber sie können den Teams nichts vorschreiben. Sie haben vor allem die Aufgabe, kluge Fragen zu stellen, dem Team zu vermitteln, dass es normal ist, mit Problemen zu kämpfen, und dass man dabei eine Menge lernen kann. Über ein Intranet sind zudem alle Buurtzorg-Mitarbeiter und -Mitarbeiterinnen vernetzt und können sich so gegenseitig unterstützen und beraten. Allerdings gibt es eine Reihe von Regeln. Zum Beispiel dazu, wie die Teams gemeinsam zu einer Entscheidung kommen, Besprechungen abhalten oder Probleme und Konflikte lösen sollen. Das ist wichtig, denn natürlich sind nicht alle gleich. Es gibt Pflegekräfte mit mehr oder weniger Erfahrung, Spezialwissen oder bestimmten Fähigkeiten und Begabungen. Mit diesen Regeln entwickeln sich natürliche, spontane und flexible Hierarchien, die auf Anerkennung, Einfluss und Fertigkeiten basieren – und nicht auf Macht. Diese Form der Selbstführung ist für die meisten zu Beginn eine harte, aber eben auch sehr lehrreiche und ermutigende Schule.

FÜRS LEBEN LERNEN

Doch was genau lernen Menschen in Organisationen wie Buurtzorg nun eigentlich? Ganz grob gesagt: Sie lernen, ihre Angst und Trennung zu überwinden. Als wir das erfahren, freuen wir beide uns, dass wir hier wieder einmal auf unsere drei Faironomics-Ziele stoßen. Nämlich dass die Menschen in solchen integralen Organisationen lernen, sich wieder mit sich selbst zu verbinden, mit den anderen Menschen und der Welt, der Natur, dem Leben insgesamt. Normalerweise tun wir bei der Arbeit ja das Gegenteil: Wir geben uns nicht so, wie wir wirklich sind. Wir verbergen unsere Bedenken, Ängste, Hoffnungen und Träume. Sie zu zeigen würde uns verletzlich machen. Da geben wir uns lieber »professionell«. Und das meint meist, dass die Leute möglichst unemotional genau die Rolle spielen sollen, die ihnen ihre Position vorgibt.

Somit kann zwischen den Kolleginnen und Kollegen aber keine wirklich tiefe Verbindung entstehen. Ja, das kann sogar so weit gehen, dass manche ihre Werte und tiefsten Überzeugungen zu Hause lassen, wenn sie zur Arbeit gehen. Wir haben schon oft von Führungskräften gehört, dass sie sehr wohl wissen, dass ihre Entscheidungen nur auf Kosten von anderen Menschen oder der Natur möglich sind. Doch sie meinen, keine Wahl zu haben. Deshalb finden sie, dass ihre ethischen Überzeugungen ihre Privatsache seien und bei der Arbeit nichts zu suchen hätten. Wir beide haben das Gefühl, dass sehr viele Menschen die Situation in unserer Welt sehr wohl bedrückt. Doch das zu sagen oder sich gar bei Vorgesetzten oder Finanziers ernsthaft für Veränderungen einzusetzen, das tun die wenigsten. Sonst sähe unsere Welt wohl anders aus.

In den integralen Organisationen ist diese Trennung laut Laloux hingegen nicht mehr möglich. Warum? Weil die Menschen hier frei(er) von Angst und Kontrolle sind. Dafür müssen sie aber auch die volle Verantwortung tragen. Ja: müssen. Denn das ist für viele tatsächlich nicht ganz so leicht. Zu tief sitzen die Denkgewohnheiten und Verhaltensmuster, die wir in den klassischen Hierarchiepyramiden verinnerlicht haben. Der Gründer des Selbstorganisationsmodells Holacracy, Brian Roberts, beschreibt das anhand von drei Rollen – Verfolger, Opfer und Retter. Dazu ein Beispiel: Ein Unternehmen muss aufgrund einer Flaute Mitarbeiterinnen und Mitarbeiter entlassen. Normalerweise würde ein Vorgesetzter (Verfolger) entscheiden, welche Lösung die beste ist, und dann die Belegschaft so spät wie möglich informieren (Opfer). Die Mitarbeiter sind zumeist schockiert, haben Angst und wünschen sich einen Retter herbei – zum Beispiel eine Gewerkschaft oder Politiker, die sie schützen. Anders sieht das in selbst verwalteten Organisationen aus. So geschehen bei dem französischen Autoteilehersteller FAVI. Als das Unternehmen in eine finanzielle Krise geriet, versammelte der Chef Jean-François Zobrist alle Kolleginnen und Kollegen in der Werkshalle, stellte sich auf eine Kiste und erklärte ihnen die Lage. Anschließend mussten sie nun entscheiden, wie sie darauf reagieren sollten. Am Ende waren sich alle einig: Sie wollten lieber alle gemeinsam eine Zeit lang weniger arbeiten und damit weniger verdienen, als denjenigen zu kündigen, die noch in der Probezeit waren. Statt des Verfolgers, Opfers und Retters gab es hier nun einen Herausforderer (Jean-François Zobrist) sowie Berater und Schöpfer (alle Mitarbeiterinnen und Mitarbeiter). Das macht es »sehr schwierig, eine Opferhaltung einzunehmen. Es ist möglich, aber die Welt hält dir einen Spiegel vor und sagt … ›Es ist deine Wahl, wenn du ein Opfer sein willst‹«, meint Brian Roberts dazu.

UND ES LOHNT SICH SOGAR

Wenn du dir nicht vorstellen kannst, dass so etwas im wirtschaftlichen Sinne erfolgreich sein kann, dann lasse dich positiv überraschen: Innerhalb von wenigen Jahren ist zum Beispiel Buurtzorg extrem gewachsen. Bereits sieben Jahre nach seiner Gründung sind etwa 60 Prozent aller ambulanten Pflegekräfte und Klienten in Holland von den klassischen Anbietern dorthin gewechselt. Seit 2011 hat Buurtzorg vier Mal den Titel »Bester Arbeitgeber der Niederlande« bekommen. 2014 setzte das Unternehmen 280 Millionen Euro im Jahr um. Und das wesentlich wirtschaftlicher als die herkömmlichen Organisationen: Eine Studie aus 2009 zeigte, dass die Buurtzorg-Patientinnen und -Patienten im Schnitt doppelt so schnell aus der Pflege entlassen werden konnten wie bei den klassischen Anbietern. Und das ganz ohne zentrale Kontrolle und Effizienzpläne. Wie ist das möglich?

Nun, so wie wir die Sache sehen, liegt es vor allem an der inneren Haltung: Gehst du insgeheim davon aus, dass du Menschen bis

SOZIOKRATIE 3.0

WIE 70 MUSTER SCHRITTWEISE NEUE ORGANISATIONEN FORMEN

Die Soziokratie ist eine Organisationsform, die Gleichberechtigung, Selbstorganisation und Beteiligung ermöglichen soll. Der Unternehmer Gerard Endenburg hat sie in seiner Fabrik weiterentwickelt und eine regelrechte Methode geschaffen. Die wichtigsten Merkmale der Soziokratie sind, dass Entscheidungen im Konsent getroffen werden, dass die Organisationen in Kreisen aufgebaut sind, dass es zwischen diesen Kreisen doppelte Verbindungen über jeweils zwei Vertreterinnen oder Vertreter aus den darunter liegenden Kreisen gibt und dass sich die Kreise selbst organisieren. Daraus ist in den USA die Holakratie entstanden. Beide Konzepte geben ziemlich genau vor, was die Leute zu tun haben und wie sie die Methoden in ihren Organisationen einführen sollen. Beide bieten also wenig Spielraum.

Mein Kollege James Priest und ich haben das Ganze zur Soziokratie 3.0 oder S3 weiterentwickelt. Hier steht der Begriff für eine bestimmte Geisteshaltung, die in der Überzeugung begründet liegt, dass man Menschen, die von Entscheidungen betroffen sind, mitbestimmen lassen sollte. Außerdem sind Unternehmen bei der klassischen Soziokratie immer noch relativ hierarchisch strukturiert. Wir haben uns aber gesagt, dass die gesamte Arbeit nach denselben Prinzipien ablaufen muss. Es kann ja nicht sein, dass ich während einer Kreissitzung drei Stunden lang in der einen Geisteshaltung sitze und dann in einer ganz anderen Geisteshaltung arbeite. Daher haben wir mittlerweile 70 Muster entworfen, wie man Probleme aus einer soziokratischen Geisteshaltung heraus lösen kann. Wir sagen aber nicht: »Nimm diese 70 Muster und wende sie alle an.« Sondern: »Schau, was dein größtes Problem ist – als Team oder als Organisation –, und prüfe, ob du ein Muster findest, das dir hilft, dieses Problem mit der Geisteshaltung der Soziokratie 3.0 zu lösen. Stück für Stück.« Wenn das Problem daraufhin gelöst ist, dann lagst du genau richtig. Wenn es jedoch wieder auftaucht, dann schau noch mal nach, wie du es vielleicht besser lösen kannst. So kann man langsam und relativ leicht in diese Geisteshaltung der Soziokratie hineingelangen. Das Ergebnis ist also keine Organisationsform, sondern eine innere Haltung, eine Kultur, ein Mindset einer Organisation und eines jeden einzelnen Mitarbeiters. Diese Veränderung ist unserer Ansicht nach notwendig, weil sich Organisationen heute in viel komplexeren Situationen befinden als früher. Das klassische Instrumentarium der Führung lässt sich hier nicht mehr erfolgreich anwenden. Die soziokratische Geisteshaltung ist dabei aber mehr als ein netter Nebeneffekt. Andere Menschen mitbestimmen zu lassen ist aus unserer Sicht ein ethischer Imperativ.

BERNHARD BOCKELBRINK

ist Organisationsentwickler und hat zusammen mit James Priest die Soziokratie 3.0 entwickelt: 70 Anleitungen, die du unter Creative Commons kostenlos nutzen kannst. **sociocracy30.org**

SOZIOKRATIE 3.0

Das Open-Source-System will Organisationen nach diesen sieben Prinzipien gestalten. Dazu liefert es mit 70 sogenannten Mustern Handlungsideen, die jede und jeder unter Creative Commons frei nutzen kann.
https://sociocracy30.org

EFFEKTIVITÄT
Investiere Zeit nur für das, was dich deinen Zielen näher bringt.

KONSENT
Handle nur, wenn keiner der Betroffenen einen Einwand hat.

EMPIRIE
Prüfe alle Annahmen durch Experimente.

ins Kleinste überwachen und gängeln musst, damit sie sich Mühe geben und ihre Arbeit gut machen? Bist du überzeugt, dass sie im Grunde eigennützig und bequem sind, wenn du sie nicht ständig in Trab hältst, indem du ihnen eine Karotte vor die Nase hältst oder Strafe androhst? Oder denkst du, dass Menschen von sich aus ihre Sache gut machen wollen? Dass sie motiviert, fair und mitdenkend sind? Überlege mal. Laloux' Erfahrung ist: Es stimmt beides. Es braucht zwar unbedingt jemanden mit einem positiven Menschenbild, Mut und Vertrauen wie zum Beispiel Jean-François Zobrist, Jos de Blok oder den Premium-Gründer Uwe Lübbermann, die andere Formen der Zusammenarbeit wagen. Aber die meisten Menschen, die durch ihre Erfahrungen in klassischen Unternehmenspyramiden Angst und Konkurrenz gelernt haben, brauchen einen sicheren Rahmen, um ihre kooperative Seite zuzulassen und weiterzuentwickeln.

Es zeigt sich somit also, dass Misstrauen Misstrauen weckt und Vertrauen Vertrauen. Knapp gesagt beweisen Unternehmen wie Buurtzorg, dass intrinsische (innere, aus sich selbst entstehende) Motivation, gute Beziehungen unter den Kolleginnen und Kollegen sowie die Hingabe an die (echten) Bedürfnisse der Kunden für sehr viel mehr Effizienz sorgen als Kontrolle und Hierarchie. Und zwar nicht nur für das Unternehmen, sondern für die Welt insgesamt: Bei Buurtzorg haben die Pflegekräfte beispielsweise entschieden, dass sie die Patientinnen und Patienten vor allem möglichst schnell möglichst unabhängig von ihrer Hilfe machen wollen. Eine Entscheidung, die kein Unternehmen, das klassisch auf Wachstum setzt, so fällen würde. Doch für die Menschen und auch für die Gesellschaft ist das natürlich sehr viel sinnvoller. Konkret bedeutet das zum Beispiel, dass die Buurtzorg-Mitarbeitenden gemeinsam mit den Klienten ein nachbarschaftliches Hilfsnetzwerk aufbauen. Die Pflegerinnen und Pfleger gehen tatsächlich von Tür zu Tür und fragen die Nachbarn, ob sie sich vorstellen könnten, die Hilfsbedürftigen in einem überschaubaren Rahmen zu unterstützen. Im Gegensatz zu der zentralistisch organisierten ambulanten Pflege geht es ihnen also nicht darum, möglichst viele abrechenbare Stunden zu erzeugen. Sie wollen möglichst gesunde und glückliche Menschen. Wer so viel Sinn in seiner Arbeit findet – und von den Gepflegten und ihren Familien dafür den entsprechenden Dank und die Anerkennung erntet –, der braucht keinen Druck von oben. Heute gibt es Buurtzorg übrigens nicht nur in den Niederlanden, sondern auch in China, Schweden, Großbritannien, den USA und Japan. Menschen auf der ganzen Welt sind von dem Modell begeistert und wollen es kopieren.

LERNEN
Nutze inkrementelle Veränderung, um stetig zu lernen.

GLEICHSTELLUNG
Lass alle Menschen über das mitentscheiden, was sie betrifft.

TRANSPARENZ
Mach alle Infos für jeden zugänglich, außer es gibt einen wichtigen Einwand.

VERANTWORTUNG
Handle, wenn nötig. Tu, was du sagst. Behalte die Organisation im Blick.

DIE INTEGRALEN REGELN

Doch einfach so Menschen zusammenzustecken und dann davon auszugehen, dass sie sich schon irgendwie organisieren werden, funktioniert nach unserer Erfahrung nicht. Integrale Organisationsformen brauchen vielmehr ganz bestimmte Regeln und Strukturen, damit sie zu einem sicheren Ort für alle werden. Ein allgemeines Kochrezept dafür können wir dir leider nicht geben. Was wie gut funktioniert, hängt immer von den Menschen, dem Umfeld und dem Ziel einer Organisation ab. Dennoch haben wir für uns fünf zentrale Aspekte herausgearbeitet, die eigentlich immer eine wichtige Rolle spielen:

1. Entscheidungen treffen: Gemeinsam zu entscheiden kann eine mühsame Angelegenheit sein. Wer einmal in einer konfliktreichen und/oder heterogenen Gruppe nach einem Konsens gesucht hat, kann ein Lied davon singen. Deshalb gibt es zum Beispiel den Konsent. Das bedeutet, dass nicht alle eine Entscheidung gut finden müssen (wie beim Konsens). Es darf nur keine gravierenden Argumente dagegen geben. Ein Konsent sucht also nicht die perfekte Lösung, sondern die im Augenblick akzeptabelste. Andere, wie etwa Dark Horse Innovation, koppeln Entscheidung und Umsetzung. Wer hier etwas umsetzt, kann auch entscheiden, wie das gemacht wird. Do-Ocracy nennen sie das. Wenn das jemandem nicht passt, kann er diese Entscheidung blocken, muss sich dann aber auch an der Umsetzung der von ihm befürworteten Lösung beteiligen.

2. Konflikte lösen: Sich einen bestimmten Prozess auszudenken, um Konflikte zu lösen, ist für eine integrale Selbstorganisation wichtig. Warum? Weil so soziale Kontrolle funktioniert. Ein Beispiel: Gibt es im Team ein Mitglied, das unzuverlässig ist oder schlecht arbeitet, kommt es zum Konflikt. Die Kolleginnen und Kollegen dürfen sich nun nicht als Opfer sehen, sondern sollten zum Herausforderer werden und einen Konfliktlösungsprozess in Gang bringen. Oft sieht der so aus, dass die Konfliktpartner zunächst unter sich eine Lösung suchen. Wenn das nicht klappt, fragen sie jemanden, der sie vermittelnd unterstützt. Hilft das auch nicht, gibt es mal ein größeres Gremium, mal den Geschäftsführer als Schlichtungsrat.

3. Rollen und Anerkennung: Feste Job- oder Positionsbeschreibungen gibt es in integralen Organisationen oft nicht. Bei Buurtzorg kann eine Pflegekraft zum Beispiel zum Teil in der ambulanten Pflege arbeiten, die Arbeitspläne machen und zugleich auch noch die Öffentlichkeitsarbeit. Sie hat also drei Rollen. Bei Premium können Mitarbeiter neue

Weitere Methoden für die Moderation unter:
www.faironomics.de

SCHÖNER TREFFEN

DAUER: 10–60 MINUTEN | **GRAD:** EINFACH

Meetings holen das Schlechteste und Beste aus Menschen heraus – je nachdem, ob sie Kampfgebiete des Egos oder echte Zuhörzonen sind. Letztere entstehen etwa durch:

MOMENTE DER STILLE

Kurze Momente der Stille bewirken viel. Beispielsweise könntet ihr eure Besprechung damit beginnen, hitzige Debatten damit abkühlen oder müde Momente erfrischen. Die Stillezeiten könnt ihr zum Beispiel mithilfe einer Zimbel einläuten. Sie dauern dann so lange, wie der Zimbelklang zu hören ist oder bis jemand ein zweites Mal klingelt.

CHECK-IN-RUNDEN

Zu Beginn eures Meetings sagt ihr reihum, wie es euch geht. Das finden manche unwichtig, aber du wirst sehen: Indem du deine Gedanken teilst, kannst du besser zuhören. Und du weißt, wie es den anderen geht und ob du jemanden etwa besonders feinfühlig behandeln solltest.

IM KREIS REDEN

Das Reden im Kreis verlangt anfangs etwas Disziplin, macht Meetings aber viel effizienter und ergiebiger. Dazu setzt ihr euch in einen Kreis und nutzt einen Gegenstand, der reihum geht: Wer ihn hat, redet. Alle anderen hören zu. Wer nichts zu sagen hat, gibt ihn weiter. So könnt ihr die Agenda des Treffens erstellen, deren Punkte besprechen und Beschlüsse fassen.

EIN LEERER STUHL

Ein leerer Stuhl im Kreis steht stellvertretend für eure Gruppe, eure Organisation und die Welt insgesamt. Bei Entscheidungen könnt ihr euch fragen: Wenn dort die Gruppe, Organisation oder Welt als Person säße, was würde sie sagen und entscheiden? Es kann sich auch jemand von euch dorthin setzen und diese Rolle übernehmen.

CHECK-OUT-RUNDEN

In dieser Abschlussrunde reflektiert ihr das Meeting kurz. Nach unserer Erfahrung ist hierbei ein positiver, wertschätzender Fokus sehr wichtig (und kein kritischer!). Dabei helfen Fragen wie »Wofür bist du dankbar?«, »Wem möchtest du ein Kompliment machen?« oder »Was nimmst du mit?«.

Aufgabenbereiche vorschlagen und umsetzen, wenn alle dies im Konsens beschließen. Auf diese Weise können beispielsweise neue Geschäftszweige und Projekte entstehen. In manchen Organisationen ist es wichtig, diese Rollen der Mitarbeiter festzuhalten, in anderen nicht. Möglicherweise müssen die Mitglieder eines selbst organisierten Projektes auch klären, wie sie sich gegenseitig Feedback zu ihrer Leistung geben können (etwa durch eine kollegiale Bewertung) und wie die Vergütung der Arbeit festgelegt wird. Gibt es einen Einheitsstundenlohn wie beim Premium-Kollektiv? Oder geht es nach Bedarf, wie das zum Beispiel bei der Organisation Mein Grundeinkommen der Fall ist?

4. Zuhören und reden: Wie wir miteinander reden, ist enorm wichtig. Wahrscheinlich müssen fast alle Menschen, die in integralen Organisationen anfangen, erst einmal lernen, von der üblichen kämpferischen und misstrauischen zu einer einfühlsamen und zugleich klaren Kommunikation zu kommen. Wir müssen erst wieder üben, unvoreingenommen und respektvoll zuzuhören. Dazu gibt es Praktiken wie die Gewaltfreie Kommunikation von Marshall Rosenberg (mehr dazu im nächsten Kapitel). In vielen integralen Organisationen sind Weiterbildungen in diesem Bereich daher Pflicht.

5. Treffpunkte schaffen: Rein formal gesehen sind digitale und analoge Plattformen für die interne Kommunikation äußerst hilfreich. Das gleiche gilt für regelmäßige (möglichst kurze) Besprechungen. Dabei hat es sich als sinnvoll erwiesen, diese so zu strukturieren, dass die typischen Probleme von Meetings – die Extrovertierten dominieren, während die Introvertierten verstummen – nicht auftauchen. Dazu eignen sich zum Beispiel Kreisgespräche, kurze Minuten der Stille, Routinen für Eröffnungs-, Abschluss- und Dankesrunden. In manchen Organisationen steht auch zeitweise ein freier Stuhl in der Runde: ein Symbol dafür, dass wahlweise die Organisation oder die Mitwelt auf ihm sitzt. So kann es Runden geben, in denen die Anwesenden darüber sprechen, wie eine bestimmte Entscheidung, eine Frage, Aufgabe oder ein Vorhaben wohl aus Sicht der Organisation oder der Welt gesehen würde (als lebendes, denkendes und sprechendes Wesen, das mit in der Runde sitzt).

Ausführlichere Beschreibungen darüber, welche Bausteine und Rahmenbedingungen in integralen Organisationen sinnvoll sind, findest du, wenn du dich mit Konzepten wie dem der Soziokratie beschäftigst. Sie entstand ursprünglich aus dem Wunsch heraus, eine Alternative zur Demokratie zu finden. Heute gibt es viele Unternehmen und Organisationen, die das von dem niederländischen Unternehmer Gerard Endenburg entwickelte soziokratische Kreismodell (SKM) nutzen. Hier sind Teams in einer Kreisstruktur nichthierarchisch organisiert und entscheiden im Konsent. Alle Teamkreise sind zwar hierarchisch organisiert, doch so, dass immer je eine Vertretung aus der oberen und unteren Ebene mit entscheidet. Aus dem SKM entstand in den USA die Holakratie. Die Organisationsberater Bernhard Bockelbrink und James Priest haben 2015 die Soziokratie mit dem Agilen Projekt-Management zusammengebracht (ein Konzept, das dir im Kapitel »Planen« begegnet ist und vereinfacht gesagt eine flexible, schrittweise Projektumsetzung vorsieht). Daraus haben sie sogenannte Muster entwickelt, also Vorschläge für Regeln und Prozesse, die sie unter Creative Commons allen kostenlos zur Verfügung stellen.

Nun magst du vielleicht den Kopf wiegen und einwenden: »Na ja, gut und schön – aber das funktioniert eben auch nur dort, wo viel Idealismus im Spiel ist, so wie bei den Pflegekräften oder den Colafans.« Doch das stimmt nicht. Längst gibt es überall auf der Welt Unternehmen, die jahrzehntelang auf diese Weise erfolgreich sind: beispielsweise eines der weltweit größten Unternehmen für Energieproduktion und -verteilung, AES (Applied Energy Services), mit 400 000 Mitarbeiterinnen und Mitarbeitern. Oder der bereits erwähnte nordfranzösische Familienbetrieb FAVI (Fonderie et Ateliers du Vimeu), wo unter anderem Getriebegabeln für Autos entstehen. Oder der Hersteller von Dosentomaten und Tomatenmark Morning Star mit 400 Angestellten in den USA. Oder die Evangelische Schule Berlin Zentrum (ESBZ) mit 1500 Schülerinnen und Schülern sowie Lehrerinnen und Lehrern. Allein diese kleine Auswahl zeigt, dass es sich keineswegs nur um Unternehmungen handelt, die primär die Welt verbessern wollen. Und doch zeigen diese Beispiele, dass sie »Menschen als Gruppe dazu verhelfen [können], über sich hinauszuwachsen und Ergebnisse zu erreichen, die sie allein nie geschafft hätten. Dies ist eine hoffnungsvolle Einsicht in einer Zeit, in der wir das Bewusstsein postmoderner und integraler Organisationen brauchen, um damit zu beginnen, die Welt von den Wunden der Moderne zu heilen«, meint Frederic Laloux.

BESSER ALS JEDE REVOLUTION

Ja, genau so können wir uns eine Faironomics vorstellen! Was wäre, so fragen wir uns, wenn wir alle unsere Schulen, Krankenhäuser, Behörden, Gemeinden und Städte, Kommunen und Länder, Staaten und Staatengemeinschaften auf diese Art organisieren würden? Wie sehr könnten wir die Betreuung von Kindern, die Müllabfuhr, die Pflege öffentlicher Grünanlagen, den öffentlichen Nahverkehr und vieles mehr verbessern? Wir könnten Machtverhältnisse und Eigentumsfragen unter Umständen ganz neu und anders klären. Wie viele Konflikte könnten wir dadurch wohl lösen? Und könnten wir gesamtgesellschaftlich zu ebenso spektakulären Ergebnissen kommen wie Buurtzorg? Natürlich sind das Utopien. Doch angesichts der bisherigen Erfahrungen mit den integralen Organisationen besteht zumindest die Hoffnung, dass wir mit ihrer Hilfe einen Lebensstil mit weniger materiellem Anspruchsdenken, aber mehr Sinn, Gemeinschaft, Umweltschutz und damit insgesamt mehr Lebensqualität entwickeln könnten. Wie schön wäre es doch, wenn wir dabei in allen Bereichen unseres Zusammenlebens den Übergang in diese neue Welt so evolutionär gestalten könnten, wie das anscheinend in den Niederlanden bei dem Wandel von der zentral organisierten, ambulanten Pflege hin zu den dezentralen, selbst verwalteten Buurtzorg-Teams ging. Ist das realistisch oder eine Träumerei? Auf jeden Fall zeigen die Beispiele, dass wir dafür auf niemanden warten müssen. Wir können einfach anfangen. Der amerikanische Campaigner Joshua Kahn Russell kommt uns wieder in den Sinn, dem zufolge sich Gesellschaften selten dadurch verändern, dass man das Alte überwältigt – sondern eher, indem man ihm die Zustimmung entzieht. Buurtzorg scheint dafür ein gutes Beispiel zu sein.

Bleibt die Frage, ob wir die integrale Wende schnell genug hinkriegen, um die anstehenden Herausforderungen – von der Klimakrise und dem Artensterben über das Ende der Ressourcen und die Migration bis hin zur Digitalisierung – zu lösen, bevor sie uns endgültig über den Kopf wachsen. Menschen mit der Fähigkeit zur Selbstorganisation werden dabei auf jeden Fall eine wichtige Rolle spielen. Denn schon durch die Digitalisierung der Arbeit dürften wir künftig viel mehr Leute mit mehr freier Zeit haben. Wenn die wissen, wie sie sich eigene Ziele stecken und in Gemeinschaftsprojekten etwas verwirklichen können – dann stimmt es vielleicht, was Laloux sagt, und wir erleben keine lineare, sondern eine sprunghafte Entwicklung. Ein ganz wichtiger Dreh- und Angelpunkt bei der ganzen Sache scheint uns die Kommunikation zu sein. Wie können wir möglichst viele Menschen erreichen und von dieser Idee begeistern? Eine gute Frage. Also machen wir uns auf die Suche nach Antworten.

5 REGELN FÜR KOOPERATION

1
VERGESST HIERARCHIEN

Die alte Machtpyramide hat ausgedient. Organisationsformen in Kreisen, Netzen oder doppelt verbundenen Kreispyramiden sind effizienter, kreativer und machen allen mehr Freude.

2
SEID MUTIG UND FÖRDERT VERTRAUEN

Gebt anderen Menschen einen Vertrauensvorschuss und schafft gemeinsam Regeln, die eure Organisation zu einem sicheren Ort für alle machen. Damit jede und jeder immer mehr Mut und Vertrauen fassen kann.

3
REDET IN KREISEN

Organisiert alle Treffen, Meetings und Gespräche in Kreisen. Nutzt einen Redestein, sodass immer nur eine oder einer redet und alle anderen aufmerksam zuhören. So entstehen kollektive Intelligenz und Verständnis.

4
ARBEITET AN EUCH

Neue Organisationsformen sind eine ganz besondere Herausforderung, aber auch deine Chance, um über dich hinauszuwachsen, dein Ego beiseitezuschieben und Erfüllung in deinem Leben zu finden.

5
SCHÄTZT DIE KREATIVITÄT VON KONFLIKTEN

Viele erleben Konflikte als etwas Beängstigendes, weil es oft um Sieg oder Niederlage geht. Verwandelt sie zu einem Spiel der Kreativität: Wer schafft es, auch in verzwickten Lagen eine gute Lösung für alle zu finden?

SCHRITT 7

KOMMUNIKATION

DIE KEIMZELLEN FÜR EINE BESSERE WELT: ÜBER MARKEN, WERBUNG, WERTE UND ECHTE GEMEINSCHAFT

Die Sonne brannte für Hamburg ungewöhnlich heiß auf uns herab. Wir hatten uns in der Windstille des Nachmittags ein schattiges Plätzchen im Garten gesucht. Ausgestattet mit großen Flipchart-Bögen und bunten Stiften wollten wir einen Plan entwickeln, wie wir die Welt von unserer Idee begeistern konnten. Knapp fünf Jahre zuvor hatten wir ganz spontan, aus einem emotionalen Reflex heraus, ein Internet-Blog gestartet. Wir hatten darüber diskutiert, dass fast alle Menschen um uns herum der Meinung waren, dass die Welt ungerecht und schrecklich sei – und dass man als Einzelner leider überhaupt nichts dagegen machen konnte. Uns ärgerte das ziemlich. Denn wenn die meisten so dachten, war es doch logisch, dass sich nichts änderte. Also überlegten wir damals, was wir beide unternehmen konnten. Und uns kam auch eine Idee: »Lass uns das tun, was wir als Journalisten gut können: über die Welt berichten!«, sagten wir uns. Aber wir wollten es anders machen als der herkömmliche Journalismus, der meist nur über schlechte Neuigkeiten informierte. Über Krisen, Katastrophen und Unglücksfälle, die Klicks und Quote brachten. Lang und breit berichteten Medien darüber, wenn ein großes Unternehmen bankrottging und dadurch Arbeitsplätze verloren gingen. Doch wo waren die Berichte über die vielen tollen Neugründungen? Monatelang ventilierten die Medien die scheinbare Bedrohung durch die Migration, hatten wir das Gefühl. Aber wo blieben die Sondersendungen über die Menschen aus unterschiedlichsten Kulturen, die friedlich und gut zusammenlebten?

Uns leuchtete das nicht ein. »Wenn wir in den Nachrichten all die inspirierenden Menschen, Projekte, Ideen, Organisationen und Bewegungen, die sich politisch, sozial, ökologisch und kulturell für eine bessere Welt einsetzen, sehen würden – dann wären auch die Menschen ganz anders drauf«, waren wir überzeugt. Sie würden von Gruppen und Gemeinschaften erfahren, denen wir uns anschließen könnten. Es gäbe auf einmal eine Fülle an Vorbildern, denen wir gemeinsam nacheifern könnten. Und wir würden sehen, dass solch eine Initiative in unserer Gesellschaft positive Auswirkungen hat, dass sie Menschen zusammenbringt. Und dass so ein Engagement auch Anerkennung und Wertschätzung erfährt. »Wir alle würden vollkommen anders auf unsere Welt blicken – voller Hoffnung, Zuversicht und Tatendrang«, dachten wir uns. Ein bisschen Recherche zeigte, wir lagen gar nicht falsch. Psychologen haben nachgewiesen, dass positive Nachrichten unsere Gesundheit und psychische Verfassung verbessern.

Diese Überlegungen begeisterten uns damals so, dass wir Nägel mit Köpfen machten. Noch am gleichen Nachmittag legten wir ein Blog an und fingen an zu veröffentlichen. In den folgenden Wochen und Monaten führten wir Interviews mit den unterschiedlichsten Menschen, fanden unglaublich viele Vorbildprojekte und brachten einen Beitrag nach dem anderen heraus. Irgendwann wurden wir gefragt, ob wir Vorträge über unser Thema halten wollten. Natürlich wollten wir das. Und ob wir auch Workshops geben würden. Sehr gern. Ob wir Zeitschriftenbeiträge verfassen und Interviews dazu geben könnten. Na klar. Nach und nach gewannen wir so den Eindruck, dass unsere Idee auch andere Menschen interessierte. Und daher beschlossen wir, die Sache strategischer anzugehen. Unser Ehrgeiz war geweckt. Wir wollten nun so viele Menschen wie möglich erreichen, begeistern und zum Mitmachen motivieren.

DIE MACHT GUTER GESCHICHTEN

Und so saßen wir also in unserem Garten und malten uns aus, wie wir eine Bewegung ins Rollen bringen konnten: Wir würden all die Menschen zusammenbringen, die eines gemeinsam hatten – den Wunsch nach einer besseren Welt. Doch wie würden wir sie finden und erreichen? Wie konnten wir Reichweite aufbauen, aus der riesigen Masse an Blogs herausstechen und schließlich die Herzen der Leute so sehr bewegen, dass sie tatsächlich von ihren Sofas aufstehen und etwas tun würden? Nun, für uns als Journalisten, Filmemacher und Autoren war klar: mit guten Geschichten! Und genau bei diesem Punkt fingen wir an.

Wie du wahrscheinlich schon gemerkt hast, spielen Geschichten bei fast allem, was wir tun, eine wichtige Rolle. Wir nutzen Geschichten, um etwas über die Welt zu erfahren. Darum hören wir oft sehr genau zu, was die Menschen um uns herum zu erzählen haben. Wir fragen uns, wieso sie diese Erzählungen für wahr halten und welche Werte und Überzeugungen dahinterstehen. So waren wir beide zum Beispiel auch auf die wichtigen Erkenntnisse gekommen, die mit unserem Verhältnis zu Geld zu tun haben (wie du im Kapitel vier erfahren hast). Mit anderen Worten: Die Geschichten um uns herum verraten dir eine ganze Menge über die Welt. Sie zeigen dir nämlich, welche moralischen Vorstellungen gerade vorherrschen: Wer ist in einer Geschichte der Held oder die Heldin? Wer gehört zu den Guten, wer zu den Bösen und warum? Du könntest dir mal überlegen, wie die Geschichten derjenigen aussehen, die eine Meinung oder Sichtweise vertreten, die du nicht teilst. Das kann dir spannende Einsichten liefern.

Geschichten eignen sich zudem ganz wunderbar dazu, Botschaften und Ideen zu verbreiten, die dir am Herzen liegen. Weil gute Erzählungen immer auch Emotionen entfachen, hören die Menschen besser zu. Gute Geschichten erzeugen viel leichter Spannung und wecken damit Interesse als zum Beispiel nackte Zahlen und harte Fakten. Sie erzeugen eine Art Kopfkino bei den Menschen. Der US-amerikanische Neurowissenschaftler Michael Gazzaniga behauptet sogar, dass wir Menschen Geschichten nicht nur mögen. Wir bräuchten sie, damit wir uns überhaupt an bestimmte Dinge erinnern können. Selbst wenn dein Publikum also nicht jedes einzelne Detail deiner Geschichte versteht oder im Kopf behält – die Essenz bleibt haften.

Doch wie erzählt man so eine Geschichte? Nun, für eine richtig gute Story brauchst du ein klares Ziel und eine eingängige Botschaft. Außerdem benötigst du mehrere unterschiedliche Charaktere und einen spannenden Handlungsstrang, der sich klassischerweise auf einen dramatischen Höhepunkt kurz vor dem Happy End zubewegt. Das Wichtigste aber ist ein toller Held oder eine tolle Heldin. Diese Rolle kann deine Idee, deine Organisation oder deine Initiative übernehmen. Sie erreicht – meist mit der Unterstützung deiner Mitstreiterinnen und Mitstreiter sowie gegen den Willen eines bösen Widersachers – ihr selbstloses Ziel. Zum Wohle der Welt im Allgemeinen oder einer bestimmten Gruppe von

BRAND THINKING

DIE WELT VERÄNDERN MIT SMARTEN MARKEN

Der Grund, warum Branding so wichtig ist, ist, dass Change Maker oft ganz neue Produkte und Dienstleistungen anbieten – und das mit geringem Budget. Nicht wenige drücken da einfach die Daumen und hoffen, dass sich die Sachen schon irgendwie von selbst verkaufen. Doch das ist nur bei etwa 0,001 Prozent der Fall. Sie müssen also mindestens so viel Zeit für die Kundengewinnung investieren wie für die Produktentwicklung. Sonst war all die Arbeit umsonst und die Welt hat sich kaum verändert. Wir müssen also so viele Menschen wie möglich zu Anhängern unserer Angebote machen. Viele Anbieter vegetarischer Produkte wenden sich nur an Vegetarier. Doch wenn wir die Welt tatsächlich verändern wollen, dann sollten sie die Fleischesser gewinnen. Das erfordert aber eine vollkommen andere Art der Markenführung. Wir nennen das Brand Thinking. Also eine bestimmte Denkweise, die sich durch alles hindurchzieht. Es braucht nämlich nicht immer ein Logo, gebrandete T-Shirts oder Werbeanzeigen. Es braucht eine smarte Strategie. Man sollte also nicht nur über die klassischen Markenkanäle gehen, sondern zum Beispiel auch über kluge Partnerschaften, richtig gute Produkte oder interessante, neue Hebel nachdenken.

In Ländern mit hohem Einkommen haben Social Entrepreneurs zurzeit Rückenwind. Das birgt aber auch ein Risiko. Denn viele Unternehmen springen nun auf den Zug auf. Auch solche, die reines Greenwashing betreiben. Dazu kommt, dass es glücklicher- oder unglücklicherweise immer mehr öko-soziale Organisationen gibt – und damit mehr Konkurrenz. Change Maker müssen sich fragen, was genau sie von all den anderen öko-sozialen Organisationen unterscheidet, die in ihrem Bereich aktiv sind. Und wenn sie dann überlegen, wie sie aus der Masse herausragen können, spielen ethische Fragen wieder eine größere Rolle: Die müssen vermeiden, künstliche Unterschiede zu konstruieren. Zum Beispiel habe ich festgestellt, dass das Thema »Storytelling« eine zweischneidige Sache ist. Es führt manchmal zu einer unehrlichen und damit unethischen Verhaltensweise. Denn um eine gute Geschichte zu erzählen, braucht man einen Helden und so weiter. Manchmal ist der aber nicht so klar auszumachen und dann muss man etwas konstruieren oder übertreiben. Doch die Kunst des Branding liegt weniger in der Übertreibung oder Konstruktion. Sie liegt im Abschälen von allem, was nicht wesentlich ist. Für viele ist es das Schwierigste, zu diesem Kern des Angebots vorzudringen. Wenn man das Ganze dann auf das Einfache hinter all der Komplexität heruntergebrochen hat – dann stellt sich die Frage: Ist es das wirklich? Ist das tatsächlich noch ehrlich? Denn wenn es nicht ehrlich ist, finden die Leute das heraus und bestrafen dich dafür.

ANNE MILTENBURG

hat die Wissensplattform The Brandling gegründet. Ihr Ziel ist es, Change Makern jeglicher Art so viel Wissen über Markenführung zu vermitteln, wie es die Weltkonzerne haben. **the-brandling.com**

Menschen, Tieren oder Pflanzen im Besonderen. Bis das geschafft ist, gibt es jede Menge Herausforderungen, Krisen, Rückschläge und Kämpfe, aber auch Erfolge. Dein Publikum sollte möglichst atemlos zwischen Hoffen und Bangen hin und her schwanken, ob dein Held denn nun tatsächlich obsiegt (was fast immer der Fall ist) oder ob er kläglich scheitert (was eher selten geschieht). Dann bleibt deine Geschichte spannend, selbst wenn das gute Ende vorhersehbar ist, wie Tausende Liebesschnulzen und Actionfilme beweisen.

1X1 DES STORYTELLING

Ideen für gute Geschichten findest du überall. Viele entdecken sie in Form ihres eigenen Gründungsmythos: Erzähle, wie dir die Idee zu deinem Unternehmen, deiner Organisation oder deiner Initiative kam. Was hat sie ausgelöst? Berichte von all den Höhepunkten und Tiefschlägen, die du erlebt hast, bis du es geschafft hast, deinen Traum zu verwirklichen. Das geht übrigens auch gemeinsam, wenn ihr ein Gründerteam seid. Setzt euch dazu einfach mal zusammen. Dann beginnt einer von euch mit der Geschichte und beendet seinen Satz mit »und dann …«. Nun spricht der Nächste und erzählt, was danach passiert ist, und beendet seinen Satz wieder mit »und dann …«. Und so weiter. Nehmt das Ganze als Audiodatei auf und schon habt ihr gemeinsam die Grundlage für eure Geschichte geschaffen. Das geht nicht nur schnell, sondern macht auch unheimlich viel Spaß.

Um Inspirationen für diese sogenannten »Backstorys« zu sammeln, kannst du dir die Websites von Projekten anschauen, die dir besonders gefallen. Auch hier im Buch findest du einige Beispiele dafür. Etwa die Geschichte des Premium-Kollektivs. Weißt du noch, wie die Colafans das alte Rezept wiederhaben wollten und dann – schwups – quasi ohne Vorsatz ein Unternehmen gründeten (mehr dazu im Kapitel sechs)? Andere erzählen die Geschichte ihrer Zielgruppen, so wie das Markus Kressler von der Online-Akademie Kiron zum Beispiel für seine Crowdfunding-Kampagne gemacht hat: Er hat von den Geflüchteten berichtet, die künftig an der Online-Uni ihren Abschluss machen können – vorausgesetzt der Held Kiron schafft es mit Unterstützung all der Crowdfunder, das Ungeheuer »Geldnot« zu besiegen … (Das Interview findest du auf Seite 79).

Um die richtigen Protagonisten und Geschichten zu finden, kannst du mit Kollegen, Mitstreitern, Unterstützern oder Partnern sprechen. Oder du fragst über Social Media direkt bei deiner Zielgruppe nach: Welche Geschichten haben sie mit deinem Produkt, deiner Organisation oder deiner Idee erlebt? Welche Hilfe haben sie dabei erfahren? Was schätzen sie daran? An dieser Stelle gibt es

eine Verbindung zu dem, was wir in Kapitel zwei über die Co-Kreation geschrieben haben. Wenn du, wie dort beschrieben, deine Idee gemeinsam mit deinen Zielgruppen feingeschliffen hast, dann müsstest du ohnehin jede Menge Geschichten in deinem Fundus haben. Wenn nicht, dann wird dir die Suche nach tollen Storys bei deinen Zielgruppen viele interessante Rückmeldungen zu deinem Projekt bringen. Wenn du auf diese Weise vielleicht sogar eine ganze Reihe von Geschichten gesammelt hast, dann wähle die besten aus, indem du dir folgende Fragen stellst:

Passt die Geschichte zu deinem Anliegen? Ist sie authentisch und stimmig? Beschreibt sie das, was du vermitteln möchtest?

Weckt die Geschichte Emotionen? Ist die Geschichte spannend und auffällig? Ist es eine Geschichte, die die Menschen weitererzählen und über die sie sich gerne austauschen?

Welche Bilder löst die Geschichte aus? Und sind es die Bilder, die du erzeugen möchtest?

Ist deine Geschichte realistisch und glaubwürdig?

Denk daran: Alles in deiner Erzählung muss eine Bedeutung haben. Jedes Detail muss entweder die Handlung vorantreiben, die Protagonisten beschreiben oder die Hintergründe und Zusammenhänge erklären. Alles, was dem nicht dient, hat in deiner Story nichts verloren.

Mit die wichtigste Frage ist jedoch: Wer ist dein Held oder deine Heldin? In unserer Geschichte sollte unser Projekt »Für eine bessere Welt« die Hauptrolle bekommen. Deshalb hatten wir an diesem Nachmittag im Garten auch die bunten Stifte dabei. Wir wollten uns unseren Helden ganz genau ausmalen: Wir zeichneten eine große Figur – die sogenannte »Persona« – auf das Flipchart-Papier und fingen an, sie in allen Einzelheiten zu beschreiben: Wie sieht sie aus? Wie redet sie und wie gibt sie sich? Was sind ihre Werte? Wie ist ihr Charakter, welche Eigenschaften hat sie? Was tut sie eigentlich in ihrem Leben? Und warum? Was will sie in der Welt bewegen? Kurz: Was sind ihre Vision und Mission? Welches Verhältnis hat sie zu den Zuhörerinnen und Zuhörern der Geschichte? Was hat sie ihnen zu bieten? Will sie sie unterstützen – und wenn ja, wobei? Oder braucht sie vielmehr ihre Unterstützung? Mehr findest du auch in der Übung auf der nächsten Seite.

Auf diese Weise hatten wir einige Stunden später einen greifbaren Charakter erschaffen, der unser Projekt und unser Anliegen bis heute repräsentiert: Er sieht bunt und lebensfroh aus. Er ist selbst dann noch optimistisch,

PDF-Vorlage für diese Übung unter: www.faironomics.de

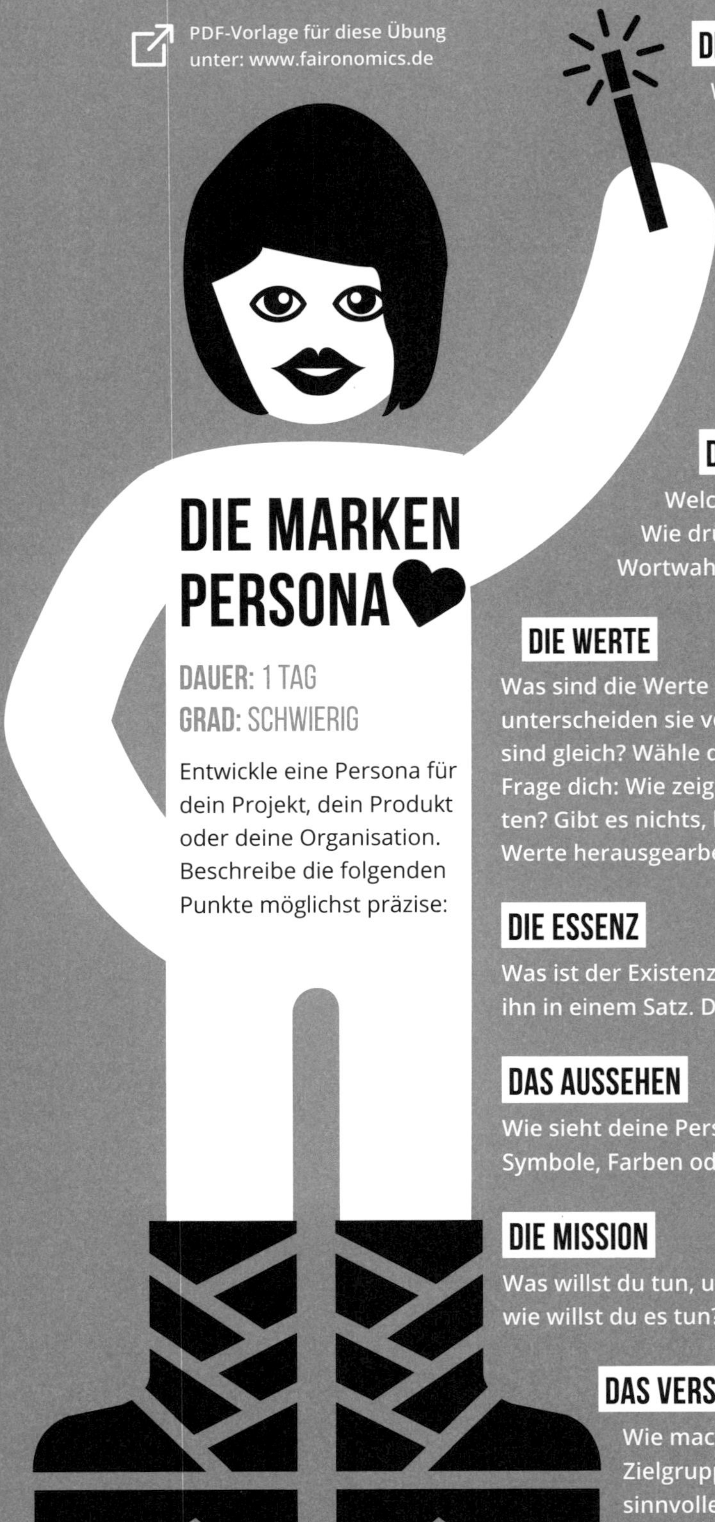

DIE MARKEN PERSONA

DAUER: 1 TAG
GRAD: SCHWIERIG

Entwickle eine Persona für dein Projekt, dein Produkt oder deine Organisation. Beschreibe die folgenden Punkte möglichst präzise:

DIE VISION

Wie sieht die Welt aus, wenn die Persona ihre Ziele erreicht hat?

DER NAME

Wie heißt deine Marke? Passt der Name zu seiner Identität? Lässt er sich leicht merken? Gibt es dazu eine freie Domain?

DIE SPRACHE

Welche Merkmale hat deine Marke? Wie drücken sie sich in der Sprache und Wortwahl deiner Kommunikation aus?

DIE WERTE

Was sind die Werte deiner Persona? Welche Werte unterscheiden sie von ihren Mitbewerbern? Welche sind gleich? Wähle drei Kernwerte für deine Persona. Frage dich: Wie zeigen sich diese Werte in ihren Taten? Gibt es nichts, habt ihr noch nicht die richtigen Werte herausgearbeitet.

DIE ESSENZ

Was ist der Existenzgrund deiner Marke? Formuliere ihn in einem Satz. Das ist nicht einfach. Lass dir Zeit.

DAS AUSSEHEN

Wie sieht deine Persona aus? Was könnten passende Symbole, Farben oder Formen sein?

DIE MISSION

Was willst du tun, um deine Vision zu erreichen? Und wie willst du es tun?

DAS VERSPRECHEN

Wie macht deine Marke das Leben deiner Zielgruppen besser, schöner, leichter, sinnvoller und reichhaltiger?

wenn er sich mit den schlimmsten Abgründen unserer Welt beschäftigt. Denn er sieht immer auch die Alternativen und dass mehr und mehr Leute diese nutzen und verbreiten. Außerdem glaubt er, dass die Menschen im Grunde gut sind. Deshalb hält er auch nichts von Bestrafung und Verurteilung. Vielmehr ist es seine Mission, die anderen zu ermutigen und zu ermächtigen, Alternativen zu den derzeitigen Missständen zu finden, zu erschaffen und anzuwenden. Er will all denen, die zweifeln, zurufen: »Es geht auch anders, ganz leicht. Und es ist viel schöner, als ihr glaubt!« Seine Vision ist schlicht eine bessere Welt. Eine Welt, in der ein gutes Leben für alle möglich ist. Diese Persona sollte von nun an allem, was wir mit »Für eine bessere Welt« tun würden, zugrunde liegen. Jeder Workshop, jedes Buch, jedes Video, jeder Vortrag, jedes E-Book, jedes Plakat, jeder Blogpost, ja selbst jeder Social-Media-Beitrag sollte so sein, als käme er direkt von ihr. Und all das sollte immer wieder dieselbe Geschichte erzählen: Ja, es gibt schlimme und ungerechte Dinge. Doch die Chancen, unsere Welt zu retten, waren noch nie so gut wie heute. Millionen von Menschen sind bereits dabei. Mach mit und erlebe, wie toll und erfüllend es ist, sich für eine bessere Welt einzusetzen. Du wirst mit Freude, Gemeinschaft, Sinn und Zufriedenheit belohnt werden.

ALLES WIRD GUT! DIE MARKE

Nun reden wir hier die ganze Zeit von Geschichten, Helden, Personas und Protagonisten. Doch was wir an diesem Nachmittag eigentlich getan haben, war, die Marke »Für eine bessere Welt« zu schaffen. Eine Marke – oder im Englischen auch »brand« wie »Brandzeichen« – ist ein Begriff aus dem Marketing. Er beschreibt vor allem die emotionalen Eigenschaften, die ein Produkt von dem eines Mitbewerbers unterscheidet. Früher gab es Marken überwiegend für Güter und Dienstleistungen. Heute gibt es auch Unternehmen, Menschen, Kommunen, Sportteams oder politische Parteien, die sich als Marke bezeichnen. Selbst die katholische Kirche findet, sie sei eine. Nun ja.

Das Gute an Marken ist, dass sie unsere Verständigung erleichtern. Ähnlich wie bei Symbolen können nämlich alle, die diese Marken kennen, ein ganzes Paket an Informationen mit einem Blick entschlüsseln. »Marken sind wie Macheten. Sie schlagen Schneisen durch den Dschungel des Warenangebots«, meint der Verlagserbe und »Botschafter des Herzens« Florian Langenscheidt. »Wenn Religion und Ideologien als sinnstiftende Systeme nicht mehr greifen, sind es manches Mal die Marken, die Identität verleihen und Sinn geben ... Marken sind Versprechen ... Mehr als jede Versicherung geben sie das lebenswichtige Gefühl von Sicherheit und Vertrauen. Sie versprechen, dass man angesagt ist und die richtige Entscheidung im Leben zu treffen weiß. Sie entlasten von dem Risiko, etwas Falsches zu wählen, lächerlich zu wirken oder zum Umtauschschalter gehen zu müssen.« Doch nicht nur das. Wissenschaftler haben sogar nachgewiesen, dass Menschen Marken unbewusst so ähnlich behandeln wie andere Menschen. Wir mögen sie oder hassen sie. Wir identifizieren uns mit ihnen. Ja, wir können uns sogar in sie verlieben.

Warum das so ist? Weil wir uns auf dem Weg von einer Informations- in eine Bewusstseinsgesellschaft befinden. Das meint zumindest die Marketingexpertin Silvia Danne. Sie setzt noch eins drauf und unterscheidet zwischen einer normalen Marke und einer Love Brand – also einer Marke, die wir lieben. »Die Wirtschaft erlebt derzeit eine Renaissance der Werte: Nachhaltigkeit, Ehrlichkeit, Vertrauen, Verantwortungsbewusstsein, Zuverlässigkeit, Mut und Engagement spielen eine zentrale Rolle.« Frederic Laloux mit seinen postmodernen und integralen Bewusstseinsstufen kommt uns in den Sinn (wir berichteten von ihm im Kapitel sechs). Sicher ist da etwas dran. Und genau das sollen Marken laut Danne also nun vermitteln: »Die Marke steht symbolisch und stellvertretend für bestimmte Werte und sie schafft ein Zugehörigkeitsgefühl zu anderen Menschen, die sich ebenfalls für diese Marke entschieden haben«, erklärt sie. Die klassische »Unique Selling Proposition« – kurz auch USP genannt, die den unverwechselbaren Nutzen eines Angebots im Vergleich zu dem der Mitbewerber zeigt – reiche nicht mehr. Was eine stinknormale Marke von einer echten Love Brand unterscheide, sei zum einen die Emotional Selling Proposition (ESP), also das emotionale Verkaufsversprechen. Zum anderen die Social Selling Proposition (SSP), also das Versprechen, bei einer Marke auch eine Wertegemeinschaft zu finden, wie in einer Kirche, Familie oder Partei. »Und genau das ist es, was Love Brands so erfolgreich macht: Sie entfalten ihre sinnstiftende Wirkung, indem sie dem Kunden die Zugehörigkeit zu einer Wertegemeinschaft ermöglichen, in der die Marke nicht nur erlebt, sondern auch gelebt und weitergetragen wird«, erklärt Danne.

Deshalb sind wir bei diesen Love Brands auch zu allem Möglichen, an sich Irrationalem bereit: Wir verzeihen selbst gröbste Fehler. Wir scheuen keine Mühen und Strapazen, um an sie heranzukommen. Und nicht zuletzt bezahlen wir eine ganze Stange mehr Geld für sie – selbst dann, wenn sich das Markenprodukt in seiner Qualität überhaupt nicht von einem No-Name-Produkt unterscheidet. Weil die Werbeprofis und Marketingstrategen dieser Welt das genau wissen, stoßen mittlerweile die meisten Unternehmen ins gleiche Horn. Sie alle sind furchtbar nachhaltig, tier- und menschenfreundlich. Egal, wie viel Dreck sie am Stecken haben. Zum Beispiel? Ein Energieriese gibt sich in seinen TV-Spots zwar fortschrittlich, hat aber kein Problem damit, Klimaschützerinnen und -schützern aus einem ökologisch unglaublich wertvollen Wald zu werfen, um ihn für den Kohletagebau roden zu können. Ein weiteres Beispiel ist ein Anbieter von Kaffeekapseln, der sich mit viel Aufwand ein grünes Image verpasst. Dabei müsste er sich über Recyclingquoten und »nachhaltige Aluminiumproduktion« keine Gedanken machen, wenn es seine für ihn zwar profitablen, aber ökologisch unsinnigen Miniportionen nicht gäbe. Die leeren Kapseln machen allein in Deutschland Jahr für Jahr 8000 Tonnen aus. Schließlich ist da ein deutscher Wurstkonzern, der mittlerweile auch vegetarische Wurst verkauft. Doch selbst wenn er tatsächlich auf einmal sein Herz für Tiere entdeckt hat und nun mehr Menschen vom Verzehr tierleidfreien Brotbelags überzeugen möchte – wieso kommt dann all das Fleisch für die normale Wurst weiterhin aus der konventionellen Massentierhaltung? All das macht uns skeptisch. Und daher forschen wir weiter und kommen einer echt kuriosen Sache auf die Spur.

WERBUNG IST SINNLOS

Werbung ist gefährlich, teuer und vollkommen überflüssig. Zu diesem Fazit kommt der Volkswirt und Ex-Banker Christian Kreiß. Und wir beide finden: Unrecht hat er nicht. Warum? Zunächst einmal, weil Werbung eben nicht – entgegen der gängigen Betriebswirtschaftslehre – dazu da ist, um uns Verbraucherinnen und Verbraucher über neue Produkte zu informieren. Das war vielleicht mal so. Doch diese Zeiten sind längst vorbei. Dreiviertel aller TV-Werbung sind für uns vollkommen nutzlos, wie eine Studie zeigt. Sie hat analysiert, wie viele Informationen diese TV-Spots liefern: nämlich gar keine! Hier gibt es weder Angaben zum Preis, den Funktionen, der Zusammensetzung oder den Anwendungsmöglichkeiten noch zu Größe, Menge, Qualität, Langlebigkeit, Rückgabemöglichkeit oder sonst irgendeine Antwort auf Fragen, die einem vor dem Kauf eines Produktes möglicherweise durch den Kopf gehen. Dazu kommt, dass ein großer Teil der Werbung auf endlose Wiederholungen setzt, also keinerlei Neuigkeitswert hat. Der Grund dafür ist der

NUTZE DIE FREIHEIT

WIESO WIR AUFPASSEN MÜSSEN, WIE WIR MIT DATEN UMGEHEN

Das Internet ist ein Echo unserer Gesellschaft. Hier wie dort konnten wir in den letzten Jahren beobachten, wie sich die Freiräume schließen. Bislang gab es einen Konsens in unserer Gesellschaft über bestimmte Werte. Etwa über Menschenrechte wie die freie Meinungsäußerung oder die Versammlungsfreiheit. Doch nun sind einige der Meinung, dass die Menschenrechte eine Art Rebranding brauchen, weil sie irgendwie negativ behaftet sind. Sogar hier in Europa und in den USA. Das war vor zehn Jahren nicht der Fall.

Dazu kommt, dass die digitalen Technologien unsere Gesellschaft beeinflussen. Im positiven Sinne bedeutet das, dass wir über die digitalen Medien an viel mehr Informationen herankommen. Etwa an solche über Unternehmen oder Institutionen. Das kann ein großer Vorteil sein. Daher helfen wir Organisationen, Initiativen und Journalisten, sie zu nutzen. Wir wollen, dass sie die aktuelle Situation besser verstehen und verständlich machen können. Die Möglichkeiten der Datenerhebung und -dokumentation sind so umfassend wie noch nie zuvor. Das hat natürlich auch negative Aspekte. Das Ganze ist eine komplexe Angelegenheit und fängt schon mit der Sprache an. Beispielsweise nutzen wir oft das Wort »Privatsphäre«, wenn es um Datenschutz geht. Doch das allein ist es gar nicht. Es geht nicht darum, ob jemand meine E-Mail-Adresse und meinen Namen irgendwo speichert. Es geht um alles, was wir im Internet tun. Die Technologien, die derzeit etwa für den Finanzsektor entwickelt werden, haben massive Folgen für die gesamte Gesellschaft. Wenn jemand die Information über alles hat, was jemand online macht, und daraufhin Entscheidungen für diesen Menschen trifft, dann erschaffen wir eine Gesellschaft, in der es verschiedene Klassen von Bürgern gibt. Es gibt Bürger, die mitmachen können, und solche, die das nicht können. Die einen können mitreden, die anderen nicht. Aus Sicht der Menschenrechte stellen sich so Fragen wie: Wie können wir beeinflussen, welche Daten da gesammelt werden? Und wie schränkt das Handlungsspielräume ein?

Um hier Antworten zu finden, müssen wir alle aktiv werden. Das Problem lässt sich nur von drei Seiten lösen: Zunächst glaube ich an die Macht der Masse. Jeder Einzelne muss Bescheid wissen und informierte Entscheidungen treffen können. Denn wenn wir Nutzer einem System nicht trauen und uns abwenden, werden Unternehmen auch etwas ändern. Gleichzeitig müssen die Unternehmen mehr Verantwortung übernehmen. Sie müssen entscheiden: Nach welchen Maßgaben treffen ihre Ingenieure die Entscheidung, was sie entwickeln und was nicht? Und natürlich brauchen wir die Gesetzgebung, um die Grenzen festzustecken. Keiner allein wird die Lösung liefern.

Foto: Christian Klant

STEPHANIE HANKEY

ist Co-Gründerin und Geschäftsführerin von Tactical Tech. Die Organisation untersucht die Auswirkungen der digitalen Medien und stellt dazu allerlei Materialien bereit. **tacticaltech.org**

45,87 MRD. EURO
gingen 2017 in Deutschland für kommerzielle Werbung drauf. Geld, das wir über die Preise der Produkte bezahlen müssen. Was, wenn wir dieses Geld in einen Fonds für besonders wertvollen Journalismus stecken könnten?

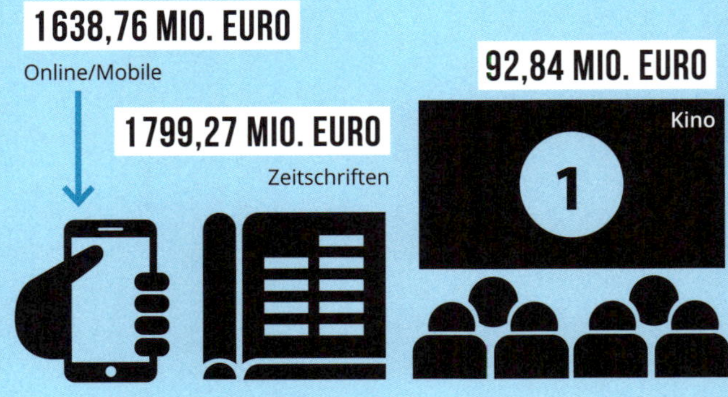

sogenannte Mere-Exposure-Effekt. Wissenschaftlich nachgewiesen sind wir Menschen Dingen gegenüber nämlich umso positiver eingestellt, je öfter wir sie sehen. Das funktioniert ganz unbewusst. Und deshalb müssen wir uns immer und immer wieder die gleiche inhaltslose Werbung angucken.

Werbung soll also nicht informieren. Sie soll verkaufen. Gut, das weiß jedes Kind. Dabei kann man »zwei Arten von Werbewirkung unterscheiden«, wie uns Christian Kreiß in einem Gespräch erklärt. Nämlich einmal die komparative Werbung, bei der es darum geht, Marktanteile zu verschieben. Und zum anderen die Werbung, die den Absatzmarkt insgesamt vergrößern soll. Letzteres wird allerdings immer schwieriger. Bereits 1989 galten 75 Prozent der weltweiten Märkte als gesättigt. Das ist nicht nur schade für die Wohlhabenden, die ihre Dividenden nicht mehr steigern können. Weil unser Wirtschaftssystem auf Wachstum ausgerichtet ist, hat das auch Auswirkungen auf die gesamte Gesellschaft. Arbeitsplätze verschwinden, irgendwann gibt es vielleicht sogar eine Rezession. Wir Konsumentinnen und Konsumenten sind also gezwungen, immer mehr und mehr zu kaufen. Hier kommt die Werbung ins Spiel. Bereits in den 1940er-Jahren erkannten die Hersteller von Produkten, dass es durch die Steigerung ihrer Produktivität ein Problem gab: Sie erzeugten mehr, als die Leute kaufen wollten. Die Waschmaschinen, Autos, Geschirrhandtücher, Strümpfe und Kleiderschränke hielten einfach viel zu lange. Deshalb kamen einige von ihnen auf das, was die Filmemacherin und Journalistin Cosima Dannoritzer den geplanten Verschleiß nennt (ein Interview mit ihr findest du in Kapitel fünf). In ihrem sehenswerten Dokumentarfilm »Kaufen für die Müllhalde« berichtet sie von eingebauten Sollbruchstellen (wie dies etwa das in Kapitel fünf erwähnte Glühbirnenkartell eingeführt hat). Sie zeigt aber auch, wie die psychologische Schrottreife funktioniert. Ob Automodelle, Computer, Kaffeemaschinen oder Möbel – überall versuchen Produktdesigner durch (kleine) Veränderungen in Farbe, Form, Material und Funktion bei den Verbraucherinnen und Verbrauchern den Eindruck zu erwecken, dass das, was sie bereits haben, »out« ist. Ein Beispiel: Früher gab es gerade mal zwei Modekollektionen pro Jahr. Heute sind es bis zu zwölf! Und Elektronikkonzerne brachten allein 2016 110 neue Smartphone-Modelle pro Jahr auf den Markt! Neue Geräte lassen die aus dem letzten Jahr natürlich alt aussehen. Auch dann, wenn die Neuerungen unwesentlich sind. Das führt dazu, dass wir Deutsche uns im Schnitt alle zwei Jahre ein neues Smartphone kaufen. Praktisch gesehen gibt es dafür gar keinen Grund. Psychologisch betrachtet schon, denn die Mobiltelefone sind eben vor allem auch Prestigeobjekte.

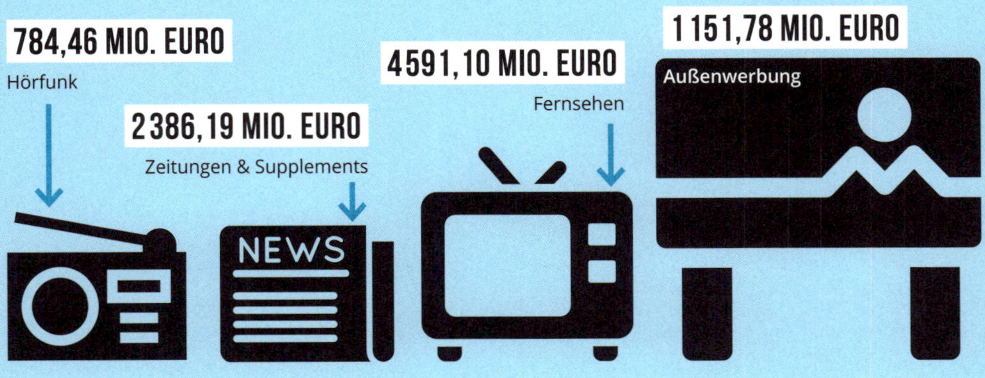

WAS BISHER GESCHAH

Die Werbung spielt dabei keine unwesentliche Rolle. Denn die Marketingexperten kamen bald dahinter, dass sie unseren Wunsch nach neuen Dingen anheizen konnten. Sie fingen bereits in den 1940er-Jahren an, Psychologen und Soziologen zu engagieren (seit einigen Jahren kommen dazu noch die Hirnforscher und Datenanalysten). Ihre Erkenntnis: Viele Kaufentscheidungen »werden weit weniger rational getroffen, als lange vermutet wurde. Die Hirnforschung konnte nachweisen, dass Marken dann besonders erfolgreich sind, wenn sie starke Emotionen auslösen«, so Silvia Danne. Sie ergänzt: »Je stärker die positiven Emotionen sind, die von einer Marke verursacht werden, desto wertvoller ist sie für das Gehirn.« Mit der Zeit haben sich deshalb Wissenschaftler, Markenberater und Werber immer tiefer in unsere Psyche vorgearbeitet. Sie haben herausgefunden, wie sie die Glückshormone in unserem Körper zum Sprudeln bringen können. Und sie haben erkannt, wie sie unsere Ängste, Zweifel und unser schlechtes Gewissen am besten zerstreuen. Ja, sie enttarnten sogar unsere unterbewussten Verlangen, Bedürfnisse und Begierden, was wiederum eine Fülle neuer Produktideen ergab. Lauter Zeugs, von dem wir wenige Jahre, Monate oder auch nur Tage zuvor noch nicht mal wussten, dass wir so etwas brauchten. Nun wirfst du vielleicht ein, dass all die Produktneuheiten doch durchaus unsere Lebensqualität verbessert haben. Ja, kaum einer will tatsächlich zurück in eine Welt ohne Waschmaschinen, Staubsauger, Internet, Computer oder Smartphones. Und doch können wir unseren Ausstoß an Dingen nicht einfach unverzagt immer weiter steigern, während Menschen in asiatischen Fabriken sterben, unsere Meere zu einer einzigen Plastiksuppe verkommen und die Erde mit dem Nachwachsen der Ressourcen schlicht nicht hinterherkommt. Es geht nicht. Es gibt zwar Menschen, die davon überzeugt sind, dass sich Wirtschaftswachstum auch ohne mehr materielle Güter machen ließe. Sie setzen darauf, dass wir einfach mehr Dienstleistungen verkaufen. Doch die Erfahrung zeigt, dass das nicht funktioniert. Es muss uns etwas anderes einfallen. Früher oder später müssen wir herausfinden, wie wir uns von der aktuellen Wachstums- in eine Postwachstumsgesellschaft verwandeln können. Werbung zum Großteil abzuschaffen erscheint uns da ein sinnvoller Schritt zu sein.

Das gilt vor allem für Werbung für Produkte, die uns schaden. In seinem Buch »Werbung – nein danke!« beschreibt Christian Kreiß eine ganze Menge solcher Beispiele. Von den Kampagnen für Tabak und Alkohol bis hin zu den Promotion-Aktivitäten für Medikamente und Lebensmittel. Viel zu viele

DAS MANIFEST

DAUER: 1 STUNDE | **GRAD:** MITTEL

Was sind die Prinzipien, Absichten und Motive deiner Organisation? Ein Manifest ist das ideale Mittel, um der Welt zu zeigen, worum es euch geht. Diese Anleitung ist inspiriert von der Idee von Anne Miltenburg:

SCHRITT 1: FRAGEN STELLEN

Findet für euch eine oder mehrere inspirierende Fragen wie: Warum gibt es uns? Was wollen wir erreichen? Was sind wir bereit, dafür zu tun? Welche Taten spiegeln unsere Werte wider? Was gibt unserem Handeln Sinn?

SCHRITT 2: IDEEN SAMMELN

Jede und jeder von euch bekommt nun 6 bis 8 Haftzettel (je nach Gruppengröße). Nehmt euch 5 bis 10 Minuten Zeit, um in Stille auf je einen Zettel eine Antwort auf die Fragen zu schreiben. Danach geht einer nach dem anderen nach vorne, erklärt kurz das Geschriebene und hängt die Zettel an ein Flipchart oder eine Wand. Clustert die Zettel so, wie sie thematisch zusammenpassen.

SCHRITT 3: SÄTZE FORMULIEREN

Nun formuliert ihr pro Cluster einen starken, aussagekräftigen, kurzen und klaren Satz. Das kann eine Weile dauern. Bedenkt dabei, an wen ihr euch wendet. Benennt eure Absichten und wer ihr seid. Zeigt einen Weg für konkrete Taten. Vermeidet Fremdwörter, schreibt aktiv und mitreißend.

dieser Maßnahmen wenden sich zudem an Kinder und Jugendliche, weil wir in unserer Kindheit die Gewohnheiten und Markentreue für unser ganzes Leben entwickeln. Sie sprechen gezielt Kinder an, obwohl manche der Werbekampagnen gegen geltendes Recht oder zumindest gegen die Ethikkodizes verstoßen, die sich die Branchen selbst gegeben haben. So schenken süße Joghurts angeblich Kraftreserven, zuckrige Limonaden eignen sich als Durstlöscher und Bonbons sind vermeintlich wertvolle Vitamin-C-Lieferanten. »Lebensmittelhersteller suggerieren häufig, ihre Produkte wären geradezu Wundermittel für die Gesundheit. Doch Verbraucher werden mit der Gesundheitswerbung regelmäßig in die Irre geführt«, berichtet die Organisation foodwatch in einer Studie. Sie kommt zu dem Schluss, dass rund 90 Prozent der 281 untersuchten Lebensmittel laut den Kriterien der Weltgesundheitsorganisation (WHO) so ungesund sind, dass sie eigentlich nicht an Kinder vermarktet werden dürften. Dennoch taten die untersuchten Hersteller genau das. Und zwar, obwohl sie bereits 2007 erklärt hatten, dass sie das »Lebensmittelmarketing an Kinder ändern« wollten.

Während überzuckerte, fettige und versalzene Lebensmittel unsere Kids immer dicker und dicker machen, sorgen in scheinbar diabolischer Gemeinheit die Mode- und Kosmetikindustrien mit ihren unrealistisch dünn und makellos glatt retuschierten Models dafür, dass sich die Kids deswegen auch noch so richtig mies fühlen. Laut einer WHO-Studie mit rund 5000 Schülerinnen und Schülern im Alter von 11, 13 und 15 Jahren waren nur 44 Prozent der Mädchen und 55 Prozent der Jungs in Deutschland mit ihrem Körper zufrieden. Ist es tatsächlich das, was wir wollen? Ist das unser Konzept von einer fairen, transparenten und aufgeklärten Marktwirtschaft? Wir beide meinen »Nein!«. Es kann doch nicht sein, dass Werbung für Verwirrung über die Qualität von Produkten sorgen darf – und das zu unserem Schaden!

SCHAFFEN WIR DIE WERBUNG AB!

Werbung kann also gefährlich, teuer und für uns Verbraucherinnen und Verbraucher komplett überflüssig sein. So langsam hat uns Christian Kreiß überzeugt. Zumal laut ihm die Dummen bei der Sache wir Kundinnen und Kunden sind. Denn selbstverständlich sind wir es, die die Kosten für all die Imagekampagnen in Form höherer Produktpreise bezahlen. Allein in der Lebensmittelbranche gaben die Unternehmen knapp 700 Millionen Euro nur für Süßigkeitenwerbung aus! Sind uns die ungesunde Ernährung und das Unglück (unserer Kinder) wirklich so viel wert?

Dieser Zustand wird umso unverständlicher, wenn man sich die zweite Funktion der komparativen Werbung anschaut. Damit ist gemeint, dass ein Unternehmen einem anderen durch ausgebuffte Werbekampagnen Marktanteile abluchst. Doch seit dem Beginn der Massenproduktion unterscheiden sich die meisten Produkte gar nicht mehr wesentlich voneinander. Eine Marke soll daher eigentlich gleiche Dinge (wie zum Beispiel Waschpulver oder Autos) mit unterschiedlichen emotionalen Botschaften verknüpfen. Aus der Perspektive der Gesellschaft betrachtet ist das laut Kreiß eine unsinnige Geldverschwendung. Denn wenn die Qualität im Grunde gleich ist, wieso sollten wir dann über die Produktpreise teure Werbekampagnen bezahlen, die uns tagtäglich belästigen? Nur damit Unternehmen A und B um Marktanteile kämpfen können, ohne echte Produktinnovationen zustande bringen zu müssen? Dabei haben in Wahrheit noch nicht einmal die Unternehmen etwas davon. Denn sie stecken selbst in einer Art Gefangenendilemma: Würden sie nicht mehr werben, hätten ihre Mitbewerber einen Vorteil. Machen sie mit, haben sie aber nur keinen Nachteil – und keineswegs einen Vorteil. Und so müssen wir alle weiterhin Werbung machen, um nicht ins Hintertreffen zu geraten. Wäre Werbung hingegen für alle verboten, hätte auch keiner einen Nachteil. Die Menschen könnten sich in Geschäften, auf Messen, im Internet, über Beratungsstellen oder werbefreie und daher unabhängigere Medien und noch vieles mehr informieren (wie eine werbefreie Gesellschaft aussehen kann, beschreibt Christian Kreiß auf der nächsten Seite).

»Doch wenn alles dagegenspricht, warum ist Werbung dann nicht längst verboten?«, fragen wir uns. Warum gibt es so gut wie keinen Widerstand? Das kommt sicher auch daher, dass sich so einiges über Werbeeinnahmen finanziert. Von Zeitungen und Zeitschriften, Fernseh- und Radiosendern über Websites und Apps bis hin zu ganzen Sportarenen oder sogar öffentlichen Plätzen. Überall können Unternehmen gegen Geld ihre Werbung draufkleben. Oder – noch schlimmer – die journalistische Berichterstattung beeinflussen. Selbst Foren, soziale Netzwerke und digitale Commons wie Wikipedia werden immer wieder von Werbetreibenden unterlaufen. Hier wollen sie mit Fakebewertungen die Menschen manipulieren. Zugute kommt ihnen dabei, dass ihnen unsere Daten – über ebendiese sozialen Medien gesammelt und verkauft – minutiöse Einblicke in unsere Psyche liefern. Und wir Konsumenten und Konsumentinnen? Wir sind dieser gut organisierten und finanzstarken Armada hoffnungslos unterlegen. Wir haben weder das Geld noch das Know-how oder die Organisationsstrukturen, um unsere Meinungen auch nur ansatzweise so breit in die Öffentlichkeit zu tragen. Dass den meisten Leuten dieser ganze Werberummel tierisch auf den Senkel geht, liest man daher selten in den Medien. Und so ertragen wir nach wie vor Hunderte, wenn nicht Tausende von Werbebotschaften täglich.

GEWALTFREIE KOMMUNIKATION

Als wir mit unseren Recherchen und Überlegungen an dieser Stelle angelangt waren, waren bereits einige Monate seit unserem Sommernachmittag im Garten vergangen. Wir hatten Klassiker wie ›Die geheimen Verführer‹ von Vance Packard oder ›No Logo‹ von Naomi Klein gelesen. Nun betrachteten wir das Flipchart mit unserer Markenpersona kritisch. Wir fragten uns ernsthaft, ob wir bei all dem Rummel wirklich mitmischen wollten. »Sollen wir uns ernsthaft in diese schamlose Rangelei nach Aufmerksamkeit stürzen? Wollen wir tatsächlich die Menschen mit allen Tricks und Kniffen dazu bringen, ausgerechnet uns zuzuhören und unsere Sichtweise zu übernehmen?« Uns schauderte. Das kam uns unwürdig vor. Alles, was wir über Werbung und Branding herausgefunden hatten, widersprach dem, was uns wichtig war: Ehrlichkeit, Bescheidenheit, Respekt und Wertschätzung gegenüber anderen. »Wer sind wir denn«, fragten wir uns, »dass wir anderen sagen, was sie denken oder tun sollen?« Sollten wir das Ideal vom objektiven Journalismus tatsächlich hinter uns lassen und uns auf eine Seite schlagen? Wir haderten.

Und doch war uns klar, dass wir nicht einfach schweigen konnten. Wer würde sonst den Menschen unser Bild einer Utopie zeichnen, das zum Handeln motivierte? Wer würde sonst denen eine Stimme geben, die nicht für sich alleine sprechen konnten? »Wer, wenn nicht wir?«, fragten wir uns und kamen zu dem Schluss: »Dafür müssen wir eben einfach diesen eitlen Medienrummel in Kauf nehmen.« Denn die Welt ist ohnehin voller Konzerne mit riesigen Werbeetats und, wie es scheint, kleinem Gewissen. Denen können und wollen wir – auch als noch so winziger David – die Bühne nicht kampflos überlassen. Fest stand für uns jedoch, dass wir das Spiel nicht nach den gleichen, aus unserer Sicht unethischen Regeln mitspielen wollten. Deshalb wollten wir uns einen eigenen Rahmen geben. Richtlinien, Prinzipien und Werte, die unsere Markenkommunikation deutlich von der derjenigen unterscheiden sollte, die die ständig postulierten Werte wie Nachhaltigkeit, Fairness und Liebe lediglich als Ablenkungsmanöver für ihre eigentlichen Bestrebungen nutzten.

TSCHÜSS WERBUNG

EINE WELT OHNE WERBUNG IST MÖGLICH

Der Ausstieg aus der Werbung ist sinnvoll und machbar. Wir müssten nur die Spielregeln für alle langsam und sozialverträglich ändern. Zunächst einmal müssten wir Werbung verteuern. Ein erster Schritt wäre etwa, dass sie sich nicht mehr als Ausgabe steuerlich absetzen lässt. Das würde Werbung für Unternehmen teurer machen. Der Staat hätte so Steuermehreinnahmen von rund 10 bis 15 Milliarden Euro. Als Nächstes müssten wir Werbung für Kinder verbieten, wie es die Schweden und Norweger bei Lebensmittelwerbung getan haben. Zudem sollte es ein Werbeverbot für alle Produkte geben, die in unserer Gesellschaft als ungesund oder schlecht gelten: etwa Spielkasinos, Wettbüros, Alkohol oder Zigaretten. Langfristig wäre es sinnvoll, alle kompetitive Werbung einzustellen. Damit ist die Werbung gemeint, durch die ein Unternehmen einem anderen bei gleicher Leistung Marktanteile abnehmen möchte. Da geht es um die Frage, ob die Leute Waschmittel A oder B kaufen, Eis A oder B, Auto A oder B – und das, obwohl sich die Produkte selbst eigentlich kaum unterscheiden. Volkswirtschaftlich ist diese Form der Werbung eine reine Verschwendung. Sie macht weit über 90 Prozent aller Werbung aus. Wenn wir sie abschaffen würden, wären wir also einen Großteil der Werbung in den Medien und im öffentlichen Raum los. Die meisten fragen nun vermutlich: Ja, aber wie sollen die Zeitungen und Fernsehsender alle überleben, die sich durch Werbung finanzieren? Dafür könnten wir einen Fonds gründen, in den öffentliche Mittel einfließen – etwa aus den Steuermehreinnahmen, die entstehen, wenn sich Werbeaufwände nicht mehr steuerlich absetzen lassen. Mit diesem Fonds könnten wir Medien mit richtig gutem Journalismus finanzieren. Ohne Werbung. Natürlich müsste ein unabhängiges und plurales Gremium über die Vergabe entscheiden. Dieses könnte mit NGOs, Kirchen, politischen Parteien, der Industrie oder wem auch immer besetzt sein. So gäbe es jede Menge neutraler, verlässlicher Produktinformationen. Ein Argument gegen eine Abschaffung von Werbung ist, dass die Leute dann gar nichts von neuen Produkten mitbekommen würden. Doch dafür gibt es so viele Fachzeitschriften. Oder auch so etwas wie Stiftung Warentest, Ökotest oder auch den ADAC, der meiner Meinung nach einfach nur nicht sehr neutral ist. Doch durch die Fonds könnten wir unabhängige Medien kriegen, die uns über die Welt richtig informieren. Wir können also problemlos Szenarien für eine Gesellschaft ohne Werbung entwerfen – und zwar ohne Angst, dass wir deshalb im Kommunismus landen oder eine Diktatur errichten. Im Gegenteil. Gerade dadurch könnten wir eine ganz plurale Medienlandschaft erreichen.

CHRISTIAN KREISS

ist Ex-Banker, Professor für Finanzierung an der Hochschule Aalen und Buchautor.
menschengerechtewirtschaft.de

Da wir uns seit Jahren mit Gewaltfreier Kommunikation (GfK) beschäftigten, fragten wir uns, ob sich diese Philosophie und Vorgehensweise nicht auch auf die Kommunikation einer Organisation oder eines Unternehmens übertragen ließe. Der US-amerikanische Therapeut und Konfliktmoderator Marshall Rosenberg prägte diesen etwas sperrigen Begriff für die von ihm entwickelte Form von Kommunikation. Damit wollte er sich sprachlich an Gandhis Grundsatz der Gewaltlosigkeit anlehnen. Praktisch gesehen geht es bei der GfK um das genaue Gegenteil von dem, was wir weiter oben als Werbung beschrieben haben. Es geht nämlich darum, seine Worte so zu wählen, dass sie niemanden manipulieren oder unter Druck setzen. Das ist etwas, was wir nach Rosenbergs Beobachtung nämlich laufend tun. Wir versuchen zum Beispiel Schuldgefühle in anderen zu wecken oder Scham, wenn sie nicht das tun, was wir von ihnen wollen.

Beobachte mal Eltern mit ihren Kindern oder Paare, die schon lange zusammen sind. Was du zu sehen bekommst, drückt nur allzu oft unsere unbewusste Annahme aus, dass ein »Nein« schlechter ist als ein »Ja«. Wir wollen etwas, beispielsweise, dass jemand uns zuhört, uns Anerkennung schenkt, sich ändert oder etwas anderes Bestimmtes tut. Stoßen wir damit auf taube Ohren, reagieren wir verbittert, verärgert, schmollend, trotzig, schmeichelnd oder in ähnlicher Weise. Meistens so, wie wir gelernt haben, unseren Willen doch noch durchsetzen zu können. Das ist dasselbe Prinzip wie bei der Werbung, nur dass wir meist mit Druck arbeiten und die Markenwerbung mit Verführung.

Das Ideal der Gewaltfreien Kommunikation ist, dass Menschen ihre eigenen Manipulationsroutinen erkennen und die dahinterstehenden Bedürfnisse und Wünsche sehen lernen. Das alleine befreit in der Regel schon von so manchen negativen Einstellungen und blinden Flecken. Man kommt sich dadurch selbst näher, seinen Gefühlen und eigentlichen Wünschen. Wer so wieder besser mit sich in Verbindung steht, kann auch die anderen klarer erkennen und sich mit ihnen besser verständigen. Langfristig gesehen gedeihen auf diese Weise Gemeinschaft, Frieden, ja Liebe im weitesten Sinne. Was wir uns nun fragten, war: Lässt sich diese Idee auch auf die Kommunikation von Unternehmen, Organisationen, Gemeinschaften und Initiativen übertragen? Wenn ja, dann wäre »Werbung« (obwohl wir uns nicht sicher sind, ob dieser Begriff dann überhaupt noch passt) keine Belästigung mehr. Sie wäre eine gemeinsame Lernreise hin zu einer echten Verbindung, einem tieferen Verständnis und gegenseitiger Inspiration. »Das klingt schon besser«, dachten wir und machten uns daran, diese Idee in die Tat umzusetzen.

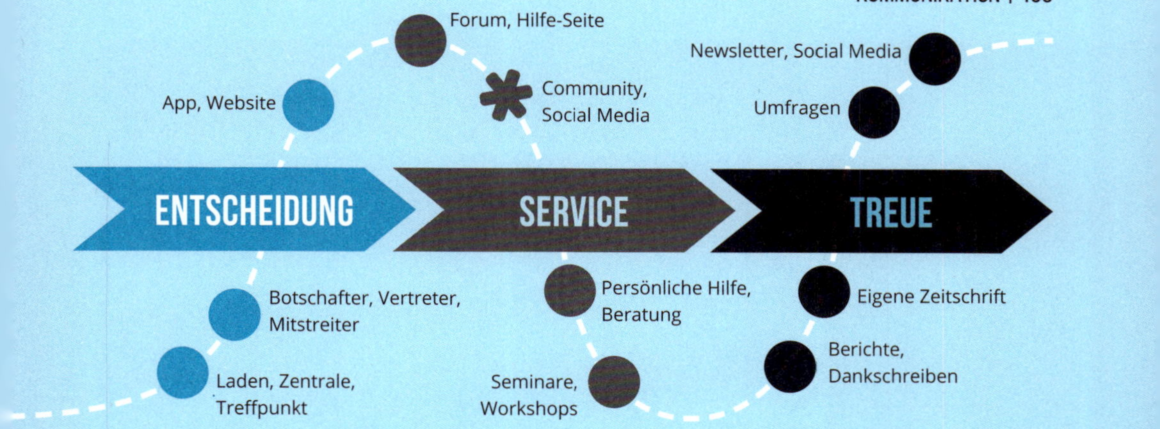

SEHEN, FÜHLEN, BRAUCHEN, BITTEN

Eine ehrliche und gewaltfreie Kommunikation ist im Grunde ein Werkzeug für die Gemeinschaftsbildung. Neudeutsch spricht man auch vom »Community Building«. Praktisch bedeutet das, dass du bei deiner externen Kommunikation (also dem Austausch mit den Menschen um deine Organisation herum) auf die gleichen Dinge achten musst wie bei deiner internen Kommunikation (also dem Austausch innerhalb deiner Organisation). Damit eine Gemeinschaft entsteht, brauchst du ein gemeinsames Ziel und die Kommunikation muss auf Augenhöhe stattfinden. Das heißt, Konflikte müssen konstruktiv gelöst, Entscheidungen gemeinsam getroffen und Rituale und Routinen entwickelt werden. Nur dann kann deine Markenkommunikation gewaltfrei sein. Von der GfK ausgehend haben wir für uns vier wichtige Prinzipien entwickelt: Beobachten, ohne zu bewerten, fühlen, ohne zu unterstellen, Bedürfnisse erkennen ohne Strategie und bitten, ohne zu fordern.

Der allererste Schritt ist, einfach mal zuzuhören und zu beobachten. Ohne Wertung, dafür aber mit Wertschätzung. Wir haben das immer wieder getan, um herauszufinden, wie wir den Leuten, mit denen wir uns verbinden wollten, weiterhelfen konnten. »Was brauchen sie? Suchen sie Informationen oder den Austausch mit Gleichgesinnten? Brauchen sie Ermutigung oder wollen sie ihre Erfahrungen teilen?« Du wirst wie wir vermutlich feststellen, dass es unterschiedliche Menschen mit verschiedenen Bedürfnissen gibt. Das ist kein Wunder, denn jeder hat andere Vorkenntnisse im Hinblick auf dein Projekt oder dein Thema. Wenn du etwa ein Unternehmen gründest, das eine CO_2-Kompensation anbietet, dann gibt es Menschen, die schon genau wissen, was das ist und wieso sie das anstoßen wollen. Für sie ist es besonders wichtig, dass sie diesen Service bei dir bequem erhalten oder dass sie zeigen können, dass sie CO_2 kompensiert haben. Es gibt aber auch Menschen, die noch nie von diesem Konzept gehört haben und deshalb erst mal eine Einführung brauchen. Marketingprofis sprechen hier von der Customer Journey, also der Reise eines Kunden. Sie beginnt dort, wo jemand das allererste Mal von deiner Idee, deiner Organisation oder deinem Produkt hört, und endet dort, wo er dein Produkt gekauft oder bei deinem Projekt mitgemacht hat und zufrieden oder sogar begeistert anderen davon erzählt (siehe Grafik oben).

Für uns war es ein wichtiger Lernschritt zu sehen, dass sich Menschen einfach nur an unterschiedlichen Stellen eines Weges befinden. Das hilft, nicht gleich zu verurteilen, wenn jemand noch nicht so weit ist (wie du). Stattdessen kannst du dich nun in die Rolle eines Mentors hineindenken. Dein Ziel ist

Das Community Canvas gibt's unter: community-canvas.org

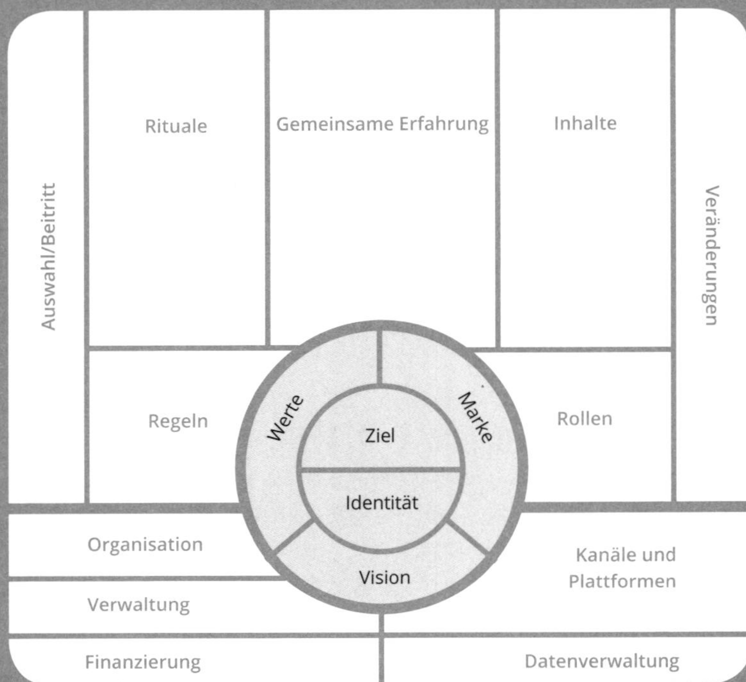

Die Community-Experten Fabian Pfortmüller, Nico Luchsinger und Sascha Mombartz haben ein Community Canvas entwickelt, das beim Aufbau einer Gemeinschaft hilft. **community-canvas.org**

COMMUNITY-BAUANLEITUNG

DAUER: 1 TAG | **GRAD:** MITTEL

Es gibt ganz unterschiedliche Communitys: zum Beispiel einen Kundenkreis, eine Interessengemeinschaft, eine Nachbarschaft oder eine Bürgerinitiative. Folgende Übungen sind für jede Community wichtig:

DIE IDENTITÄT

Was ist der Zweck der Community? Wer sind die potenziellen Mitglieder? Welche Werte teilen die Mitglieder? Was ist ihre Vision? Und was ihre Mission?

DIE ERFAHRUNGEN

Wie sieht die Community aus Sicht der Mitglieder aus? Wie treten sie zum Beispiel bei oder wieder aus? Welche Erfahrungen teilen sie? Welche Rituale gibt es? Welche Themen und Inhalte sind ihnen wichtig? Welche Regeln und Etikette brauchen sie? Welche Rollen gibt es in der Gemeinschaft? Und welche Rechte und Pflichten hat jede und jeder?

DIE STRUKTUR

Wer organisiert die Community? Welche Anerkennung gibt es für (ehrenamtlich) Engagierte? Wie trifft die Gemeinschaft Entscheidungen? Wie wollt ihr Wissen teilen? Wo und wie treffen sich die Mitglieder (on- und offline)? Wie handhabt ihr den Datenschutz?

es dann, anderen über Schwierigkeiten und Hürden hinwegzuhelfen, die auf dem Weg zu eurem gemeinsamen Ziel vor ihnen liegen. Zweitens geht es darum, sich die Gefühle anzusehen, die einer Verhaltensweise zugrunde liegen. Es hilft deiner Kommunikation ganz erheblich, wenn du dich fragst: Der Missstand, den ich mit meinem Projekt beheben will, oder das Problem, das ich mit meiner Idee lösen möchte – welche Gefühle löst er beziehungsweise es in mir aus? Bist du wütend oder empört? Oder bist du zuversichtlich und voller Tatendrang? Je nachdem, was auf dich zutrifft: Diese Emotionen sollten in all deinen Kommunikationsmaßnahmen durchklingen. Damit dir das gelingt, müssen sie echt und ehrlich sein. Wir glauben nicht, dass dir eine heitere und ruhige Kommunikation gelingt, wenn du in Wahrheit fuchsteufelswild bist.

Der dritte Punkt ist das Bedürfnis, das hinter einer Emotion steht. Das können Dinge wie Selbstbestimmung sein oder Sinnhaftigkeit, Gemeinschaft, Fürsorge, Sicherheit oder auch Heiterkeit und Frohsinn. Eng damit verbunden ist die Frage, welche Ziele und Werte deine Organisation mit deiner Community teilt. Wodurch würde die Wertegemeinschaft entstehen, die Silvia Danne im Zusammenhang mit ihren Love Brands beschreibt? Was wären Ziele, für die die Menschen deine Organisation unterstützen würden? Wenn du die Gemeinschaft, wie in Kapitel zwei beschrieben, schon in die Ideen- und Produktentwicklung einbezogen hast, dann solltest du dafür bereits eine super Basis haben. Wenn du das noch nicht getan hast, dann frage die Mitglieder deiner Community, was sie sich von deiner Organisation wirklich wünschen.

SHOW – DON'T TELL

Bevor wir nun zu Rosenbergs viertem Punkt kommen, noch ein paar Worte zum Thema »Authentizität«. Entscheidend ist, ob du deinen Vorsätzen Taten folgen lässt. Warum? Nun, das erklärt eine weitere Weisheit aus dem Storytelling. In Autorenkreisen gibt es nämlich eine ganz wesentliche Grundregel, und die heißt »Show, don't tell«. Gemeint ist damit, dass du bei einer guten Erzählweise nicht einfach sagen kannst, dass der Held oder die Heldin ehrenhaft, treu und mutig ist. Das wirkt platt und unglaubwürdig. Du kannst es nur zeigen und beweisen. Dazu beschreibst du kleine Szenen, in denen sich dein Held oder deine Heldin so verhält, wie ein mutiger, treuer und ehrenhafter Mensch das eben tut. Und genauso ist es bei der Geschichte deiner Organisation: Es reicht nicht zu sagen, dass sie nachhaltig, fair, kreativ oder was auch immer ist. Taten müssen das zeigen. Viele Unternehmen haben hier ganz offensichtlich ein Problem: Sie geben vor, sozial, grün und transparent zu sein – sind es aber in Wirklichkeit nicht. Die Kluft zwischen dem, was sie sagen, und dem, was sie tun, ist genau das, was Aktivistinnen und Aktivisten wunderbar für ihre politischen Kampagnen nutzen können. Wenn wir wirklich Weltverbesserer sein wollen und so auch leben, haben wir einen entscheidenden Vorteil: Wir brauchen einfach nur wir selbst zu sein.

Wobei das manchmal einfacher klingt, als es ist. Denn viele Praktiken in unserer Welt gelten zwar als üblich, lassen sich bei genauerer Betrachtung aber gar nicht mit unseren Werten vereinbaren. Oder was denkst du: Ist es zum Beispiel für eine Organisation vertretbar, bei Facebook aktiv zu sein? Schließlich ist bekannt, dass diese Plattform die Daten der Nutzerinnen und Nutzer weiterverkauft. Zum Beispiel auch an so windige Unternehmen wie Cambridge Analytica, die die Politik ganzer Länder manipuliert haben sollen. Oder ist es in Ordnung, wenn man zur Besucherauswertung Google Analytics nutzt, nur weil es in einem vorgefertigten System wie einem Online-Shop, einem Blog oder einer Community-Lösung schon integriert war? Immerhin kann die globale Datenkrake damit genaue Nutzerprofile anlegen. Wenn du es besser machen willst, kannst du dich also oft nicht einfach auf Standardlösungen ausruhen. Du musst dir die üblichen Kommunikationspraktiken und -werkzeuge kritisch anschauen. Manchmal musst du auch länger nach Alternativen suchen. Und vor allem musst du den Mut und die Ehrlichkeit aufbringen, dich selbst unablässig zu hinterfragen. Du brauchst dazu die Courage, Kritik von anderen anzunehmen, Fehler einzugestehen und Verhaltensweisen zu ändern. Für uns ist das ein Weg, eine Reise und keine einmalige Aufgabe, die sich innerhalb weniger Wochen abschließen lässt. Ein Standardrezept haben wir dafür leider nicht. Jede Organisation und jedes Projekt muss unserer Meinung nach für sich entscheiden, wo genau die Grenze verläuft. Es hilft aber, sich zu fragen: Würdest du das mit einem richtig guten Freund auch so machen? Oder was wäre, wenn dieser das mit dir machen würde? Zur Inspiration hier ein paar Dinge, die wir entschieden haben nicht mitzumachen:

Wir sammeln keine Daten: Wir verwenden weder Google Analytics noch andere Analysewerkzeuge (wie Matomo), die die erhobenen Daten personalisieren.

Wir meiden amerikanische Server: Das gilt für unseren Provider, aber auch für Online-Werkzeuge, die wir für die Kooperation, Projektplanung oder den Datentransfer nutzen.

Wir kaufen oder verkaufen keine Beiträge: Regelmäßig bekommen wir Anfragen von Unternehmen, ob sie einen Beitrag über ihre Produkte gegen Bezahlung in unserem Blog unterbringen können. Wir haben jedoch entschieden, dass er komplett werbefrei ist.

Das führt uns schließlich zum vierten, letzten und wohl wichtigsten Punkt: Die GfK empfiehlt, alles als Bitte zu formulieren und nicht als Forderung (und es auch so zu meinen!). Das ist angesichts der Dinge, die je nach Projekt bei dir auf dem Spiel stehen, eine echte Herausforderung. Wenn dein Projekt an der Finanzierung, deine Initiative an der politischen Unterstützung oder dein Unternehmen am Zuspruch der Kunden zu scheitern droht, ist es eine echte Prüfung, ein »Nein« auf deine Bitte genauso anzunehmen wie ein »Ja«. Diese Grundhaltung zeigt sich auch schon in viel kleineren Dingen. Wir geben zum Beispiel, wo wir können, Inhalte kostenlos weiter. Und zwar ohne Hintergedanken. Ein E-Book nur gegen eine E-Mail-Adresse oder andere Daten vermeintlich gratis weiterzugeben würde aus unserer Sicht eben gerade nicht dieser Haltung entsprechen.

KEIMZELLEN FÜR MORGEN

Zugegeben, das alles sind große Ideale. Und du fragst dich vielleicht, wie man mit all den Skrupeln gegen die milliardenschweren Werbebudgets der Großen anstinken soll. Doch wir meinen, dass gerade diese Skrupel zu einem gewaltigen Vorsprung führen – denn wir sind echt! Natürlich macht ein Joghurtdrink alleine gar nicht gesund, der Rauch einer Zigarette überhaupt nicht frei und der Besitz eines iPhones an sich weder kreativ noch inspirierend. Das alles sind Illusionen. Geschichten, nichts weiter. Wer jedoch zum Beispiel als Kunde des Premium-Kollektivs Entscheidungen mit trifft, ändert dadurch ganz konkret etwas. Wer sich bei einer Crowdfunding-Kampagne wie der von Kiron beteiligt, erzeugt tatsächlich Hoffnung und Zukunftschancen. Und wer sich ein Fairphone leistet, hat damit ganz konkret etwas in unserer Welt verbessert. Das alles sind keine leeren Versprechen. Es sind reale Möglichkeiten. Wenn wir es schaffen, diese Erkenntnis zu verbreiten, dann machen wir einen ganz gewaltigen Schritt in Richtung einer Faironomics. Dann werden unsere Organisationen nämlich zu Keimzellen und unsere Kommunikation zu Humus, auf dem die Gemeinschaften gedeihen können, in denen jedes Individuum über sich hinauswachsen und die Welt von morgen heute schon errichten kann.

5 REGELN FÜR KOMMUNIKATION

1
ERKENNE DICH SELBST

Damit andere euch verstehen, müsst ihr genau wissen, wer ihr seid: Erkennt eure Vision, eure Mission und eure Werte.

2
SEI EHRLICH UND ECHT

Mit das Wichtigste bei einer Faironomics-Kommunikation ist, dass du tust, was du sagst. Wenn du deine Werte nicht lebst, wirst du niemanden für dich gewinnen.

3
ERZÄHLE GESCHICHTEN

Geschichten bewegen Menschen, denn sie wecken Emotionen. Deshalb hören dir die Menschen bei Geschichten gern zu und behalten deine Inhalte in Erinnerung.

4
BILDE EINE GEMEINSCHAFT

Kommunikation ist dann sinnvoll und wertvoll, wenn sie eine echte Gemeinschaft erzeugt. Behandle andere dabei so, wie du es auch von einem guten Freund erwarten würdest.

5
BEKÄMPFE WERBUNG

Eigentlich ist es erstaunlich, dass Werbung bis heute so wenig Widerstand erfährt. Ändere das und boykottiere Werbung, wo du kannst.

SCHRITT 8

WACHSTUM

MUT STATT WUT – LUST STATT FRUST
DEIN PLAN FÜR WAHRE GRÖSSE

Draußen pfeift der Wind um die Häuser. Gerade geht die Sonne auf. Doch so richtig hell wird es an diesem Wintermorgen wohl nicht werden. Vom Bett aus sehen wir graue Wolken langsam, tief und schwer über den Himmel ziehen. Beständig fällt feiner Nieselregen aus ihnen herab und pocht leise ans Fenster. Die Weihnachtsfeiertage liegen gerade hinter uns. Silvester steht an. Wir kuscheln uns gemütlich in die Kissen. Diesen Vormittag machen wir blau. Wir klinken uns aus und lassen uns treiben. Das geschieht selten genug. Wir denken an das letzte Kapitel, das wir für dieses Buch noch schreiben müssen. Eine gute Gelegenheit, um zurückzublicken. Und so gehen wir im Geiste immer wieder die Jahre durch, die seit jener denkwürdigen, verzweifelten Silvesternacht vergangen sind.

Hätte uns jemand vorher gefragt, so hätten wir wohl nicht zu hoffen gewagt, dass so tolle Menschen, so bewegende Projekte, so wertvolle Gelegenheiten und so erfüllende Aufgaben auf uns warten würden. In diesen Jahren hat sich ein lang gehegter Traum von uns erfüllt: Ein ums andere Mal ist es uns gelungen, Menschen zu motivieren, sich für eine bessere Welt einzusetzen, und ihnen zu helfen, sofort damit zu beginnen. Die Rückmeldungen, die wir auf unsere Arbeit bekommen, bestärken uns weiterzumachen. Ein spannendes Angebot nach dem anderen trudelt bei uns ein. Und wir sind glücklich und stolz, unseren Teil zum öko-sozialen Wandel beitragen zu dürfen. Das vergangene Jahr war ganz sicher der vorläufige Höhepunkt: Wir haben zwei Bücher geschrieben, eine große Konferenz organisiert, unzählige Workshops und Vorträge gehalten und dann auch noch etliche Sozialunternehmen und Non-Profit-Organisationen bei ihren Projekten mit Rat und Tat unterstützt. So fühlte sich 2018 wie eine Zeitreise an: Eben noch war Januar. Gerade hatten wir das Jahr geplant, in Träumen geschwelgt und uns gefragt, was die kommenden Monate wohl bringen würden. Und bloß einen Augenblick später war auch schon Weihnachten. Dabei war unglaublich viel passiert. Jeder Monat wurde von einem nicht enden wollenden Stakkato an Aufgaben begleitet. Uns war, als säßen wir auf den harten Ruderbänken einer Galeere, gnadenlos gejagt vom Rhythmus der Trommeln, die uns drängten: »Weiter! Weiter!! Weiter!!!«

Auch jetzt, am Ende des Jahres, sind unsere Aufgabenlisten noch immer so lang wie Tapetenbahnen. Ständig kamen neue Verpflichtungen hinzu. Die letzten Tage, Wochen und Monate waren trotz all der Freude zu einer Art Hyperraum aus Anstrengung, Stress und Sorgen verschmolzen. Denn auch wenn die Möglichkeiten großartig, die Projekte toll und die Menschen, mit denen wir zusammenarbeiteten, so wertvoll waren, gab es natürlich auch Konflikte, Schwierigkeiten,

Geldsorgen und Zeitdruck. Und so liegen wir nun in unserem Bett, die Decke bis zur Nase hochgezogen, und sind geschafft. Wir sind so entkräftet, angespannt und dünnhäutig wie nie zuvor.

Angekündigt hatte sich die ganze Sache bereits im Frühjahr. Damals waren wir gerade dabei, die ersten Zeilen dieses Buches zu schreiben, die Konferenz für eine bessere Welt vorzubereiten und gleichzeitig diversen Aufträgen nachzugehen. Also setzten wir uns hin und planten. Wir zerlegten die großen Projektberge in kleinere Phasenbrocken und die wiederum in Aufgabenpaketsteine. Diese zerteilten wir in Aufgabenkieselsteine und schließlich Teilaufgabensandkörnchen. Ja, und dann machten wir uns daran, das Ganze abzuarbeiten. Wir gingen Schritt für Schritt vor, merkten aber ziemlich schnell, dass wir kaum noch hinterherkamen. Wir fingen an, uns Sorgen zu machen. Wäre es möglich, dass wir diesmal scheiterten, einfach nicht schafften, was wir uns vorgenommen hatten? Wir hatten mit einigen Zweifeln zu kämpfen. Wir wollten niemanden enttäuschen. Schließlich standen wir ja im Wort. Ja, und außerdem wollten wir doch etwas bewegen in der Welt! Ohne dabei immer nur aufs Geld zu schauen. Dennoch mussten wir uns darüber Gedanken machen, wie wir all die Monate über die Runden kommen würden. Wir stellten fest, dass unsere Arbeitstage einfach zu vollgepackt waren mit Aufgaben. Alles Verpflichtungen, die wir schlecht reduzieren konnten – so dachten wir zumindest am Anfang. Und bei genauerer Betrachtung stellte sich heraus, dass neben den geplanten Aufgaben jede Menge ungeplante Anfragen, kleine Überraschungen, ungewollte Ablenkungen und spontane Pflichten dazukamen, die sich auch schon mal zu einer Sache von einigen Stunden oder gar Tagen ausweiten konnten. Wir fingen an, die Art und Weise zu hinterfragen, nach der wir arbeiteten. Wir sahen uns um, wie es andere machten. Und dann entdeckten wir Cal Newport, David Allen und Ryder Carroll.

TIEF KONZENTRIERT ARBEITEN

Cal Newport ist Professor für Informatik an der Georgetown University und Autor des Bestsellers ›Deep Work‹ (zu deutsch ›Konzentriert arbeiten‹). Er kennt unser Problem mit den vielen Ablenkungen des Alltags genau und plädiert daher dafür, sich immer nur einer einzigen Aufgabe auf einmal zu widmen. Dafür soll man sich in diese aber auch wirklich vollkommen versenken. Also nicht mal eben noch die neuesten Social-Media-Posts checken. Auch nicht die letzten E-Mails lesen oder immer sofort ans Telefon gehen, nur weil es klingelt. Denn jede dieser kurzen Unterbrechungen kostet uns enorm viel Zeit und Konzentration. Danach müssen wir uns wieder zurückbesinnen auf das, was wir davor gerade getan haben. Und das ist das, was laut Newport so elendiglich an unseren Kräften zehrt. Er empfiehlt stattdessen seinen eigenen, sehr strukturierten Tagesablauf und meint: »Ein derart straffer Zeitplan ist möglich, weil ich beachtliche Bemühungen darin investiert habe, die Oberflächlichkeit aus meinem Leben zu verbannen und aus der dadurch frei gewordenen Zeit das Bestmögliche zu machen.« Das klang für uns genau nach dem, was wir brauchten. Und so wurden wir zu Deep Workern. Wir teilten unsere Tage in sechs Blöcke zu je 90 Minuten auf. In diesen Zeiten arbeiteten wir fortan tief und ablenkungsfrei. Dazwischen schoben wir kleine Pausen ein, um zu essen, E-Mails oder Telefonate zu beantworten, Kleinstaufgaben zu erledigen, auszuruhen und spazieren zu gehen. Das hatte Erfolg. Wir hatten mitgezählt: Zuvor waren wir bis zu 30 mal am Tag von irgendetwas unterbrochen worden. Jetzt hängten wir uns selbst ein Schild vor die Nase, auf dem stand: »Bitte nicht stören lassen!« Das tat gut und brachte wirklich viel mehr Ruhe in unseren Alltag. Wir waren erstaunt, wie sehr sich unser Output dadurch erhöhte. Doch unsere Arbeitsstapel wurden noch immer nicht kleiner. Und auch die Flut an Informationen und Kommunikation ebbte nicht ab. Noch immer

SCHEITERN ERLAUBT

LASS UNS ÜBER FEHLER REDEN UND GEMEINSAM DARAN WACHSEN

Fehler zu machen gehört zum Menschsein dazu. Den Menschen unterlaufen Fehler überall auf der Welt. Und überall fühlen sie sich unwohl dabei, darüber zu reden. Am Anfang unseres Lebens ist das Fehlermachen noch eine Möglichkeit, um uns weiterzuentwickeln. Wir machen Fehler über Fehler und lernen dabei zu sprechen, zu laufen und mit anderen Menschen klarzukommen. Doch dann fangen wir an, Fehler zu vermeiden. Denn sie fühlen sich nicht gut an. Es ist einfacher, Situationen zu vergessen, die uns unangenehm sind. Wir konzentrieren uns lieber auf etwas anderes und machen weiter. Aber ich glaube, das ist falsch. Denn so erzeugen wir ein Tabu. Und dieses Tabu hat sich in unserer Gesellschaft bereits ziemlich ausgebreitet. Vor allem im Beruf sollen Fehler nicht vorkommen. In der Liebe und in Beziehungen ist es etwas einfacher, über Fehlschläge und Fehler zu sprechen. Aber im beruflichen Zusammenhang steht einem oft der Stolz im Weg, eine Fassade, die man aufrechterhalten will. Denn für uns hängt vieles davon ab, was andere Menschen über uns denken. Vor allem bei der Arbeit. Dabei ist es wichtig, hilfreich und befreiend, über Fehler zu reden. Zum einen kommt man nur weiter, wenn man sich Zeit für Reflexion nimmt und nicht einfach weitermacht. Manche Menschen würden Fehler ja niemals zugeben. Sie suchen die Schuld bei anderen. Doch so können sie sich nicht weiterentwickeln. Zum anderen kann man auch aus den Fehlern anderer viel lernen. Es gibt immer etwas, was man recyceln kann. Und es erzeugt eine ganz besondere Atmosphäre des Vertrauens, wenn Menschen über Fehler sprechen. Der Grund ist, dass sich Menschen entblößen – so wie die Redner bei den Fuckup Nights. Sie könnten sich nicht verwundbarer und menschlicher zeigen. Das ist wichtig, denn manchmal vergessen wir, dass wir alle Menschen sind. Wir tun so, als könnten wir absolut professionelle, produktive Maschinen sein, die nur super Ergebnisse bringen. Aber in Wirklichkeit ist nicht alles, was wir tun, richtig. Allein die Tatsache, dass man komplett ehrlich, verletzlich und offen ist, erzeugt geradezu magische Momente. Die Menschen entspannen und öffnen sich. Die Wirkung ist auf beiden Seiten total positiv.

Organisationen können viel tun, um eine Kultur der Fehlerakzeptanz zu schaffen. Das kann schon mit etwas ganz Kleinem beginnen. Etwa dass Mitarbeiter ab und zu fünf Minuten zu zweit damit verbringen, über ihre Fehler zu reden. Es können aber auch richtig große Meetings sein, in denen man bespricht, was nicht funktioniert. Wichtig ist es, dabei konstruktiv zu sein und nach Lösungen zu suchen. Und natürlich können alle bei den Fuckup Nights mitmachen.

YANNICK KWIK

ist Direktor bei der internationalen Bewegung »Fuckup Nights«, bei der Menschen über ihr Scheitern berichten und anderen Mut machen.
fuckupnights.com

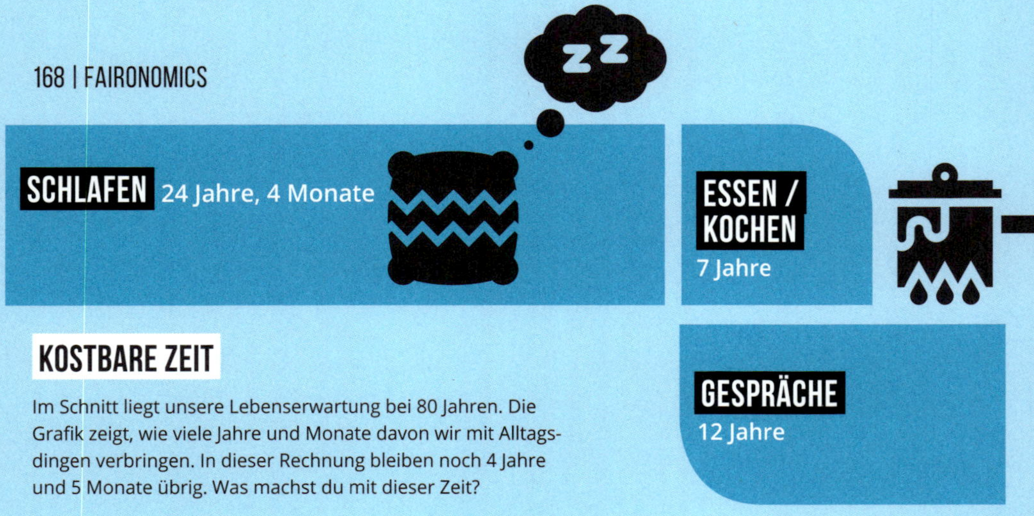

KOSTBARE ZEIT

Im Schnitt liegt unsere Lebenserwartung bei 80 Jahren. Die Grafik zeigt, wie viele Jahre und Monate davon wir mit Alltagsdingen verbringen. In dieser Rechnung bleiben noch 4 Jahre und 5 Monate übrig. Was machst du mit dieser Zeit?

prasselten die Nachrichten über die verschiedenen Social-Media-Kanäle und Online-Kollaborationsseiten auf uns ein. Die sind praktisch, wenn es um die Zusammenarbeit mit anderen Menschen geht. Die Kommunikation über sie ist aber eben auch verflucht zeitintensiv. Also suchten wir weiter nach Möglichkeiten, unser Arbeitsmaterial in geregeltere Bahnen zu lenken, und wurden bei David Allen fündig.

DINGE ERLEDIGT KRIEGEN

Der US-amerikanische Autor, Berater und Erfinder David Allen beschäftigt sich seit Jahren damit, wie wir »Dinge geregelt kriegen«, und hat deshalb die Methode »Getting Things Done« (GTD) entwickelt. Sie will dazu anleiten, bessere Entscheidungen zu treffen und Ablenkungen durch alles auszuschalten, was gerade nicht wichtig ist. »Die daraus resultierende Klarheit und der psychische Freiraum können einer weit größeren Spanne von Menschen nützlich sein als nur den Profis auf der Karriereleiter eines Unternehmens«, meint Allen dazu. Und so machten wir uns daran, unseren Arbeitsfluss anhand der von ihm empfohlenen fünf Schritte zu reorganisieren.

Als Erstes sammelst du alle E-Mails, Nachrichten, Briefe, Infomaterialien, Dokumente und andere Unterlagen. Dafür richtest du möglichst wenige zentrale Eingänge ein, die du immer leicht im Auge behalten kannst. Auf diese Weise schwirren die Informationen und Aufgaben nicht permanent um dich herum und zerfransen weniger deine Aufmerksamkeit. Im zweiten Schritt gehst du alles durch und entscheidest, wie wichtig etwas ist und was als Nächstes zu tun ist. Also ob eine Sache tatsächlich eine kleine Aufgabe ist, die du sofort erledigen kannst, oder ob es sich dabei um etwas Größeres handelt. Ist es vielleicht sogar ein Projekt, das dich noch länger beschäftigen wird und das du deshalb gut planen willst? Letzteres organisierst du im dritten Schritt. Dazu legst du Kategorien fest, schaffst dir ein System an Erinnerungshilfen und erstellst Checklisten. Kurz und gut: Du bestimmst einen klaren Rahmen für alle Aufgaben, die du täglich erledigen musst oder willst. Als Viertes siehst du dir dieses System nun regelmäßig durch und hältst es immer auf dem neuesten Stand. Fertig ist deine Dinge-erledigt-kriegen-Maschine. Das Gute an ihr ist, dass sie dich immer wieder in die Vogelperspektive bringt und so dafür sorgt, dass alle Arbeitsabläufe in Bewegung bleiben, nichts zum Stillstand kommt oder unter einem alten Stapel Papier versauert. So weißt du – und das ist der fünfte und letzte Schritt der Getting-Things-Done-Methode – jederzeit genau, was konkret zu tun ist und warum. Immer ist klar ersichtlich, zu welchem Kontext

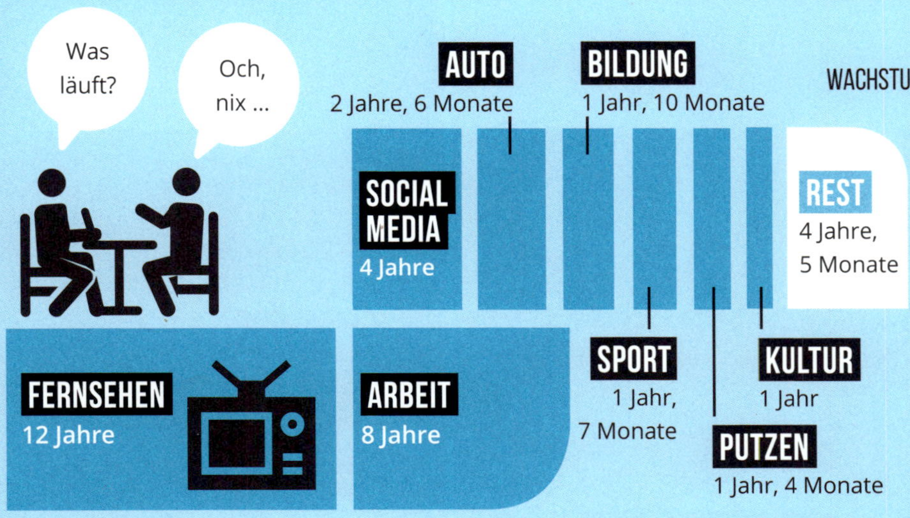

eine Aufgabe gehört, wie viel Zeit du dir dafür gegeben hast und welche Priorität die Sache überhaupt hat.

DIE NOTIZBUCH-METHODE

In diesem Zusammenhang merkten wir, wie gut es uns tat, Listen zu schreiben. Unsere Notizbücher und Buchkalender wurden wichtiger und wichtiger. Wo es bei den digitalen Werkzeugen und Plattformen überall und ständig nervös klingelt und bimmelt, da ist das Blatt Papier so herrlich geduldig und gar nicht smart. Einmal beschrieben bleibt es, wie es ist. Das schenkt in einem stressigen Alltag unheimlich viel Ruhe. Und das Mit-der-Hand-Schreiben macht uns beiden auch einfach mehr Spaß. Denn wer wie wir den lieben langen Tag auf Tastaturen herumtippt und Monitore anstarrt, hat in sich eine gewisse Sehnsucht nach haptischer Arbeit. Und weil wir beide gerne kreativ sind, füllen wir unsere Notizbücher liebevoll mit kleinen Zeichnungen, Skribbeln und Schriftzügen aus. Auf diese Weise kamen wir zu der dritten Methode, die uns in unserem Arbeitsalltag sehr bereichert: dem »Bullet Journal®«.

Entwickelt hat sie der Designer digitaler Produkte Ryder Carroll. Der gebürtige Wiener lebt heute in New York und litt in seiner Kindheit am Aufmerksamkeitsdefizitsyndrom. Weil es zu seiner Schulzeit noch nicht viele Hilfen für ihn gab, hat er für sich selbst eine Form gefunden, mit der er sich auf das Wesentliche konzentrieren konnte: Alles, was an Aufgaben und Informationen wirklich wichtig ist, sammelt er an einem Ort – nämlich in seinem Notizbuch oder auch Bullet Journal. Die Grundsystematik ist denkbar einfach und lässt sich in rund 30 Minuten anlegen. Drum herum hat sich mittlerweile eine weltweite Gemeinschaft an Bullet-Journal-Nutzerinnen und -Nutzern entwickelt, die unterschiedliche visuelle Varianten, Einzelmethoden und Designs erfunden haben. Jedes Bullet Journal ist ein echtes Unikum, denn jede und jeder kann genau die Methoden übernehmen, die zu ihrem oder seinem Leben gerade passen. Privates und Berufliches, Praktisches und Selbstreflexion können sich dabei ergänzen. Ein Bullet Journal ist eine Mischung aus Tagebuch, Aufgabenplaner, Zeitzeuge, Achtsamkeitshilfe, Skizzen- und Notizbuch.

Wer sich also richtig gut organisieren und dabei kreativer, wacher, optimistischer, gelassener und fokussierter werden will, dem können wir die Kombination aus Deep Work, GTD und Bullet Journal wärmstens empfehlen. Wir konnten dadurch jede Menge Zeitdiebe einfangen, die uns Stunden unseres Lebens geklaut hatten. Dafür haben wir mehr Klarheit darüber erhalten, was wir jeden Tag eigentlich so tun und warum. So waren wir mit diesem Dreiergespann an Hilfswerkzeu-

ZEITDIEBE FANGEN

DAUER: 1 WOCHE | **GRAD:** MITTEL

Zeitdiebe sind Tätigkeiten, Angewohnheiten und Verhaltensweisen, die dir deine Zeit stibitzen. Um sie zu verjagen, musst du ihnen erst mal auf die Spur kommen. So geht's:

1. DEN TAG BEOBACHTEN

Zeitdiebe können sich gut verstecken. Betrachte deshalb eine ganz normale Woche ganz genau. Notiere dir dazu in einem Tageskalender, wie viel Zeit du mit welchen Tätigkeiten verbringst (etwa mit E-Mail-Schreiben oder Telefonieren). Markiere sie farbig: Grün für Geplantes. Gelb für alles, was länger dauert als gedacht. Rot für ungeplante und unnötige Ablenkungen.

2. MUSTER FINDEN

Schau dir am Ende die Woche an: Wie viel grüne, gelbe und rote Tätigkeiten gibt es? Die Zeitdiebe lauern in den roten und gelben Aufgaben. Gruppiere die Einträge, die thematisch zusammenpassen, um Muster zu erkennen. Etwa »Recherchen«, »Anrufe«, »Absprachen« etc.

3. AUSSORTIEREN

Nicht jede geplante Aufgabe ist sinnvoll und nicht jede Verzögerung verschenkte Zeit. Sortiere die Aufgaben danach, ob sie wichtig oder unwichtig, dringend oder nicht, angenehm oder unangenehm waren. Markiere sie (etwa mit einem Smiley oder Ausrufezeichen). Unangenehmes und Unwichtiges solltest du nicht mehr tun. Was angenehm, aber unwichtig ist, gehört in die Liste »wenn noch Zeit ist«. Was wichtig und unangenehm ist, hat Priorität. Was wichtig und angenehm ist, wird zum Highlight.

4. MOTIVATION VERSTEHEN

Hinterfrage dein Verhalten: Warum lässt du dich ablenken? Was fühlst du, bevor du unnötig im Internet surfst, Aufgaben aufschiebst oder dein Perfektionismus durchschlägt? Was vermeidest du? Wie kannst du deine Motivation besser verstehen und anders mit deinen Gefühlen umgehen?

5. NEIN SAGEN

Hilfsbereitschaft ist gut – wenn nicht alles zu viel wird. Wenn dir künftig jemand eine Aufgabe übertragen will, dann sag nicht sofort »Ja«. Nimm dir Zeit und überlege, ob du die Aufgabe überhaupt erledigen willst, nur einen Teil davon oder nur in einem bestimmten Zeitrahmen. Wozu sagst du wirklich gerne »Ja!«?

gen innerhalb weniger Wochen so gut organisiert wie noch nie zuvor. Unser Output wuchs mit unserer Disziplin und unserem Überblick über alle anstehenden Aufgaben. Doch die wurden noch immer nicht weniger. Also kürzten wir unsere Pausen und verlängerten die Tage. Wir arbeiteten auch am Abend und an den Wochenenden. Feiertage hatten schon lange für uns ihre Bedeutung verloren. Für uns waren das einfach nur besonders produktive Arbeitstage, weil sie so erfreulich ablenkungsfrei verliefen. Und so lieferten wir die verlangten Ergebnisse fast immer zu den gewünschten Abgabeterminen. Wir kamen meistens pünktlich zu Meetings und Treffen. Wir engagierten uns ehrenamtlich, halfen in der Nachbarschaft, wo wir konnten, und berichteten am Ende in unserem Blog auch noch fleißig über das, was sich aus unserer Sicht dringend ändern musste. Das alles machte uns großen Spaß und erfüllte uns. Es war das, was wir wirklich gerne taten.

Kennst du das? Das, was du tust, ist für dich wichtig und sinnvoll. Und doch liegst du nachts lange wach. Stunde um Stunde gehen dir die Themen des Tages durch den Kopf. Du machst unendlich lange To-do-Listen und grämst dich, weil du trotzdem so wenig gegen das Unrecht in der Welt ausrichten kannst. Wir bekamen Migräne, chronische Bauchschmerzen und Verspannungen. Irgendwann wollten unsere Kräfte nicht mehr so mitspielen, wie wir das wollten. Doch nahmen wir uns eine Auszeit? Nein. Überdachten wir die Menge an Aufgaben? Nö. Hörten wir auf unsere Ärztin? Auf keinen Fall. Wir taten das, was viel zu viele Menschen heutzutage tun, wenn sie ein Problem erkannt haben und die Lösung dafür eigentlich auf der Hand liegt – sie entscheiden sich für das genaue Gegenteil. Und übertreiben es. So fangen Langschläfer morgens um fünf Uhr mit der Arbeit an. Sportmuffel gehen siebenmal die Woche ins Fitnesscenter. Und die Kämpfer für Gerechtigkeit und gegen Ausbeutung stecken 150 Prozent ihrer Kraft in ihre Mission, auch wenn sie dabei ausbrennen. Wir waren da keine Ausnahme.

DER EFFIZIENZ-WAHNSINN

Da unsere Tage schon bis an den Rand mit Arbeit ausgefüllt waren, blieben uns nur noch die frühen Morgenstunden und die kleinen Pausen zwischen den Deep-Work-Phasen für einen Ausgleich. Die nutzten wir »körperintensiv« – um Yoga zu machen, ins Sportstudio, zum Fußballspielen oder spazieren zu gehen. Unsere Körper blühten auf, wurden geschmeidig, muskulöser, fitter und … rebellierten. Nach einigen Wochen wurden wir beide krank und näherten uns immer schneller dem Zustand, den wir erst kurz vor Weihnachten in seiner ganzen Dramatik erkannten. Wir fühlten uns wie Akkus mit fortgeschrittenem Memory-Effekt: Wir versuchten uns irgendwie immer wieder aufzuladen,doch die 100 Prozent erreichten wir nie. Kaum fühlten wir uns einen Tag mal gut, fiel unser Energiepegel am nächsten Tag umso rapider wieder ab.
Wir laborierten an kleineren und größeren Krankheiten herum, verbrachten immer mehr Zeit in den Wartezimmern von Ärzten (was uns zusätzlich stresste) und entdeckten dort irgendwann in einer der Zeitschriften den Begriff Semi-Somnia. Er bezeichnet ein weit verbreitetes Phänomen der chronischen Übermüdung und totalen Erschöpfung. Die Ursache für diesen Zustand ist unser Gehirn, das sich in einem permanenten Aufmerksamkeits-Stand-by befindet und einfach nicht zur Ruhe kommt. Auch nicht im Schlaf. Immerhin 25 Prozent aller Einwohnerinnen und Einwohner westlicher Industrienationen sollen davon betroffen sein. Wir lasen von dieser Übermüdungspandemie und dachten daran, wie wir manchmal schon morgens nach dem Frühstück so müde und abgeschlagen waren, dass wir uns eigentlich sofort wieder ins Bett hätten legen können. Du willst was tun, wirklich. Du hast die besten Absichten. Aber jeder Gedanke, jede Bewegung fällt dir so schwer,

dass du am liebsten in einen hundertjährigen Schlaf fallen möchtest. Mindestens. Die kleinen Ruhezeiten zwischendurch reichten einfach nicht aus, um zu regenerieren. Aber was in unserem Fall noch schwerer wog: Wir hatten beide den Eindruck, dass wir nicht glücklich waren. Wir taten zwar, was wir uns immer gewünscht hatten. Wir setzten eigene Ideen um, hatten unser Leben umgekrempelt, ein Netzwerk mit tollen Menschen geknüpft und kamen auch finanziell über die Runden. Doch irgendetwas daran fühlte sich noch nicht gut an. Wir waren – was uns vorher nie so direkt aufgefallen war – zu Output-Maschinen geworden. Obwohl wir es besser gewusst hatten (siehe Kapitel vier). Die Menge an Pflichten zehrte an uns. Ohne Unterlass. Es heißt ja immer, du sollst nicht jammern! Und wir wollten uns auch nicht beklagen. Aber das war noch nicht das gute Leben, das wir uns wünschten. Wir wollten mit unseren Aufgaben wachsen, etwas bewegen, uns gut fühlen. Doch irgendwann im Sommer erkannten wir: »Wir müssen ganz schnell etwas ändern, sonst gehen wir beide bald k. o. ... Wenn die Kräfte noch weiter nachlassen, haben wir keine Kraftreserven mehr. Und wird das erst einmal zum Normalzustand, dann wird auch die beste Idee Gefahr laufen, auf der Strecke zu bleiben.« Und so fragten wir uns, ob wir beide vielleicht zu den zig Millionen Menschen gehörten, die von Semi-Somnia befallen waren. Und wenn ja: wie wir uns davon kurieren könnten.

DIE OHNMACHTSFALLE

Es dauerte etwas, bis wir herausgefunden hatten, dass hinter unserer kraftlosen Leere eine unglaubliche Wut und Trauer steckten. Ja, wir waren wütend und traurig, dass die Welt so voller Ungerechtigkeit und Gift war. Dass so viele Menschen teilnahmslos wegsahen. Und dass wir selbst trotz größter Kraftanstrengung nur so wenig bewegen konnten. Im Rahmen unserer Recherchen mussten wir uns oft über lange Zeit – manchmal sogar mehr als ein ganzes Jahr hinweg – mit Themen beschäftigen, die uns gehörig an die Nieren gingen. Das liegt in der Natur der Sache. Wenn wir zum Beispiel ein Buch über eine bessere Welt schrieben oder einen Workshop zum Thema »Ende der Ressourcen« vorbereiteten, dann mussten wir uns nun mal intensiv mit all den Missständen in diesen Bereichen befassen. Das bedeutet, wir schauten genauer und länger hin, als man es normalerweise gerne tun würde. Und wenn du dich rund um die Uhr mit dem entsetzlichen Leid von Menschen, Tieren, ja dem ganzen Planeten befasst, siehst du, wie viel schlimmer die Dinge sind, als du vielleicht dachtest. Und wie tief du selbst darin verstrickt bist. Dass du selbst Teil des Problems bist in vielen Bereichen. Das ist, eine psychisch furchtbar anstrengende, ja traumatische Arbeit. Doch wie anders zu den Lösungen und Alternativen gelangen, die es gibt? Zu diesem Teil der Arbeit zu kommen ist wie nach einer langen Nachtwanderung durch ein dunkles, furchterregendes Tal endlich die Sonne hinter den Bergen aufgehen zu sehen. Leider schwingt jedoch die Erkenntnis mit, dass die Lösungen und Alternativen – im Gegensatz zur Sonne – wie kleine Kerzen hier und da im Dunkeln flackern.

Wenn du dich so lange mit schlimmen Dingen beschäftigst und kaum noch Zeit hast, auf andere Gedanken zu kommen, dann verändert dich das. Wir hätten am liebsten laut aufgeschrien. Wir waren unendlich traurig. Diese Trauer verwandelte sich manchmal in Wut. Auch dann, wenn wir beide lange miteinander sprachen und versuchten, diese Dinge irgendwie zu verarbeiten. Wir hörten oft: »Es ist prima, dass ihr nie eure Zeigefinger hebt.« Und wir sind tatsächlich der Überzeugung, dass es nichts bringt, Menschen mit Schuld und Scham zu überhäufen in der Hoffnung, sie zu der Verhaltensweise oder Ansicht zu bewegen, die wir selbst für die richtige halten. Und doch deprimierte es uns, so etwas zu hören. Denn manchmal fragten wir

GEDANKENKRAFT

SCHREIBE UND DU WIRST WACHER, KLARER UND PRÄSENTER

Einer der größten Stressfaktoren in unserem Leben ist, dass wir zu viel machen. Es scheint oft leichter, etwas einfach zu tun, als »Nein« zu sagen. Wir verehren die Produktivität zu sehr. Das ist gefährlich. Denn beschäftigt zu sein bedeutet nicht, dass man auch wirklich produktiv ist. Eine sehr lange To-do-Liste zu haben heißt nicht, dass man tatsächlich vorankommt. Doch je länger die To-do-Liste ist, desto überforderter ist man. Je überforderter man ist, desto gestresster ist man. Je gestresster man ist, desto ungesünder ist man. Man hat weniger Energie. Ängste kommen in einem auf. Die Bullet-Journal-Methode hilft dabei, Gedanken zu sortieren und achtsamer zu werden. Zu verstehen, was wirklich wichtig ist und was das Wohlbefinden steigert. Als physische Wesen sind wir in der Lage, unseren Körper und auch unseren Geist zu verändern. Routinen spielen dabei eine wichtige Rolle. Sie helfen uns, uns neue Verhaltensweisen anzueignen. Mit Routinen muss man nicht jedes Mal von Neuem entscheiden, ob man dieses oder jenes nun tut oder nicht. Denn Routinen zu folgen heißt, dass man automatisch zu einem bestimmten Zeitpunkt am Tag etwas Bestimmtes tut.

Wer gestresst ist, sollte als Erstes seine Gedanken niederschreiben. Das ist eine ganz einfache Übung, die aber eine sehr wirkungsvolle Hilfe ist, wenn man sie regelmäßig macht. Viele unserer Gedanken sind der Anfang von etwas. Das kann beängstigend sein, etwa wenn man sich sorgt. Doch wenn man seine Gedanken weiterverfolgt, kann man sich fragen: »Worüber mache ich mir wirklich Sorgen?« Dann kann man vielleicht sogar das erste Mal genauer darüber nachdenken.

Wenn man seine Gedanken aufschreibt, ist das oft die erste Gelegenheit, um etwas zu artikulieren. So ergibt sich vielleicht ein neuer Zusammenhang, den man vorher nicht gesehen hat. Denn auf einmal macht man sich nicht nur seine Gedanken. Man denkt über sie nach. Wenn man das jeden Tag tut, bewirkt das eine tief greifende Veränderung. Man erkennt, dass jeder von uns die Verantwortung für sein eigenes Wohlergehen hat. Niemand kann die übernehmen. Wir müssen anfangen zu verstehen, was wichtig für uns ist. Dann können wir uns in diese Richtung bewegen. Das erfordert Mühe und Zeit. Wir müssen üben, unseren Autopiloten auszuschalten. Das wird in unserer Gesellschaft mit den vielen Ablenkungen immer schwieriger, aber auch immer wichtiger. Denn wenn man nicht weiß, was wichtig ist, kann man auch keine guten Entscheidungen treffen. Und dann verbringt man viel Zeit in seinem Leben mit Dingen, die einem gar nicht wirklich etwas bedeuten.

RYDER CARROLL

arbeitete als Interface-Designer, bevor er sich in Vollzeit auf seine Erfindung, das Bullet Journal, konzentrierte. **bulletjournal.com**

ARBEITSGLÜCK-CHECK

Diese sechs Faktoren machen Menschen bei der Arbeit glücklich. Wie viele Fragen kannst du mit »Ja« beantworten? Kreuz an:

Ja
Nein

uns: »Ist die Situation nicht ernst, dramatisch und skandalös genug, um einen Zeigefinger zu erheben, der so groß sein sollte, dass ihn alle auch noch aus dem Weltraum sehen könnten – so wie den Raubbau an unserem geschundenen Planeten? Was müsste denn noch geschehen, dass man es angemessen fände, klare und damit auch mahnende Worte zu finden?« Liegt es vielleicht nur daran, dass die Mehrheit eben einfach nicht in ihrer Bequemlichkeit gestört werden will? Denn genau das würden wir manchmal nur zu gerne tun: die Menschen schütteln und ihnen so laut wie möglich »Halt! Stopp! Aufhören!« entgegenschreien.

EIN ZORNIGES ZEITALTER

Ohnmächtige Wut scheint ein verbreitetes Phänomen unserer Zeit zu sein. Oberflächlich betrachtet entsteht sie aus unterschiedlichen Gründen. Doch wenn du genauer hinschaust, erkennst du ein Muster. Der indische Soziologe und Essayist Pankaj Mishra sucht in seinem lesenswerten Buch ›Das Zeitalter des Zorns‹ die Ursachen für die Wut und den Frust, die sich bei immer mehr Menschen in den Demokratien breitmachen. Er meint, dass unsere Zivilisation an ihren eigenen Sehnsüchten scheitert. Wir leben, so schreibt er, in einer Zeit, die Freiheit, Glück, Wohlstand und Anerkennung verspricht – wenn man nur bereit ist, alles dafür zu geben. Doch für das Gros der Menschen lässt sich das überhaupt nicht verwirklichen. Wir Menschen können uns nicht alles kaufen, was uns die Konsumindustrie schmackhaft macht. Wir können uns unsere Träume nicht immer erfüllen. Und die Politik schafft es nicht mehr, die daraus wachsende Unzufriedenheit zu beschwichtigen. Wenn es nach Mishra geht, dann gibt es »mehr Ansprüche auf Prominenz, als angesichts der zunehmend zersplitterten Aufmerksamkeit noch durchsetzbar wäre; mehr Reize aus den sozialen Medien, als man in Handeln umsetzen könnte; und mehr Empörung, als sich durch die sozialen Medien zum Ausdruck bringen ließe«. Der Traum persönlicher Relevanz scheint ausgeträumt.

Das macht uns seiner Meinung nach wütend. Und das wiederum lässt uns anders denken, sprechen und handeln, als wir eigentlich wollen. Wir mutieren zu Fomotikern, die in der ständigen Furcht leben, etwas Wichtiges zu verpassen (FOMO steht für »Fear of missing out«), und deshalb immer schneller in ihrem Hamsterrad rasen. Doch »Furcht ist der Pfad zur dunklen Seite. Furcht führt zu Wut, Wut führt zu Hass, Hass führt zu unsäglichem Leid«, wie bereits Yoda erkannte, der weise Jedi-Meister aus dem Filmepos ›Star Wars‹. Wir beide erkannten uns wieder. Auch wenn es uns nicht um materiellen Wohlstand ging, sondern darum, die Welt ein bisschen

gerechter und besser zu machen, hatten wir uns in dem gleichen, unheilvollen Mechanismus verheddert, der uns letztlich frustriert, wütend, traurig, ausgelaugt, krank und unglücklich machte. Wie der funktioniert, hat der Soziologe Hartmut Rosa in einem Interview schön erklärt. Auch er sieht die Moderne als gescheitert an – zumindest wenn es um ihre Idee geht, dass wir Menschen nur genug wissenschaftliche Aufklärung brauchen, um irgendwie alles berechnen und beherrschen zu können. Doch so langsam stellt sich heraus, dass das eine Illusion ist. Das wissen wir eigentlich auch schon länger. Und doch gehen wir diesem Trugbild im Alltag immer wieder auf den Leim. Wenn dann »etwas schiefgeht, führt das für den Einzelnen zu massiven Ohnmachtserfahrungen«, meint Rosa. Und das, weil gleichzeitig »in politischer Hinsicht und eben auch im Blick auf [die] Lebensplanung … die Berechenbarkeit ab[nimmt], weil ganz viel gleichzeitig in Bewegung ist«.

Laut Rosa müssen wir die Kernthese der Moderne infrage stellen, die da lautet: Wir können immer und grundsätzlich alles erreichen, was wir uns vornehmen – wenn wir uns nur genug anstrengen. Wir machen uns zu selten klar, dass es kein persönliches, individuelles Versagen ist, wenn wir unseren Traum nicht erreichen – sei das nun Reichtum, Askese oder die Lösung eines Problems. Wir sagen uns nicht, dass wir scheitern, weil wir die Welt und das Leben nun mal nicht beherrschen können. Nein, wenn uns etwas nicht gelingt, strampeln wir uns noch mehr ab. Wenn es dann immer noch nicht klappt, fühlen wir uns wie eine Versagerin oder ein Versager. Und weil das ein ziemlich schlechtes Gefühl ist, schieben wir es lieber weg, reden nicht darüber und versuchen, es so schnell wie möglich zu vergessen. Doch trotzdem fühlen wir uns betrogen und ungerecht behandelt. Schließlich gab es da ja mal ein Versprechen, das sich ganz anders anhörte. Das Ergebnis sind laut Rosa, wie wir herauslesen, eine gespaltene Gesellschaft, ein krank machendes System und zutiefst unglückliche, zornige Menschen. »Wir sind nicht die Subjekte der Veränderung, sondern letzten Endes die Getriebenen«, meint Rosa.

Wenn wir das nun auf unsere Träume, unsere Ziele und unseren Alltag übertragen, dann sehen wir, dass wir uns von unserer Semi-Somnia, unserem Fomotismus, unserem Schmerz und unseren Traumata nicht heilen können, indem wir unsere Verhaltensweisen und uns selbst immer weiter scheinbar optimieren. Im Gegenteil. Das würde alles am Ende nur noch schlimmer machen. Das große Glück oder auch nur die kleinen Erfolge lassen sich nicht verfügen. Wir können unserem Leben nichts diktieren. Schlimmer noch: Wenn wir die Welt beherrschen wollen, richten wir in aller Regel mehr Unheil an, als

STRESS STOPPEN

DAUER: 5–15 MINUTEN | **GRAD:** LEICHT

Wenn dir alles zu viel wird, passen innere und äußere Zeit nicht zusammen. Konzentriere dich auf die Gegenwart, erlebe den Moment intensiv und dehne ihn bewusst aus. Wie das geht? Hier unsere Tipps:

1. ATME, ATME

Entschleunige dich, indem du deine Atmung beruhigst. Wenn du emotional überdreht bist, dann setze oder lege dich hin, schließe die Augen und atme aus dem Bauch heraus aus, bis du ganz leer bist. Warte ein paar Sekunden und lasse dann die Luft ganz von allein in deine Lungen strömen. Wiederhole das mindestens fünf Mal.

2. WENDE DICH NACH AUSSEN

Wenn du gestresst bist, dann schottest du dich in der Regel von deiner Umwelt ab. Aber wenn du deine Mitwelt bewusst und mit allen Sinnen wahrnimmst, reduziert das deinen Stress: Höre, rieche, sehe und schmecke etwas ganz bewusst. Etwa die Form und Farbe, den Geruch, die Haptik von Steinen, Pflanzen, Lebensmitteln oder anderem. Bewerte nichts. Beobachte nur.

3. HALTE INNE

Wenn es dir regelmäßig zu viel wird, dann plane gezielt Zeiten in deinen Tages- und Monatsablauf ein, in denen du gar nichts tust. Wirklich überhaupt nichts. Auch wenn es dir schwerfällt und noch so viele Verpflichtungen drängen. Lass nicht zu, dass du diese Pausen eindampfst, wenn es zeitlich mit deinen Aufgaben eng wird.

4. MACH ES EINFACHER

Langfristig lebst du gelassener, wenn es nicht zu viele Informationen, Tätigkeiten und Dinge um dich herum gibt. Reduziere daher Schritt für Schritt alles auf eine Menge, die dir guttut. Genieße den Moment, in dem du dich einer Sache zuwendest. Dann empfindest du Fülle statt Mangel.

wir Gutes bewirken. Nicht nur im Hinblick auf die Natur und all die Lebewesen, die mit uns diesen Planeten bewohnen, sondern letztlich auch auf uns selbst, wie wir beide nun erkannten. Wir machen uns zum Sklaven unserer eigenen Träume. Und so schrumpfen wir innerlich genau in dem Moment, in dem wir eigentlich wachsen wollen. Als wir das verstanden, hielten wir das erste Mal einen Zipfel der Lösung in unseren Händen. Wachstum ohne echtes Glück ist genauso wenig möglich wie Glück ohne echtes Wachstum. Aber was ist das überhaupt: echtes Glück?

EIN STÜCK VOM GLÜCK

Der deutsche Philosoph Wilhelm Schmid hat über das Glück nachgedacht und unterscheidet zwischen unterschiedlichen Formen. Es gibt demnach das Glück, das uns durch einen unverhofften Zufall in den Schoß fällt. Damit wir es erkennen und nutzen können, müssen wir lernen, uns zu öffnen. Daneben existiert eine Art Wohlfühlglück. Im Englischen gibt es dafür das Wort »happiness«, im Französischen den Begriff »bonheur« (wir Deutschen unterscheiden da nicht – typisch). »Für dieses Glück lässt sich wirklich viel tun, es ist machbar, soweit es sich nicht ohnehin von selbst ergibt. Mit ein wenig Erfahrung kann ein Mensch seine Ingredienzien kennen und an ihrer Bereitstellung arbeiten, Tag für Tag«, meint Schmid.

Daher raten wohl auch viele Lebenshilfebücher und -magazine, sich allein auf die positiven Seiten zu konzentrieren und Ja zum Leben zu sagen. Doch wie realistisch ist das? Wer nur das Positive sehen will, muss all die Schattenseiten und negativen Erlebnisse verdrängen. Wenn du aber Rückschläge nicht verarbeitest, aus Fehlern nichts lernst und negative Gefühle scheust, trittst du auf der Stelle. Ein Leben voller Wellnessurlaube und Yogastunden bleibt – bei allem scheinbaren Glück – oberflächlich. Das Glück ist nicht von Dauer. Deshalb ist es laut Schmid auch ein Trugschluss, ein geglücktes Leben mit einem Leben gleichzusetzen, in dem es nur noch Wohlfühlmomente gibt. Schlimmer noch. Je mehr wir diesem Wohlfühlglück hinterherjagen, desto weiter entfernt sich das echte Glück von uns. Denn, so warnt Schmid, »den permanenten Rausch gibt es nur um den Preis vollkommener Erschöpfung. Sinnvoll ist daher nicht die Maximierung, das höchste Maß, sondern die Optimierung, um das beste Maß zu finden, das es in jedem Fall gibt.«

Echtes Glück erreichen wir also nur, wenn wir die positiven und negativen Seiten unseres Lebens in einen Ausgleich bringen. Denn all das Negative im Leben verschwindet ja nicht, nur weil wir es ignorieren. Wir können uns betäuben, ablenken oder es verleugnen – aber wir können es aus eigener Kraft eben nicht beseitigen. Außerdem brauchen wir die dunkleren Seiten des Lebens. Ohne sie könnten wir schließlich die frohen und geglückten Stunden gar nicht erkennen. Deswegen ist das Negative laut Schmid wichtig. Nur dadurch können wir das Glück in unserem Leben überhaupt erst in seiner ganzen Fülle erfahren. Ja, und wenn wir diese Fülle nicht erleben können, werden wir nach Schmids Meinung wieder unglücklich. Wir müssen also gerade aus der Abwesenheit von Glück lernen, um glücklich sein zu können. Aus den Missgeschicken, den Niederlagen, der Ohnmacht, dem Leid und dem damit verbundenen Unwohlsein.

Was jedoch natürlich nicht bedeutet, dass du dich nun nur noch auf das Schrecklichste gefasst machen, nur noch das Unglück sehen und auch nichts anderes erwarten solltest. Vielleicht hast du als so ein Negativ-Positivist am Ende die Genugtuung, recht gehabt zu haben. Vielleicht kannst du daraus eine Art von Glücksgefühl ziehen. Doch es hindert dich daran, dein Schicksal in die Hand zu nehmen, aktiv zu werden, voller Zuversicht zu handeln, offen zu sein und das Leben zu leben. Außerdem ist Pessimismus eine denkbar schlechte Ausgangssituation, um mit anderen Menschen gemeinsam etwas zu erschaffen. Genauso wenig musst du dich auf jede negative Situation und Herausforderung einlassen. Nicht jeden Missstand und nicht jede Ungerechtigkeit in der Welt kannst du beseitigen. Selbst wenn du dich auf einen kleinen Teil der Welt beschränkst, wirst du nicht alles erreichen können, was du dir vornimmst. Wir können die Welt eben nicht berechnen und beherrschen. Das sind natürlich Erfahrungen, die niemand so leicht wegsteckt. Sie schmerzen. Vor allem dann, wenn – wie in unserer Gesellschaft – nur die Erfolge zählen. Ja, und erst recht, wenn man weiß, dass es wirklich wichtig wäre, Erfolg zu haben. Etwa weil man die Menschenrechte oder die Natur schützen oder ein wichtiges Problem lösen will. »Ein geglücktes und zufriedenes Leben ist wohl ein Paradoxon«, überlegen wir. Denn irgendwie scheint die Suche nach Lebensglück in dieser total verrückten Epoche unvereinbar mit der doch so dringlichen Aufgabe, diesen wunderbaren Planeten für alle zu erhalten. Wie sollen wir den Zorn über unsere eigene Ohnmacht angesichts der globalen Zerstörung und Ausbeutung ertragen – und gleichzeitig die Freude an unserem Leben genießen? Aber wenn wir ein geglücktes Leben geführt haben möchten – und nur so können wir die Kraft aufbringen, um uns für den öko-sozialen Wandel einzusetzen –, dann muss uns diese Gratwanderung irgendwie gelingen.

Wir merken, dass diese Erkenntnis entscheidend für die Integrität eines Faironomics-Projektes ist. »Glücklich werden wir, wenn wir die Welt und das Leben so annehmen können, wie sie sind«, erkennen wir. »Und zwar auch dann, wenn wir alles daransetzen, sie voller Zuversicht und Mut zum Besseren zu verändern. Nicht nur für uns selbst, sondern vor allem auch für die und mit den anderen. Darin finden wir Menschen Sinn, Zufriedenheit und Glück.« Das zeigt zumindest das Ergebnis einer Studie zum Thema Glück von der Harvard-Universität in den USA. 75 Jahre Forschung haben gezeigt, dass gute Beziehungen zu Menschen die wichtigste Grundlage für unser Glück sind – und damit übrigens auch für unsere Gesundheit im Alter. Dabei kam es den Teilnehmenden vor allem auf das Gefühl an, dass sie sich trotz unterschiedlicher Auffassungen und Verschiedenheiten immer auf den anderen verlassen konnten. Zu ähnlichen Ergebnissen kommt auch Tatjana Schnell von der Universität in Innsbruck. Sie erforscht den Lebenssinn. Wir haben vor einigen Jahren mit ihr ein Interview geführt, als wir herausfinden wollten, was uns Menschen eigentlich den Mut für grundlegende Veränderungen gibt. Damals hat sie uns erzählt, dass der Lebenssinn eine große Quelle von Glück und Zufriedenheit im Leben ist. Ihrer Meinung nach kann man daher nicht direkt nach Glück streben. Es kann nur als eine Art Nebenprodukt aus etwas anderem entstehen – aus etwas, was unserem Leben Sinn gibt. Dieser Sinn entsteht laut Schnell unter anderem dann, wenn wir eine Vision oder ein Ziel haben, unser Handeln etwas zu bewirken scheint, wir keine Widersprüche erleben, sondern uns in allen Bereichen unseres Lebens treu bleiben können – und wenn wir das Gefühl von Zugehörigkeit erleben. Genau wie die Harvard-Studie zeigt auch Schnells Forschung, dass Sinn und damit Glück dann entstehen, wenn wir uns selbst als Teil einer Gemeinschaft sehen.

WIDERSTANDSKRAFT ÜBEN

Diese Erkenntnisse stellten eine ganze Reihe für uns wichtiger Annahmen infrage. »Wenn wir Gutes tun, dann wird es uns auch gut dabei gehen«, hatten wir bislang immer geglaubt. Wir dachten: »Wenn wir uns den lieben langen Tag mit unseren innersten Wünschen und Träumen beschäftigen, dann wächst auch unsere Kraft unaufhörlich.« Doch das war nicht der Fall. Natürlich motiviert und befriedigt es, wenn wir Spaß bei der Arbeit haben, Abwechslung erleben, tollen Menschen begegnen und ein wichtiges,

NACHHALTIG AKTIV

WIE DU DIE WELT BEWEGST, OHNE AUSZUBRENNEN

Soziale Bewegungen sind eine entscheidende Triebfeder sozialer Innovationen. Der Druck auf den Einzelnen, die Gemeinschaft und die Gesellschaft ist hoch und wird noch steigen. Da einen kühlen Kopf zu bewahren wird immer schwieriger, ist aber umso wichtiger, wenn wir politisch tatsächlich etwas bewirken wollen. Nachhaltiger Aktivismus ist ein Schlüsselrezept. Er steht nach meiner Definition auf drei Säulen: Die erste Säule ist die Reflexion über soziale Veränderungen und Strategien. Wie stellen wir uns soziale Veränderung eigentlich vor? Wie sieht die Praxis dazu aus? Die zweite Säule sind individuelle Resilienzstrategien. Resilienz bedeutet salopp ausgedrückt so viel wie Widerstandskraft. Bei dieser Säule geht es darum, was ich als Individuum tun kann, um mit schwierigen Situationen besser umgehen zu können, besser in Balance zu bleiben, mehr Energie und einen langen Atem zu haben. Die dritte Säule sind kollektive Resilienzstrategien. Hier geht es um die Frage, was wir gemeinsam tun können, um nicht auszubrennen. Das bezieht sich einerseits auf eine Gruppe oder einen Zusammenhang – also darauf, wo jemand direkt aktiv ist. Es lässt sich aber auch größer denken, zum Beispiel in Bezug auf eine soziale Bewegung: Welche Dinge können sie widerstandsfähiger oder stabiler machen? Und schließlich lässt sich das auch noch mal auf gesamtgesellschaftlicher Ebene betrachten.

Wichtig sind vor allem Pausen- und Ruhezeiten, auch für die Reflexion. Man sollte sich immer wieder fragen: Was mache ich? Was stresst mich? Woher bekomme ich meine Energie? Zudem ist es wichtig, dass man sich Ziele steckt – denn nur so können wir etwas erreichen. Das motiviert unheimlich, schafft Zufriedenheit und zeigt, dass wir etwas verändern können. Dabei ist es notwendig, dass wir lernen, bewusst mit unserer Aufmerksamkeitsökonomie umzugehen. Und schließlich sind auch ganz banale Dinge wichtig wie genug zu trinken, gesund zu essen und ausreichend Bewegung. Dass wir gut mit unserem Körper umgehen. Über ihn bekommen wir Zugang zu unseren Emotionen, Gefühle sind eine ganz große Ressource. Essenziell ist, dass man etwas hat, was dem eigenen Handeln Sinn gibt. Über den Sinn kommen wir zu den Strategiefragen, also: Was muss ich tun, damit ich tatsächlich etwas bewegen kann? Deshalb sollten wir da genau hingucken. Mein Tipp: Gehe deinen Weg eigenständig. Frage dich: Was möchte ich wirklich? Und dann suche danach und erschließe dir deine Kraftquellen. Schau, wo du diesen Weg gemeinsam mit anderen gehen kannst. Sei solidarisch mit Menschen, die vielleicht beiseitestehen. Die etwa Hilfe brauchen, weil sie sich stark engagiert haben und nun einfach mal Ruhe brauchen.

TIMO LUTHMANN

ist Aktivist und Bildungsreferent für Nachhaltigen Aktivismus. Er trainiert Menschen und Organisationen in Resilienz.
nachhaltigeraktivismus.org

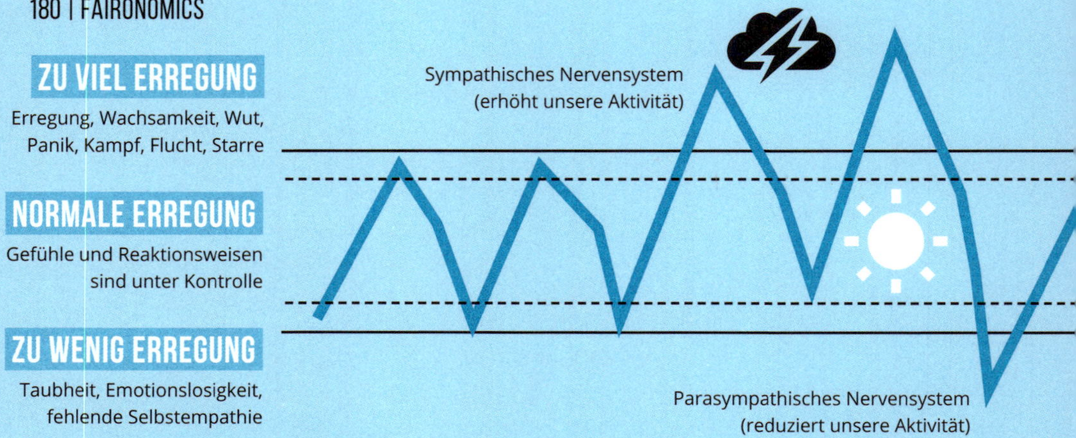

sinnerfülltes Ziel vor Augen haben. Doch das alleine reicht nicht, wenn man seine Grenzen nicht berücksichtigt. Wenn man nicht im Blick hat, was man körperlich und mental bewältigen kann und worauf man wirklich einen Einfluss hat. Es traf sich gut, dass uns zu dieser Zeit ein Buch in die Hände fiel, das sich genau mit diesen Grenzen beschäftigte und der Frage nachging: Wie können wir nachhaltig politisch aktiv sein, ohne auszubrennen? Der Autor Timo Luthmann ist seit Mitte der 1990er-Jahre in sozialen Bewegungen aktiv, hatte selbst ein Burn-out und trainiert unter dem Stichwort »Nachhaltiger Aktivismus« Menschen darin, ihre Resilienz zu stärken – also ihre psychische Widerstandsfähigkeit, durch die sie besser mit Krisen umgehen können. In seinem Buch ›Politisch aktiv sein und bleiben‹ lesen wir vom Stress-Toleranz-Fenster (Window of Tolerance). Dieses Konzept hat der Psychologe Daniel Siegel entwickelt. Er setzt es bei Trauma- und Burn-out-Therapien ein. In der Grafik oben siehst du, dass es einen Bereich gibt, in dem unser autonomes Nervensystem weder zu stark noch zu schwach erregt ist. Es befindet sich in einem guten, gesunden Rahmen. Die Größe dieses Spielraums zeigt, wie stressresistent jemand ist, also wie viel Freude, Glück, Erregung oder Druck, Ärger und Frust er aushalten kann, ohne dass er gestresst ist. Schlägt die Kurve in Richtung Übererregung aus, so erhöht sich die Wachsamkeit, Impulsivität oder es entstehen gar Wut und Panik. Unterschreitet sie die Grenze in Richtung der Untererregung, so kann dies zu unterdrückten Gefühlen, emotionaler Taubheit oder gar Depression führen. Wenn wir in die obere emotionale Gefahrenzone geraten, können wir nicht anders, als unser archaisches Notfallprogramm abzuspulen: Flucht, Angriff oder Starre. Und das ist laut Timo Luthmann angesichts der globalen Probleme und der vielen sozialen Konflikte, die daraus entstehen, bei immer mehr Menschen der Fall. Wer aber erst einmal in diesem Gemütszustand ist, kann seine Kräfte und auch sein Umfeld nicht mehr gut einschätzen.

Wir liegen also an diesem Dezembermorgen wohl nicht ohne Grund in unserem Bett und denken an all die Situationen, in denen wir unverhältnismäßig gereizt oder verzagt reagiert haben. Uns ist inzwischen klar geworden, wie wichtig es ist, dass wir uns selbst in einen gesunden, ausgewogenen Zustand bringen: Nur so können wir gut mit anderen Menschen zusammenarbeiten. Nur so können wir Situationen und Zusammenhänge wirklich verstehen. Und nur so können wir angemessen reagieren und faire Lösungen finden. »Unser inneres Gleichgewicht zu finden ist nicht nur notwendig für uns. Wir sind es den anderen schuldig, wenn wir etwas in ihrem Sinne erreichen wollen«, erkennen wir.

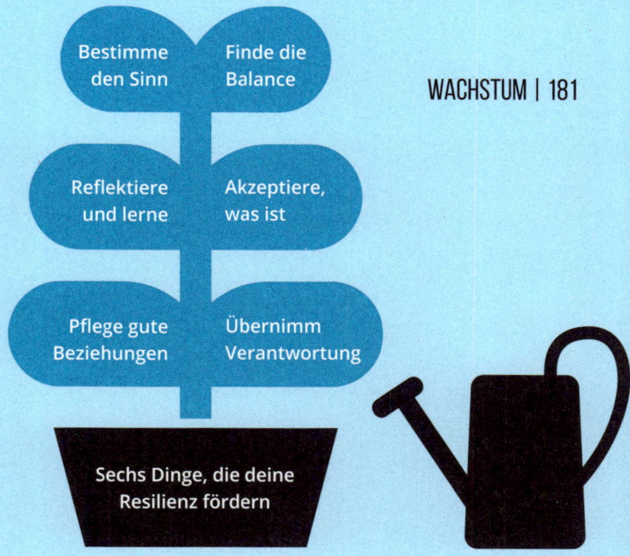

Wir entschließen uns, eine Reihe von Maßnahmen zu ergreifen, die uns dabei helfen, auch in stressigen, schwierigen und anstrengenden Zeiten innere Ruhe und Gelassenheit zu finden. Wir entwickeln eine Strategie, wie wir unsere innere Widerstandsfähigkeit stärken, ohne zu verhärten. Wie wir uns auf ein gutes Maß zwischen Positivem und Negativem einpendeln können, damit wir uns wohlfühlen und unsere Kräfte bewahren können.

INNERE WACHSTUMSPLÄNE

Um herauszufinden, was dir zu deinem Glück tatsächlich fehlt, benötigst du vor allem etwas, was wir alle uns viel zu selten gönnen: Zeit. Es ist ziemlich wahrscheinlich, dass die Suche nach dem inneren Gleichgewicht für uns zu einer Lebensaufgabe wird. Und wir vermuten, dass es dir ähnlich gehen wird. Deshalb ist es sicherlich keine Aufgabe, die sich einmal erledigen und abhaken lässt. Was du für den Weg brauchst oder was wir brauchen, unterscheidet sich nicht nur von dem, was irgendjemand anderes benötigt. Wir alle durchlaufen in unserem Leben unterschiedliche individuelle Phasen. Es ist daher ziemlich wahrscheinlich, dass wir in den unterschiedlichen Abschnitten unseres Lebens unterschiedliche Maßnahmen ergreifen müssen, um ein gutes Maß zu finden. Sich Zeit zu nehmen, um in regelmäßigen Abständen zu überprüfen, was uns in Balance hält, ist daher aus unserer Sicht ausgesprochen wichtig. Diese Zeiten bauen wir beide nun aktiv in unsere Projektplanung mit ein. Dazu gehören kleine Reflexions- und Ruhephasen im Tagesablauf, wie etwa eine regelmäßige Meditation oder eine Dankbarkeitsübung am Abend. Das sind aber auch Zeiten, die wir uns monatlich für die Auswertung und Reflexion nehmen – und zwar nicht nur darüber, ob wir unsere Aufgaben gut und pünktlich erledigt haben, sondern ob wir dabei sind, unsere Resilienz zu stärken oder nicht. Schließlich planen wir regelmäßige Auszeiten oder Retreats in unserem Jahresablauf ein. Tradition haben für uns bereits der Rückblick auf das vergangene Jahr und eine erste Planung für das kommende rund um Silvester. Darüber hinaus wollen wir uns künftig aber auch gezielt Wochen gönnen, in denen wir uns bewusst mit unserem inneren Wachstum beschäftigen, Ruhe finden, Kraft tanken und einfach nur genießen können. Wir müssen den Gedanken ablegen, dass dies unangemessener Luxus sei.

Ein anderer Umgang mit Zeit ist auch bei unserer Arbeit wichtig. Mit den Jahren hatten wir uns eine sehr effiziente, strukturierte und leistungsorientierte Arbeitsweise angewöhnt. Jetzt sehen wir ein, dass wir gegensteuern müssen, und planen daher von nun an etwa doppelt so viel Zeit für Aufgaben ein, wie wir normalerweise für notwendig halten. Üb-

FREUDE ENTFACHEN

DAUER: 5 MINUTEN | **GRAD:** LEICHT

Glücklichsein lässt sich lernen. Hier eine Übung für den Alltag. Regelmäßig angewendet entfacht sie innere Freude.

MINUTE 1: SCHAU NACH INNEN

Wende deine Aufmerksamkeit von außen nach innen. Schalte elektrische Geräte ab und suche dir einen ruhigen Ort. Spüre nun die Harmonie des Augenblicks, die Vollkommenheit deines Körpers und der gesamten Welt. Lasse alle Aufgaben, Schwierigkeiten und die Meinungen anderer hinter dir.

MINUTE 2: ERINNERE DICH

Erinnere dich nun an einen besonders schönen Moment in deinem Leben. Versetze dich so weit wie möglich in das Gefühl, das du damals hattest. Bade darin und genieße es. Lächle, lache oder rufe deine Freude laut heraus. Dein Körper spürt die Freude so, als erlebtest du diesen vergangenen Moment genau jetzt.

MINUTE 3: SPÜRE DANKBARKEIT

Spürst du die Dankbarkeit für diesen Moment? Dann bedanke dich innerlich – erst für die schöne Erinnerung. Dann für alle anderen Erfolge und tollen Ereignisse, derer du dich erinnerst. Lasse ihre Wirkung durch deinen ganzen Körper fließen und in deinem Herzen Freude entfachen.

MINUTE 4: WÜNSCH DIR WAS

Lasse jetzt deiner Fantasie freien Lauf. Denke an deine Träume, deine Ziele, Hoffnungen und Visionen für die Zukunft. Wie sieht deine bessere Welt aus? Male sie dir möglichst plastisch aus und schicke alle deine positiven Gefühle aus deinen schönen Erinnerungen hinein. Freue dich darauf – ohne Erwartungen.

MINUTE 5: BEWEGE DICH

Verwandle deine Freude jetzt in Bewegung. Tu, wonach dir ist: Lockere deinen Körper, strecke dich, atme, tanze. Mache, was dir guttut. Spüre dein inneres Wachstum jeden Tag ein wenig mehr.

rigens tut es einem sehr gut: schneller mit etwas fertig zu sein als hinterherzuhinken. Wahrscheinlich werden wir hin und wieder in unser altes Effizienztempo verfallen, wenn die Zeit knapp wird und wir unter Druck geraten. Doch selbst wenn wir rückfällig werden, so ist es doch eine wichtige und erleichternde Erfahrung zu erleben, dass sich die Welt weiterdreht – auch wenn wir weniger produktiv sind, als wir sein könnten.

KLARHEIT GEWINNEN

Eng verknüpft mit dem Thema Zeit ist die Frage der Prioritäten. Denn wenn wir nun künftig weniger Aufgaben pro Tag, Woche, Monat oder Jahr erledigen, weil wir absichtlich langsamer arbeiten und mehr Auszeiten nehmen – dann wird es umso wichtiger, was genau für Aufgaben das sind. Deshalb liegt unsere zweite Maßnahme darin, uns Klarheit über unsere Prioritäten zu verschaffen. Dazu gehören zum einen die bereits genannten Methoden zur Selbstorganisation, allen voran das Bullet Journal. Wir nehmen uns aber von nun an künftig auch Zeit, um gemeinsam die Wirkung unserer Tätigkeiten auszuwerten. Dabei gibt es für uns vier wesentliche Aspekte: Als Erstes stellen wir uns die Frage, wie sehr ein Projekt oder eine Aufgabe unserem Ziel dient, die Welt fairer und umweltfreundlicher zu machen. Die zweite Frage ist, ob uns die Sache Freude macht, unseren Fähigkeiten und Neigungen entspricht und uns erfüllt. Als Drittes klären wir, welche Rolle wir in dem Projektteam oder der Organisation spielen: Ist es schwierig, einen Ersatz für uns zu finden, oder ganz einfach? Wie wichtig ist es, dass wir unseren Beitrag leisten, wie wichtig ist er für die Gemeinschaft? Und als Viertes, aber nicht zuletzt steht die Frage nach der Entlohnung im Raum.

Diese vier Aspekte zu überprüfen ist nicht immer einfach. Vor allem die Frage, welche Wirkung ein Projekt nun auf die Welt hat, ist schwierig zu beantworten. Oft lässt sich das erst im Nachhinein feststellen und auch dann nicht immer ganz genau. Dennoch überlegen wir uns bei jedem Projekt, was wir damit eigentlich bewegen wollen – und legen im Voraus einige Indikatoren fest, die uns Auskunft darüber geben sollen, ob die von uns gewünschte Wirkung tatsächlich eingetreten ist. Auf diese Weise wollen wir mit der Zeit ein immer klareres Bild davon bekommen, wo wir unsere Kräfte tatsächlich sinnvoll investieren. Neben diesen handfesten und eher praktischen Maßnahmen haben wir zudem gelernt, dass regelmäßiges Achtsamkeitstraining sehr viel zur allgemeinen Klarheit beiträgt. Zum einen lernt man dadurch – ähnlich wie es Ryder Carroll berichtet – seine eigenen Gedanken besser kennen. Zum anderen gelingt es einem, sich mit seinem Körper und seinen Gefühlen zu verbinden. Ein relativ leicht zu entschlüsselnder Hinweisgeber ist zum Beispiel der Atem. Ein ungewöhnlich ruhiger oder aktiver Atem deutet fast immer darauf hin, dass dich gerade etwas emotional beschäftigt: Wenn du traurig bist, weinst oder schluchzt du. Wenn du wütend bist, schreist du oder hältst die Luft an. Und wenn du ausgelassen und fröhlich bist, dann lachst du. Das ist gut so und ganz normal. Deshalb zielen die Übungen auch nicht darauf ab, das zu ändern. Es ist jedoch überaus hilfreich, deine Gefühle durch die Beobachtung deines Atems zu erkennen. Vor allem, wenn es sich um negative Gefühle handelt, die sich langfristig eben auch körperlich niederschlagen, etwa als Schlaflosigkeit, Muskelverspannungen oder als ein geschwächtes Immunsystem.

Wenn du diese Gefühle erkennst, kannst du dich nach ihren Ursachen fragen. Wenn du zu den Ursachen vordringst, kannst du dich damit auseinandersetzen, was dich aus dem Gleichgewicht bringt: Fühlst du dich ungerecht behandelt und kannst etwas nicht verarbeiten? Belastet dich eine schlimme Nachricht? Setzt du dich unter Leistungsdruck? Oder zweifelst du an deinen Fähigkeiten, weil andere immer wieder komische Bemerkungen machen? Es ist ziemlich wahrscheinlich, dass du hierbei mit der Zeit Muster erkennst, und das immer klarer. Du wirst immer wieder ähnliche Situationen erleben, die in dir einen ähnlichen emotionalen Ausnahmezustand auslösen. Doch mit etwas Übung wirst du in der Lage sein, etwas dagegen zu tun. Meist reicht es schon, erst einmal tief aus- und einzuatmen, um deinen Puls zu beruhigen und damit auch deine Gefühlsreaktion abzuschwächen.

Deine Gefühle besser kennenzulernen bedeutet auch, deinen Körper besser kennenzulernen. Das wiederum führt dazu, dass du ihn annehmen kannst, ja ihm vielleicht sogar liebevoll begegnest. Auch wenn er nicht immer so mitspielt, wie du das vielleicht gerne hättest. Denn unsere Wahnvorstellung, dass wir die Welt beherrschen könnten, beginnt hier, bei unserem eigenen Körper. Wir beide hatten viel zu lange (unbewusst) von ihm erwartet, dass er funktioniert. Eine gefährliche Illusion. In Wahrheit richtet sich unser gesamter Tagesablauf nach ihm – oder sollte es zumindest. Wir schlafen, wenn der Körper es braucht, und wir essen oder trinken, wenn er nach Nahrung und Flüssigkeit verlangt. Doch darüber hinaus hatten wir beide uns lange Zeit eher nicht mit seinen Bedürfnissen beschäftigt. Zumindest hatten wir in unseren Stresszeiten genau das, was für ihn doch so wichtig ist, als Erstes gestrichen: ausschlafen, Ruhezeiten gönnen, Sport machen, spazieren gehen, mit Muße eine gesunde Mahlzeit kochen, mit Genuss essen und ausreichend trinken. Uns gut um unseren Körper zu kümmern ist daher noch ein Punkt, für den wir uns künftig mehr Zeit nehmen werden – auch und ganz bewusst auf Kosten unserer Leistungsbilanz.

Dazu gehört auch, sich die eigenen Schwächen einzugestehen. Das zu tun ist für uns beide definitiv ein Schritt aus unserer Komfortzone heraus. Vor uns selbst zuzugeben und uns zu erlauben, dass wir etwas nicht schaffen, ist für uns schon schwer genug. Das jedoch anderen gegenüber zu offenbaren war für uns bislang schwer. Eine unserer ersten Übungen dazu ist es, dieses Kapitel offen zu schreiben. Zudem werden wir uns darin üben, »Nein« zu sagen. Die allerschwierigste Aufgabe steht uns jedoch noch bevor: um Hilfe zu bitten, wenn all die bisher genannten Schritte nichts geholfen haben und wir wieder an körperliche und seelische Grenzen stoßen. Wir sind gespannt, können uns aber vorstellen, dass das unsere Verbindung zu Freunden, Partnern und zur Familie eher stärkt als schwächt.

GEHE DEINEN WEG

Die letzten Jahre waren wie eine Achterbahnfahrt. Wir haben uns kaum die Zeit genommen, um zurückzuschauen – und wenn, dann höchstens um zu überlegen, wie wir unseren Output weiter steigern könnten. Wir hatten bei all den Ideen für eine bessere Welt uns selbst komplett vergessen. Es ist zwar immer so eine Sache mit einem Fazit, wenn man noch mittendrin steckt im Prozess. Doch wenn jetzt jemand zur Tür hereinkäme und uns fragen würde: »Was ist das denn nun, eine Faironomics? Was brauchen wir dafür?«, dann würden wir sagen: »Eine Faironomics bedeutet, schon heute so miteinander umzugehen, zu wirtschaften, zu kooperieren und zu kommunizieren, wie wir uns das in einer besseren Welt wünschen – und uns selbst dabei nicht zu vergessen. Wir brauchen dafür nicht mehr als den Mut, uns genau so zu verhalten.« Nach all den Jahren, in denen wir die unterschiedlichsten Methoden und Wege erprobt haben, mit denen sich öko-soziale Projekte umsetzen und vor allem auch durchhalten lassen, lautet unser vorläufiges Fazit: Hab das Vertrauen, an deinen Erfolg zu glauben, auch wenn der Pfad dahin schwierig erscheint. Du wirst deinen Weg finden und dabei immer zufriedener, gelassener und klüger werden, wenn du ihn mit Liebe gehst. Genau das ist Faironomics.

5 REGELN FÜR DEIN WACHSTUM

1
SETZE PRIORITÄTEN

Macht das, was du tust, die Welt fairer und umweltfreundlicher? Bereitet es dir Freude? Fördert es deine Fähigkeiten und entspricht es deinen Neigungen? Hast du genug Erholung zwischendurch?

2
HÖRE AUF DEINEN KÖRPER

Oft nutzen wir für unsere Arbeit nur den Kopf. Doch der Rest ist genauso wichtig. Lerne, deinen Körper wahrzunehmen und auf ihn zu hören.

3
ERKENNE VERHALTENSMUSTER

Unser Leben ist eine Abfolge von Denk- und Verhaltensmustern. Übe dich darin, diese Muster zu erkennen und positiv zu nutzen: Was davon tut dir wirklich gut? Was davon belastet oder behindert dich?

4
AKZEPTIERE DEINE SCHWÄCHEN

Schwächen und Fehler sind oft ein Tabu. Dabei sind sie eine wichtige Quelle für Selbsterkenntnis und Weisheit. Suche dir daher Menschen, mit denen du darüber reden kannst.

5
SCHÄTZE WAHRES GLÜCK

Permanentes Wohlfühlglück ist unrealistisch und oberflächlich. Echtes, tiefes Glück findest du, wenn du die dunklen Seiten des Lebens annimmst und die hellen Seiten wirklich genießt.

WIE GEHT'S WEITER?

Es ist Mitte Februar 2019, als wir die Arbeit an diesem Buch beenden. Bis zum Schluss lesen wir in den Kapiteln, fügen Passagen hinzu und streichen andere heraus. Es fühlt sich seltsam an, die eigenen Denkmuster immer wieder zu hinterfragen und dann auf das zu schauen, was übrig bleibt. Den Kern freizulegen wie ein Goldnugget im Urschlamm eigener Glaubenssätze. In den letzten Monaten haben wir viel gelernt – über die Welt, über Gemeinschaft und vor allem über uns selbst. Es war anstrengend, aber ergiebig. Der Weg hat sich gelohnt. Doch es war nur eine Etappe. Die Reise ist noch längst nicht vorbei. Nicht für uns. Und auch für die Menschheit als Ganzes beginnt sie gerade erst. Denn wir stehen in unserer Geschichte an einem existenziellen Scheideweg: Schaffen wir es, die derzeitigen Konflikte friedlich, konstruktiv und gemeinsam zu lösen? Sind wir in der Lage, das, was die Welt uns an Reichtümern schenkt, mit Bedacht so zu verteilen, dass genug für alle da ist – inklusive der Tiere und Pflanzen?

Denn mit den ökologischen Katastrophen – wie Klimakrise, Artensterben, Abnahme fruchtbarer Erdböden, Extremwetter und noch vieles mehr – werden auch die Verteilungskämpfe in unserer Welt zunehmen. Das zeigt sich schon heute, etwa an den Außengrenzen Europas oder Nordamerikas. Da stellt sich die Frage: Sind wir als Menschheit bereit, für Werte wie Gerechtigkeit, Mitgefühl und Verantwortung einzustehen? Auch dann noch, wenn es wirklich eng wird und die Bequemlichkeit unseres Lebens zur Diskussion steht? Wir beide sind da durchaus skeptisch. Vor allem an Tagen, an denen uns die deprimierende Lage unserer Erde nicht mehr aus dem Kopf geht. Und gleichzeitig wissen wir: Die Chancen auf eine bessere Welt waren noch nie so gut wie heute! Zumindest uns hier in Europa stehen so viele Möglichkeiten offen, uns sinn- und wirkungsvoll dafür zu engagieren. Wir erleben einen bis hierhin nie gekannten Wohlstand. Noch nie gab es so viele Dinge, Technologien und so viel Wissen. Und noch nie war es so leicht, darauf zuzugreifen. Wir können auf eine jahrtausendealte Menschheitsgeschichte voller schlimmer Fehler und wunderbarer Taten zurückschauen, aus denen wir unglaublich viel lernen können. Und wir haben das Internet, mit dem wir uns rund um die Erde miteinander verbinden können. Was also hält uns auf? Die Angst, den Weg konsequent zu Ende zu gehen? Der Frust, dass Veränderungen so lange brauchen? Die Hektik und Sachzwänge des Alltags, die uns das Wesentliche aus dem Blick verlieren lassen?

An diesem Punkt der Überlegung haben wir das Gefühl, dass wir die wichtigsten Erkenntnisse zusammenfassen sollten. Wir sollten sie so formulieren, dass sie uns wie eine Richtschnur helfen – bei allem, was ab jetzt kommt. Damit wir unsere Werte und Überzeugungen nicht aus den Augen verlieren und beharrlich eine Faironomics im Alltag leben. Und damit all diejenigen sich einfach anschließen können, die diese Ziele und Ideale mit uns teilen. Denn eines haben wir gelernt: Es gibt wirklich viele Menschen, die sich nicht mehr ins gewohnte Getriebe einfügen, sondern für einen grundlegenden, ökosozialen Wandel streiten. Es sind viel mehr, als es scheint, denn mit ihren positiven Ideen, Projekten und Taten tauchen sie nur selten in den Medien auf.

Also setzen wir uns noch ein letztes Mal zusammen und diskutieren über unseren Traum von einer besseren Welt: Worauf kommt es im Kern an? Was ist wirklich wichtig? Wir befragen auch andere und kommen so zu dem kleinen Manifest, das du auf der rechten Seite findest. Vielleicht spricht es dich ja an. Dann drucke es dir aus und pinne es dir an die Wand. Denn es hängt auch von dir ab, ob eine bessere Welt möglich ist. Also, machst du mit? Dann freuen wir uns, demnächst von dir zu hören!

Ilona & Marek

Dieses Manifest gibt's als PDF zum Ausdrucken auch unter faironomics.de

MANIFEST

1 ALLES IST VERFLOCHTEN

Wir wissen, dass in der Welt alles mit allem verbunden ist. Wir sehen uns als Teil der Natur und kooperieren statt zu beherrschen.

2 EIN BISSCHEN ANDERS DENKEN REICHT NICHT

Wir wollen den Krieg des Kapitalismus gegen die Natur beenden. Wir wollen ein System, das das Wohl aller über die unendliche Geldvermehrung stellt.

3 DIE WELT BRAUCHT UNSER NEIN

Wir leisten gewaltfreien Widerstand. Wir nutzen Wut und Empörung, um etwas Gutes für alle zu erreichen. Dazu kultivieren wir Mut und Beharrlichkeit.

4 EINE ANDERE WELT IST MÖGLICH

Wir lassen uns nicht entmutigen: Wir glauben an unsere Träume und Utopien und sind bereit, alles dafür zu wagen.

5 KOOPERATION STATT KONKURRENZ

Wir suchen Formen der Organisation, des Eigentums und der Kommunikation, die Gerechtigkeit, Frieden und Freiheit schaffen.

6 ES IST GENUG FÜR ALLE DA

Wir fordern eine gerechte Verteilung des weltweiten Wohlstands. Wir selbst üben Gerechtigkeit, Dankbarkeit und Großzügigkeit.

7 MEHR IST MEIST NICHT BESSER

Wir befreien uns von destruktiven und unwichtigen Dingen und Aufgaben. Wir konzentrieren uns auf das, was wirklich zählt.

8 SINN IST WICHTIGER ALS GELD

Wir übernehmen Aufgaben, weil sie sinnvoll sind für uns, die Gemeinschaft und die Welt – und nicht nur, weil sie Geld bringen.

9 FEHLER SIND WICHTIG

Wir erschaffen eine andere Welt. Fehler und Rückschläge sind dabei unvermeidbar. Wir nutzen sie, um aus ihnen zu lernen.

10 ZEIT LÄSST SICH NICHT SPAREN

Wir nehmen uns Zeit für Muße, Kreativität und Reflexion, obwohl die ökologischen und sozialen Krisen drängen.

REGISTER

A

B

C

D

E

F

QUELLENANGABEN

Die Quellen zu allen Übungen, Grafiken, Zitaten, Zahlen und Fakten findest du in einer PDF-Datei unter **www.faironomics.de/quellen**. Natürlich haben wir all das sorgfältig geprüft. Manche Angaben basieren auch auf Schätzungen – unterschiedliche Quellen kommen deshalb zu unterschiedlichen Ergebnissen. In solchen Fällen haben wir uns für die Zahlen entschieden, die uns nach unserer Prüfung am plausibelsten erschienen – auch wenn wir wissen, dass diese möglicherweise nur ein Näherungswert an die Realität sind. Außerdem gibt es natürlich laufend neue Erkenntnisse und Entwicklungen. Daher solltest du in wichtigen Fällen die Quellen noch einmal selbst prüfen. Alle Gebrauchsnamen, Handelsnamen und Warenbezeichnungen haben wir ohne eine nähere Kennzeichnung von Marken, Gebrauchsmustern oder Patentschutz angegeben. Daraus kannst du aber nicht ableiten, dass diese Namen oder Verfahren frei im Sinne der Gesetzgebung sind und du sie einfach benutzen kannst.